별의 순간은 오는가

별의 순간은 오는가

천 준 지음

윤석열의 어제, 오늘, 내일

서울문화사

대한민국은 역사상 유례를 찾아볼 수 없는 초단기간에 산업화, 민주화를 달성한 나라다. 후발 개도국이나 체제 전환국에게는 "우리도 할 수 있다"는 자신감을 심어주는 희망의 상징이었다. 하지만 오늘의 한국 민주주의는 뿌리째 흔들리는 위기를 맞이하고 있다. 갈등과 분열, 불신과 불통이 팽배해 있기 때문이다.

가장 큰 원인은 정치권의 국가 경영 철학의 부재다. 지배구조의 비민주성, 헌법수호정신의 약화에 따른 반법치·몰법치·역법치가 자행되면서 불공정이 사회 전반을 뒤덮고 있다. 온 국민이 불행을 강요당하는 "한 번도 경험해보지 못한 사회"에서 살아가고 있는 것이 현실이다.

국민의 의견을 수렴하고, 합의하고, 정책으로 만들어내는 시스템은 망가져 있다. 최고의 대의기구인 국회는 민주주의 최대의 애물단지로 전락해 있다. 정당은 제대로 된 사람을 뽑아서 국민 주권의 대리자로 길러내는 시스템을 제대로 가동시키지 못하고 있다. 다시 말해서 정치권이 스스로 문제를 정의하고 해결할 수 있는 능력이 부족한 상태다. 한국 민주주의의 위기는 저자의 한마디처럼 "정신의 위기"라고 볼 수 있다.

윤석열은 기성 정치권의 무능에 염증을 느끼는 국민들이 새롭게 소환해낸 인물이다. 그는 "만인은 법 앞에 평등해야 하며, 사회적 약자는 법이 보호해야 한다"는 단순한 진리를 올곧게 지키기 위해 투쟁했던 인물이다. 자유, 평등, 평화의 가치를 그리워하는 국민들은 주변 환경과 쉽사리 타협하지 않는 그의 모습에서 단단한 리더십의 가능성을 발견하고 있다.

생각이 사람을 바꾸고, 그 사람이 세상을 바꾼다고 한다. "윤석열의 어제, 오늘, 내일"에 대해 조명한 이 책은 단순히 일개인의 정치적 가능성에만 주목한 글이 아니다. 공정과 상식의 상징인 윤석열을 창(窓)으로 삼아 합리와 보편을 지향하는 국가적 전환의 가능성을 예견하고 있다. 그리고 리더 윤석열의 숨겨진 속살을 들여다보는 과정 가운데서 그의 인간성, 리더십은 물론이고 반듯한 대한민국을 만들려는 "용기, 인내, 절제"의 가치들을 포착하려고 애쓴 수작(秀作)이다.

저자는 청년을 키우지 않는 우리 사회에서 보기 드물게 법고창신(法古創新)의 가치를 믿고 있는 문사(文士)다. 그의 차갑고 날카로운 눈과 귀, 깊은 통찰과 유려한 필체, 열정을 바탕으로, 독자 모두가 윤석열이라는 존재와 생생하게 만날 수 있기를 소망한다.

동국대 법과대학 명예교수
한국법학교수회 명예회장
정 용 상

별의 순간은 오는가
근대인 윤석열, 중세 대한민국을 극복할 수 있을까

인류 역사에는 결정적 변곡점이 되는 한순간들이 있다. 르네상스시대에 독일의 종교개혁가 루터가 비텐베르크 교회에 95개조 반박문을 붙이지 않았더라면 그 이후 역사는 어떻게 바뀌었을까. 비잔틴 제국의 수도 콘스탄티노플 성의 쪽문이 오스만군(軍)에게 발각되지 않았다면, 세계사는 다르게 쓰이지 않았을까. 운명이나 우연이라는 것이 없다고 하기에는 너무나 많은 것들이 운명과 우연에 의해 이끌려왔다.

《광기와 우연의 역사》라는 책으로 유명해진 슈테판 츠바이크Stefan Zweig는 '별의 순간sternstunde'이라는 개념을 이야기했다. 빛나는 별이 운명을 이끄는 순간에 과감하게 거머쥐지 않으면 역사는 바뀌지 않는다는 것이다. 오히려 오랫동안 계획하고 전략적으로 준비한 것보다도, 운명적 순간을 거머쥐는 쪽이 훨씬 파급력이 크다는 말까지 덧붙였다.

수많은 사람들이 별의 순간을 기다린다. 그러나 그 타이밍을 잡는 사람은 자신이라는 것을 깨닫는 경우가 별로 없다. 찰나의 기회를 잡으려면 꾸준한 자기 단련을 해야 하는 법인데, 마치 일확천금이라도 잡는 것처럼 영광이 머리를 비출 것이라고 기대하는 것이다.

어느 원로 정치인이 윤석열에 대해 평가하며 '별의 순간'을 말했다. 아마도 그는 윤석열이 자신의 손을 잡아야만 운명을 거머쥐고 대한민국의 지도자가 될 거라고 여길 것이다. 하지만 나는 윤석열이라는 인물의 본질에 대해 몹시 궁금했다. 잠깐의 우연을 위해 수많은 필연을 누적해오지 않았을까. 나름대로의 매력, 철학, 전술을 가지고 있지는 않을까. 게다가 엊그제까지 수많은 나쁜 사람들을 잡아넣던 검찰총장이 아닌가. 남의 죄를 논하고 벌하던 사람이 갑자기 국가의 경영자가 된다는 사실은 퍽 생소한 것이다. 나라는 법의 논리로만 운영되지 않는다. 국민을 먹여 살리기 위한 전략과 함께 그들의 마음을 어루만지고 고무시키는 능력까지 갖추어야만 한다.

그러고 보니 우리 사회가 의외로 윤석열이라는 인물에 대해 제대로 알고 있지 못한다는 판단이 들었다. 2019년 여름부터 전개된 '조국 사태'로 말미암아 윤석열에 대해 찬사를 보내거나, 저주하는 주장이 난무할 뿐이었다. 윤석열이 살아온 시대와 환경에 대한 분석과 함께 그의 능력과 인간성에 대해 제대로 분석하는 글은 많지 않았다. 혹자는 그를 공정과 상식의 상징이라고 주장한다. 반면에 다른 이들은 윤석열이 검찰 권위주의로 시계를 거꾸로 돌리기 위한 저항세력의 대표 격에 불과하다고 폄하한다. 그렇다면 과연 대한민국이 변화를 거스르기 위한 기득권 집단의 우두머리에게 좌지우지될 정도로 취약한 나라란 말인가. 그 정도로 국민은 상식이 없는 사람들인가. 이 대목에서 나는 윤석열에 대한 제대로 된 검증이 필요하다고 생각했다. 그리고 의회 정치인으로서 훈련받지 않은 그가 과연 법적, 형식적 공정성을 지켰다는 이유만으로 국가지도자가 될 수 있을지 곰곰이 따져보기로 했다.

첫째, 윤석열은 일반적인 법조인과 많이 다른 인물이다. 최종적으로는 검찰총장이라는 막강한 지위를 거머쥐었지만, 출세의 잔 다리를 밟아 올라가는 과정에서 무수한 시련과 비난을 한 몸에 샀던 사람이다. 2013년 국정원 여론조작 수사 당시 그가 공격받은 맥락과 2019년 이후 민주당과 조국 수호 세력으로부터 비난받는 맥락은 거의 동일하다. 법 논리로 무장한 관료 집단 중 일부가 정권 전복을 꿈꾼다는 것이다. 이 대목에서 윤석열은 정치검사 내지는 기득권 검사가 된다. 하지만 그는 수많은 이들의 반대와 조롱을 정치적 자원으로 삼아 그 단계로 나아갔다. 윤석열을 억누르고 찌를수록 점점 영향력이 커져왔다. 게다가 나날이 영향력을 키워가는 온라인 콘텐츠와 미디어의 힘이 그를 정당정치의 힘 이상으로 지원했다. '윤석열 현상'은 정교한 기술로 무장된 기획자나 정책기관이 아니라, 직설적이면서도 날것 그대로의 메시지를 생산하는 단 한 사람에 의해 영향력을 키워왔다. 필자의 지인인 윤석열의 측근은 "3김(金) 이래 최초로 스타이자 프로듀서를 지향하는 인물"이라고 평가했다.

둘째, 싸움의 무대를 스스로 정하고 나아가는 실력이다. 윤석열은 정치를 위해 이것저것 고려하는 성향의 인물이 아니다. 옳음을 추구하는 과정에서 명확하게 타격 지점을 정하고, 앞뒤 재지 않고 돌진하는 모습이 그의 본질이다. 물론 그 과정에서 수사 대상에게 회복 불가능한 상처를 입히기도 한다. 가령 이재수 전 기무사령관과 변창훈 전 검사의 사망 사건과 같은 사례는 표범처럼 진격하는 수사 방식의 부작용으로 볼 수도 있다. 하지만 그는 사회와 시장을 교란하는 포식자, 법을 무시하고 힘과 지대를 추구하는 압제자들에게 그 즉시 철퇴를 가해야 한다는 사람이다. 우리 사회에서 법과 제도가 실제로 작동하는지 오랫동안 회의를 품어왔던 국민들에게는 희망적인 면모다. 게다가 윤석열은 남에게 욕을 먹지 않기 위해 안간힘을 쓰지 않는다. 조국, 추미애, 박범계 등의 직, 간접적 비판으로부터 자신을 보호하기 위한 술책을 고민하지 않았다. 또한 누구를 친구로 삼느냐 못지않게, 누구를 적으로 설정하는가도 중요한 법이다. 조국과 추미애에게는 윤석열이 적(敵)일지 모르지만, 윤석열에게는 그들이 적으로 호명되지 않는 것이 '윤석열 현상'의 또 다른 묘미다.

셋째, 근대인으로서의 모습이다. 대한민국은 이제껏 힘센 사람과 돈 가진 사람이 진실을 좌우하는 중세(中世) 권위주의적 사회였다. 이성보다는 감성이, 형식보다는 내용이 훨씬 강한 영향력을 발휘했다. 대통령이 옳다고 주장하는 것에 대해 일개 국민이 아니라고 말할 수 없는, 권력의 사실 지배가 지속되어왔다. 나치 독일이나 북한처럼 강력한 전체주의 수준은 아니지만, 약한 수준의 파시즘이나 권위주의가 정치, 경제, 사회, 문화 전반에서 작동해왔다. 윤석열이 말하는 '성역 없는 수사'는 아무리 국민의 절반을 먹여 살리는 기업이라 할지라도 잘못한 부분에 대해서는 과감하게 인정해야 한다는 실체주의다. 또 그는 아무리 나쁜 놈이라 할지라도 공민권 침해를 무한대로 받게 할 수는 없다는 입장을 가지고 있다. 김학의 불법 출금 사건 수사가 대표적 사례다. 이런 면모를 가리켜 막스 베버는 '내용과 형식의 구분'이라고 평가한다. 그는 근대 정치사상의 중흥조(中興祖)에 해당하는 사람이다.

윤석열이라는 인물에 대해 깊게 탐구하게 된 지는 1년이 넘었다. 처음에는 그의 삶 자체보다도 공정과 상식이라는 사회 현상의 주역으로서만 관심을 가졌다. 하지만 시간이 지날수록 격변의 세월 속에서 늘 정면 돌파를 선택할 수밖에 없었던 그의 삶에 대해 이해해야 한다는 생각을 갖게 되었다. 그래서 대학시절 지인이나 오랫동안 윤석열을 취재해왔던 언론인, 검찰 업무를 함께했던 인물 그리고 친인척에 이르기까지 폭넓게 접촉하고 밀착 취재를 진행했다. 총장에 재직하던 때부터 사퇴 이후 몇 달의 시점까지 조사가 이루어졌다. 그 과정에서 필자가 소통 창구를 통해 간접적으로 받은 두 가지 메시지가 있다. "나는 내 페이스대로 간다"는 말과 "나는 동굴 속에서 마늘을 먹으며 인간이 되기를 기다리는 곰"이라는 말들이었다. 어쩌면 그의 숙제이기도 하면서 중세 대한민국이 새로운 시대로 나아가기 위해 감당해야 할 숙제를 함축한 표현이 아닌가 싶었다.

이제 윤석열이라는 인물의 어제, 오늘, 내일에 대해 함께 살펴볼 시간이다. 어쩌면 상식의 공화국을 찾기 위한 실마리도 찾을 수 있지 않을까. 얼핏 복잡한 것 같지만 방향은 명쾌한 여행으로 독자 여러분을 초대한다.

차 례

추천사 ___ 004

프롤로그 ___ 006

1장 믿음이 있어 다툼을 벌인다

1 사람이 아닌 상식에 충성한다 ___ 017

2 혼밥 검사의 길과 아픔 ___ 027

3 또 다른 골목길, 국정농단 특검 ___ 035

4 재벌수사의 빛과 그림자 ___ 047

5 적폐수사냐, 결산수사냐 ___ 059

6 운에 없던 검찰총장 ___ 070

2장 은밀한 기다림의 시간

1 나는 내 페이스대로 간다 ___ 081

2 개혁 실용주의자의 시선 ___ 089

3 피의자 설복시키는 특수검사 ___ 101

4 과감하게 본진으로 쳐들어가라 ___ 109

5 1억도 없던 50대 남자의 비애 ___ 116

6 윤석열은 박근혜 구속 주범이 맞나 ___ 125

3장 과감한 결단과 행동

1 운동권 정권과의 정면대결 ___ 135

2 표창장 위조 논란 ___ 143

3 집회의 열기로 빠져든 공화국 ___ 151

4 윤석열 극장을 만들어준 여권 ___ 159

5 윤석열 사단은 실재하는가 ___ 167

6 보수 야당의 정신적 위기 ___ 175

4장 목적은 수단을 정당화하지 못한다

1 '추-윤 갈등'이라는 프레임 ___ **185**

2 싸움의 기술을 구사하는 여당 ___ **193**

3 루비콘 강이 된 국정감사 ___ **203**

4 징계 정국과 정면 돌파 ___ **211**

5 목적은 수단을 정당화할 수 있나 ___ **219**

6 검수완박은 부패완판이다 ___ **227**

5장 윤석열이 꿈꾸는 나라

1 상식의 공화국 ___ **237**

2 문재인 정부 출신의 자유민주주의 ___ **245**

3 지원보다 공정한 룰이 중요하다 ___ **253**

4 약자 보호와 돌봄의 정치 ___ **261**

5 일자리 공정성을 고민하는 윤석열 ___ **269**

6 안보와 경제는 하나다 ___ **278**

7 중도 실용주의의 길 ___ **287**

에필로그 ___ **295**

참고문헌 ___ **300**

—— **1장** ——

믿음이 있어 다툼을 벌인다

1

사람이 아닌
상식에 충성한다

한국의 조직 사회는 정말 살아남기 힘든 곳이다. 법보다 더 중요한 것이 '눈치'라는 말이 있다. 법은 모두가 합의한 원칙을 문장으로 명확하게 남긴 것이지만, 눈치는 매우 주관적이고 상황에 따라 얼마든지 바뀔 수 있는 규범이다. 나보다 훨씬 힘이 있는 사람의 심기를 어떻게 살피느냐, 같은 기수 동료들이나 후배들의 마음을 어떻게 배려하느냐에 따라 눈치가 있고 없고를 좌우한다. 자기만의 원칙이나 신념을 강조하다가는 눈치 없는 사람이라는 소리를 듣고, 왕따가 되기 쉽다.

2013년의 윤석열은 정말 눈치 없는 사람이었다. 윗사람이 덮으라는 수사를 안간힘을 쓰고 강행했기 때문이다. 그는 국정원 직원들을 그만 들추라는 명령에 따르기를 거부했다. 법을 다루는 검사로서 상식과 원칙에 따라 일을 하면 그만이라고 여겼지만, 세상은 그것조차도 '항명'이라고 말했다. 그리고 그를 두고 조직 안에서는 싸가지 없이 상사의 뒤통수를 치는 사람, 삭히고 감추어야 할 문제를 굳이 들추고 자기 정치를 하는 사람이라고 비난했다. 쉽게 말해 그가 '또라이'라는 것이었다.

■ 국정원 여론조작 수사의 진상

특수검사 윤석열이 갑자기 눈치 없는 사람으로 격하된 배경을 알아보자. 2013년 초 박근혜 정부가 출범한 지 얼마 되지 않아 생긴 일이었다. 새누리당은 어렵게 정권을 재창출했지만, 새 대통령이 들어서자마자 초유의 위기에 시달렸다. 직전 해에 대선을 치르면서 국정원 직원들이 동원되어 불법으로 댓글을 달았다는 폭로가 나왔기 때문이다. 선거 기간 동안 야당 의원들까지 나서서 사실상 관권 선거이자 부정 선거라고 비판했고, 대선 개입의 진상을 파헤치려고 안간힘을 썼다. 이명박 정부 당시 원세훈 국정원장은 '종북'들의 소행을 막기 위해 '사이버 진지전'이 필요하다는 확신에 차 있었다. 그는 2009년에 광우병 촛불집회를 겪으면서 온라인 공간에서 무수한 '좌파 콘텐츠'들이 정부를 겨냥하는 것을 목도했다. 틀림없이 그 안에는 북한의 지시를 받은 전위 조직들이 있고, 그들은 한국 정세에 개입해 여론을 교란시키고자 하는 자들일 것이라고 확신했다. 이런 이유로 원세훈은 국가정보원 심리정보국 산하에 심리전단팀이라는 조직을 두었다. 주로 트위터, 온라인 커뮤니티 등 SNS를 관리하면서 카드뉴스나 영상, 댓글 등을 올리고 여론전을 벌이는 특수 팀이었다.

그런데 국정원의 온라인 공간 개입은 갈수록 대담해졌다. 원세훈은 아예 사내 인트라넷을 통해 종북 세력으로부터 한국을 방어하기 위한 온라인 진지전이 필요하다고 설파했다. 그리고 대놓고 선거 기간 동안 네거티브성 트위터와 댓글을 달도록 독려했다. 심리전단팀은 겉으론 국가안보를 책임지는 조직을 운운했지만 실제로는 보수 정권의 재창출을 위한 선거 준비 조직으로 활동했다. 엄연히 불법이었다. 그러다 한 국정원 직원이 2012년 11월에 민주통합당 대선캠프에 이런 사실을 제보하면서 사건은 일파만파로 커졌다.

2013년 박근혜 정부 출범 직후 서울중앙지검 수사팀은 관련 사건을 배당받았다. 수사검사에는 윤석열도 포함되어 있었다. 이들은 국가정보원 심리전단팀의 행위가 '정치 활동 관여 금지'를 표방한 국정원법 제10조 위반 사항임을 확신했다. 심리전단팀원들이 남긴 5만 5,000건의 트윗, 커뮤니티에 남겨진 댓글에는 문재인 민주당 후보, 박원순 서울시장을 비롯해 야당 정치인들을 공격하는 메시지들이 가득했다. 검사 윤석열은 "이것이야말로 불법 선거 운동의 증거"라고 확신했다. 국정원 직원이 직접 가짜 계정을 개설하고, 야당 정치인을 맹비난하며 여론몰이를 하는 것은 엄연한 비리였다.

하지만 검찰수사는 얼마 가지 않아 난항에 부딪혔다. "이쯤에서 그만하라"는 눈치도 작동하기 시작했다. 국정원 직원들은 제대로 수사에 협조하지 않고 계속해서 진술을 거부했다. 검찰 상부에서는 "그렇게까지 해야 되겠느냐"는 말까지 나왔다. 박근혜 정부는 출범 초기부터 44%의 낮은 지지율로 출범했기에 국정원을 상대로 한 수사가 몹시 부담스러웠다. 하지만 모든 상황을 틀어막기에는 너무 많은 것들이 이미 드러난 상태였다. 박원동 전 국가정보원 국익정보국장은 2012년 12월 당시 김용판 전 서울지방경찰청장에게 전화를 걸어 '보도자료 배포'를 압박하기까지 했다. 국정원 직원들의 행위에 사실상 법적 문제가 없다는 입장을 뿌리도록 한 것이다. 실제로 서울경찰청은 "국정원 직원들의 불법 댓글 행위는 없었다"는 보도자료를 냈다. 이 조치로 인해 선거 국면이 뒤바뀔 수도 있는 일이었지만, 정당성 여부는 가볍게 무시되었다.

서울중앙지검 수사팀은 서울경찰청의 수사부장, 홍보담당관 PC에서 외압의 증거들을 생생하게 발견했다. 박근혜 정부는 이 모든 것을 하루빨리 잠재워야만 했다. 그러나 수사팀장이었던 윤석열은 여전히 눈치 없이 굴었다. 모든 것을 절차대로 하고 있어 문제될 게 없다는 투였다. 결국 상부에서는 "저놈이 항명하고 있다"는 프레임을 걸 수밖에 없었다.

■ 경천동지할 인터뷰

　　결국 윤석열은 언론 채널을 가동했다. 직업 공무원이 하기 힘든 일이었다. 그는 2013년 6월 〈문화일보〉와의 인터뷰에서 폭탄선언을 했다.

　"원세훈 전 원장이 총선, 대선에 개입하라고 지시한 것이 명확한데도 황교안 법무장관이 지금 수사지휘권을 행사하고 있다."

　검사장도 아닌 지청장급의 수사검사가 법무·검찰의 최고위 지휘자를 건드린 꼴이었다. 조직이 발칵 뒤집힐 만한 메시지였다. 그런데 윤석열은 한술 더 떠서 국정원장이 구두로 지시한 내용, 구체적인 문건을 통해 불법 댓글을 종용한 내용까지 와르르 쏟아냈다.

　"종북 좌파가 여의도에 이렇게 많이 몰리면 되겠느냐. 종북 좌파의 제도권 진입을 차단하라고 지시했고 여기에는 문재인 전 민주통합당 대선후보도 포함된다. 원 전 원장은 부서장 회의에서 이야기한 것을 인트라넷에 게시했고, 문 전 후보를 찍으면 다 종북 좌파고 이들의 정권 획득을 저지하라고 한 것이 공지(公知)의 사실이다."

　보수층 지지자들이 보면 피가 거꾸로 솟을 일이었다. 그들에게 문재인은 엄연히 좌파의 우두머리였다. 윤석열의 메시지는 보수 정체성을 가진 박근혜 정부 입장에선 자신들을 근본적으로 부인하는 듯한 행위로 느껴지기에 충분했다. "대공 방첩 기능을 맡은 국가정보원이 종북 좌파를 척결하려다가 잠깐 선거 관련 콘텐츠를 적고 퍼뜨린 게 무슨 잘못이냐"는 지적이 나올 만도 했다. 검사장급도 아니고 일개 수사팀장이, 선거법 위반을 운운하면서 문재인에 대해 이야기하는 것은 충분히 불순하게 느껴질 수 있었다. 윤석열의 눈치 없음은 범보수층의 비난 요소로까지 비화하고 있었다.

"일개 검사가 정권 출범 명분까지 흔드는 것인가?"

검찰에는 원래 '검사 동일체의 원칙'이라는 게 있었다. 검사 개개인에 따라 사건에 대한 판단이 달라질 수 없다는 것이었다. 쉽게 말해서 위의 입장이 아래의 입장을 지배하는 논리였다. 이 원칙은 2003년의 검찰개혁 조치로 인해 표면적으로는 폐지되었다. 하지만 검찰의 군대 문화 속에서 관습적으로 전해져왔다.

윤석열의 행동은 엄연히 조직의 통념, 관습 그리고 '눈치'를 깨는 것이었다. 아무리 조직에서 불만 요소가 나왔기로서니 언론에 내질러버리는 행태는 용서받을 수 없었다. 나중에는 본인도 '항명 프레임'이 부담스러웠는지 〈오마이뉴스〉와의 통화를 통해 〈문화일보〉의 통화 내용을 부인하기까지 했다. 즉, 오해가 좀 있었다는 것이다. 하지만 원세훈의 행각 자체에 대해서는 부정하지 않았다.

시민사회는 분노했다. 종교계, 노조, 학생단체까지 나서서 시국 선언을 내고 부정선거를 규탄했다. 새누리당은 MB 정부 1년차에 벌어진 촛불집회의 악몽을 다시 떠올렸다. 곳곳에서 집회가 벌어지고, 박근혜 대통령이 물러나야 한다는 주장이 나왔다. 정권 입장에서는 어떻게든 반전을 모색해야 했다. 문제의 근원인 윤석열은 금세 발본색원의 대상이 되었다. 그리고 현미경 감사가 실시되었다. 윤석열이 저질렀을 법한 업무상 과실, 작은 비위까지 찾아내기 위해 대대적인 감찰이 이루어졌다.

그 와중에 엄청난 내용이 흘러나왔다. 윤석열이 조영곤 서울중앙지검장의 지시를 어겼다는 보도였다. 상사는 분명히 국정원 직원 체포를 반대했지만, 부하인 윤석열은 그에 아랑곳하지 않고 체포를 강행한 것이었다. 그는 국정원 심리전단팀 3명의 행동은 몹시 중대한 것이고, 그들이 추가로 증거를 인멸하거나 허위 진술을 공모하기 전에 빠른 수사가 필요하다고 굳게 믿었다. 그러나 조영곤은 "빨리 압수품을 돌려주고, 국정원 직원들을 귀가시키라"고 지시했다. 물론 윤석열은 곧이곧대로 말을 듣지 않았다.

상사와 부하가 옥신각신한 끝에 찾은 타협점은 바로 '공소장 변경'이었다. 국정원 심리정보국 소속 5개 팀의 트위터 작업, 3개 팀의 댓글 작업을 하나의 맥으로 잇기 위해 필요한 일이었다. 윤석열은 네 번에 걸쳐 조영곤에게 구두로 허락을 받아냈다. 하지만 서울중앙지검장은 부하의 뒤통수를 쳤다.

"정식 보고는 아니었고, 서면결재도 이루어지지 않았다."

이로 인해 그 유명한 '항명 프레임'이 만들어졌다.

■ 사람이 아닌
   상식을 따른다

진실게임이 시작되었다. 누가 진짜 죽일 놈인지 잘잘못을 가려야만 했다. 국회는 2013년 10월 21일에 열린 법제사법위원회에서 항명 파동의 원인을 집중 추궁하기 시작했다. 이 자리에서 윤석열은 그간의 메시지보다 더 충격이 큰 한마디를 던졌다.

"저는 사람에게 충성하지 않기 때문에 이런 말씀을 드리는 겁니다."

윤석열이 정권수사를 밀어붙이던 채동욱 검찰총장을 따르느라 조영곤에게 반항한 것 아니냐는 질문에 답하는 내용이었다. 새누리당 의원들은 "어디서 또라이 하나가 튀어나왔다"고 비웃었다. 친박 중진인 정갑윤 의원은 "검찰은 조폭만도 못한 집단이다. 기강이 무너지는 순간 조직이 무너지는 것이다"라며 성토했다. 그러나 윤석열은 눈 하나 꿈쩍하지 않고 상사의 갑질에 대한 폭로를 이어갔다.

"조영곤 지검장께서 '야당이 이걸 가지고 정치적으로 얼마나 이용하겠느냐. 계속 수사하려면 내가 사표 낼 때 하라'고 하셨습니다."

엄밀히 말하면 직장 내에서 상사와 부하가 빚어낸 갈등이 국회 국정감사장에서 생중계된 형국이었다. 생각만 해도 아찔한 사건이었다. 윤석열이 생각하는 상식은 적어도 새누리당 의원들이 가지고 있는 상식과 거리가 멀었다. 보수 정치권 입장에서 윤석열의 행각은 몹시 불순한 것이고, 좌파들을 돕는 것이었다. 경우에 따라서 18대 대선 결과가 모조리 부정당할 수도 있는 일이었기 때문이다. 여기에 재야 우파 논객들은 한술 더 떴다. 유력 모 언론인은 "검찰은 좌파의 주구"라며 극단적인 말을 내뱉기도 했다. 국정원은 종북을 잡는 기관이기에 나라에 충성하는 과정에서 야당 후보를 욕할 수도 있지 않느냐는 둥, 과잉 수사를 하는 것이 과연 옳으냐는 둥의 지적이 난무했다. 검찰이 진짜 종북 단체인 통합진보당 때려잡기는 안 하고 애먼

수사나 하고 있다는 볼멘소리까지 나왔다. 또 다른 언론인은 윤석열이 단순히 눈치 없는 검사라서 문재인을 운운한 것이 아니라, 그 자체로 정권에 대들기 위한 목적이라고 의심했다.

재밌는 일 아닌가. 일련의 주장들은 윤석열이 나중에 문재인 정부와 대결하는 과정에서 고스란히 주어만 바꿔 반복되었다. 검찰의 정치수사, 과도한 먼지털이식 수사라는 표현은 발화자만 바꿔서 재연(再演)되었다.

국정감사장에서의 폭로 직후 길태기 검찰총장 대행이 윤석열에 대한 감찰을 발표했다. 결과는 뻔했다. 상부의 지시를 무시하고 체포영장을 발부한 윤석열은 중징계를, 그와 함께했던 박형철 부장검사는 감봉 처분을 받았다. 반면에 조영곤의 직권남용 및 외압 의혹은 무혐의 처리되었다. 정치적 중립을 유지해야 할 국정원이 대선에 개입한 사건은 본질이 흐려졌다. 눈치 없는 수사검사들이 조직의 방침을 따르지 않았다는 식으로 덮어버린 것이다. 여전히 한국이 합리적인 판단과 과학성을 중시하는 근대(近代)가 아니라 권위, 관습, 눈치를 중시하는 중세(中世)에 머물러 있음을 반증하는 사건이었다.

'수사 외압 의혹'의 주인공이었던 김용판은 2015년 1월 대법원에서 무죄를 선고받았다. 그리고 그는 세월이 지나 국회의원이 되어 "특정인의 진술에만 의존한 검찰이 수많은 무죄 증거를 무시하고 무리하게 기소했다"고 주장했다. 일종의 '윤석열 비토론'이다.

■ 마땅함을 따르지
임금을 따르지 않는다

"마땅함을 따르지 임금을 따르지 않으며, 도리를 따르지 아버지를 따르지 않는다."

송나라 때의 역사가인 범조우(范祖禹, 1041~1098)가 남긴 유명한 말이다. 그는 또 이런 지적도 했다.

"임금으로 하여금 불의에 빠지지 않게 하며, 아버지로 하여금 부도(不道)에 들지 않게 한다. 비록 임금이나 아버지의 명(命)을 따르지 않는 경우가 있으니 명을 거스름으로써 장차 임금이나 아버지를 편안하게 하려는 것이다."

그전까지 중국의 사대부들은 황제 개인에게 충성했다. 하지만 범조우를 비롯한 성리학자들의 등장 이후로 권력자보다는 도리를 추구하고, 눈치나 관습보다는 상식을 더욱 중시하는 흐름이 생겼다. 어찌 보면 윤석열 역시도 견결하게 '마땅함'을 따르느라 눈치 없이 조영곤을 들이받는 입장이 되었는지도 모른다. 또 부당한 지시를 거부함으로써 상사가 올바른 판단을 할 수 있도록 이끄는 것이 옳았다고 여겼는지도 모른다.

하지만 한국 사회가 어디 쉬운 곳이던가. 자기 옳음을 추구하면 끊임없이 비판하고 찍어내는 곳이다. 이런 생리를 모르고 눈치 없이 대든 윤석열은 과연 밥이나 제대로 먹고 다닐 수 있었을까.

2

혼밥 검사의 길과 아픔

박근혜 정부의 혹독한 공격은 눈치 없는 검사 한두 명을 쳐내는 것으로 끝나지 않았다. 정권수사를 지휘한 탑(塔)을 침으로써 발본색원을 하려 했다. 여주지청장이었던 윤석열을 이끌어내 국정원 여론조작 수사의 팀장직을 맡겼던 채동욱 검찰총장을 향한 공격이 시작되었다.

채동욱은 윤석열과 인연이 오래된 사람이었다. 현대차 비자금 사건 당시 대검 수사기획관과 수사팀 소속 검사로서 함께 일한 경험이 있던 사이였다. 채동욱은 부하의 칼끝이 얼마나 예리한지 잘 알았다. 또 그가 막상 본진을 향해 돌격하면 절대 멈추지 않을 것이라는 점도 알고 있었다. 게다가 채동욱은 검찰 안에서 강골 검사이면서도 인품 좋은 리더로 소문이 나 있었다. 뒤도 돌아보지 않는 성격인 윤석열과는 상당히 궁합이 잘 맞았던 편이었다. 따라서 새누리당 정권은 부하의 배후로 의심되는 총장을 정밀 타격해야만 모든 사태가 끝날 것이라고 여겼다.

때마침 〈조선일보〉가 단독보도를 냈다. 채동욱이 내연녀 임 모 씨와의 사이에서 열두 살짜리 혼외자를 두었다는 기사였다. 세상이 발칵 뒤집힐 소식이었다. 공정과 상식의 상징인 검찰총장의 지저분한 사생활이 국민여론을 충격으로 몰고 갔다. 게다가 간통죄가 폐지되지 않았던 시절이었다. 또 내연녀 임 모 씨에게 삼성물산 계열사가 부당하게 자금을 지원했다는 의혹까지 보도가 되는 판국이었다. 이럴 때 총장이 자신의 결백을 입증하기 위해 내놓는 멘트는 별로 구속력이 없었다. 하루빨리 상황을 정리하는 것만이 답이었다. 황교안 법무장관이 총장을 감찰하겠다는 입장을 내놓자 채동욱은 그다음 날 바로 사표를 내버렸다.

물론 박근혜 정부와 검찰이 애초부터 악연이었던 것은 아니다. 채동욱 검찰은 박 대통령이 그토록 미워하던 전두환 전 대통령의 은닉 재산을 대대적으로 적발해 추징금 중 일부를 환수하는 데 기여했다. 노태우 전 대통령은 아예 추징금을 완납했다. 독재자의 딸이었던 박 대통령이 "의외로 역사 의식이 있는 지도자"라는 이미지를 얻는 데 검찰이 기여하는 모양새였다. 하지만 그런 검찰도 권력의 핵심부를 노릴 때는 과감하게 숙청하는 것이 세상의 흐름이었다. 김기춘 대통령 비서실장·홍경식 민정수석·황교안 법무장관으로 구성된 트리오는 채동욱의 사생활을 들이파고 폭로되게끔 했다. 여론조작 수사를 받던 국정원 소속 직원이 서초구청 국장과 짜고 열두 살짜리 남아의 개인정보를 유출한 사실도 드러났다.

법무부 감찰 결과가 공개되자 채동욱의 평판은 땅에 떨어졌다. 내연녀, 남자아이와 찍은 사진과 함께 내연녀의 집에서 일하던 가정부에게 보낸 연하장, 아이와 주고받은 이메일 등이 고스란히 공개되었다. 당시 사건을 수사했던 곽규택 변호사는 "슬픈 수사였다"고 회고하기도 했다. 자신들이 모시던 총수의 사생활과 비위가 낱낱이 까발려지는 순간들이었기 때문이다.

언론은 채동욱의 문제를 보도하는 것에 그치지 않았다. 윤석열이 그와 연관성이 있는 것이 아닌지 들이파기 시작했다. "자신이 모시는 주군에게 충성하느라 국정원 수사를 무리해서 강행한 것 아니냐"는 가설을 입증하기 위한 시도였다. 그러나 윤석열은 "채동욱 선생이 어디 계신지 모른다"고 건조하게 대답했다. 물론 속내는 무척 복잡하고 괴로웠을 것이다. 오래 모신 상관이 숙청당한 사건이었기 때문이다.

■ 표적 사정
그리고 혼밥 검사

채동욱 총장의 사임 이후 윤석열은 더 심한 표적 사정을 당했다. 검찰은 감찰을 통해 "윤석열의 부인 김건희 씨가 재산을 과다신고했다"는 희한한 징계 사유를 발표했다. 보통 공무원들은 재산을 줄여서 신고하다가 탈이 나곤 한다. 자신이 너무 많은 재산을 축적했음이 까발려지면 승진이나 출세에 지장을 받을 수 있을 것이라는 불안감 때문이다. 그런데 윤석열은 역으로 김건희가 아파트를 구입하기 위해 금융권에서 받은 대출금(4억 5,000만 원)을 누락시켰다는 것이 빌미가 되었다. 어찌 보면 작은 실수로 취급할 수도 있는 것이었다. 또 상부에서 봐주려면 봐줄 수도 있는 일이었다. 그러나 눈치 없이 정권수사를 했던 윤석열이기에 이 일은 찍혀 나가는 원인으로 작동했다. 법무부는 항명에 대한 중징계 이외에 재산 과다신고에 대한 징계 사항을 추가했다. 진보 진영에서는 "정권이 윤석열을 잡으려고 작정한 것"이라고 맹비판을 했다. 그중에는 조국 서울대 법대 교수, 진중권 동양대 교양학부 교수도 끼어 있었다.

그리고 윤석열은 대구고검으로 좌천 발령을 당했다. 지방으로 쫓겨나기 전부터 그는 서초동에서 '혼밥 검사'로 알려져 있었다. 정권의 눈 밖에 난 사람과 함께 식사를 하고 싶어 하는 이들은 없었다. 아무리 양심껏 수사를 했다 하더라도, 항명자, 내부고발자라는 프레임은 벗겨지지 않았다. 냉면집에서 혼자 끼니를 때우는 모습을 목격했다는 증언자도 꽤 있었다. 노사모 후원회장이었던 이기명은 "윤석열이 혼밥을 하는 상황을 보고, 대신 밥

값을 내주려다 말았다"고 털어놓기도 했다. 대구에서는 현지에서 변호사 생활을 하던 친구 박진(이후 작고)만이 저녁 식사를 함께 했다. 적적하고도 괴로운 시기였을 것이다. 어느 수사관은 직장인 익명 커뮤니티인 '블라인드'에 글을 올리며 "당시 대구고검에서 행사 사진 올린 것을 보면 불쌍하다"고까지 했다. 행사 때에도 윤석열은 여느 간부들과도 멀찍이 떨어져서 사진을 찍어야만 했다.

혼밥과 야근 생활은 대구고검 근무 이후 발령받은 대전고검에서도 계속되었다. 어쩌면 연이어지는 지방 좌천 생활이 조직으로부터 '나가라'는 사인이 나온 것인지도 모른다. 하지만 윤석열은 그걸 눈치껏 그만두라는 사인으로 인식하지 않고 끝까지 버티고자 했다. 남들 같으면 더러워서 못 해 먹겠다고 할 일도 그는 고스란히 참아냈다. 보통 공무원들은 한직으로 물러나서 뒷방 신세가 되더라도 약간의 속도 조절 기간이 있다고 한다. 하지만 윤석열의 경우에는 상황이 달랐다. 자신을 비롯해 국정원 여론조작 수사에 참여한 모든 인원이 좌천 발령을 당했다. 부장검사였던 박형철도 윤석열과 비슷하게 대전 생활을 하다가 다시 부산으로 이동했다.

그 와중에 원세훈이 선거법상 유죄 처리되어 구속 수감되기도 했다. 2015년 2월의 일이었다. 사필귀정(事必歸正)이라는 말이 통한다면, 윤석열의 성역 없는 수사도 재평가되어야 마땅한 것이었다. 하지만 그는 괘씸죄의 당사자였다. 수많은 지인들이 뒤늦게 밝혀진 진상을 알아차리고 축하 전화를 걸었지만, 윤석열은 계속해서 쓸쓸함을 토로했다. 그 자신이 검찰 내에서 누구도 접촉해서는 안 될 기피 인물처럼 되었기 때문일까. 특히 검찰 지도부는 윤석열이라는 이름 세 글자를 '정치검사'의 동의어처럼 취급했다.

외압의 주인공이었던 황교안 법무장관은 2015년 6월에 국무총리로 영전했다. 그는 공안통으로서 통합진보당 해산 심판을 위한 헌재 변론까지 성공적으로 마무리했다. 나중에야 알려진 사실이지만, 김기춘 청와대 비서실장은 통합진보당 해산 심판이 어떻게 될지 이틀 전 미리 알고 있었다고 한다(김영한 비망록). 이렇게 공고하고 철저한 정치 카르텔을 윤석열이라는 혼밥 검사가 극복할 방법은 전혀 없었다.

국정원 수사의 후폭풍이 아니었다면, 윤석열은 행복한 신혼을 보냈을지도 모른다. 당시 그는 금융 관련 기관으로 나가서 가정을 돌볼 계획도 가지고 있었다. 그러나 정권은 따뜻한 생활을 허락하지 않았다. 평소 건강이 좋지 않았던 김건희는 이때 심각한 후유증을 얻은 것으로 알려진다. 모든 것이 나름대로 믿음이 있어 벌인 다툼이었지만, 후과(後果)는 몹시 잔인했다.

■　투사 대접을 받다

하지만 윤석열에게 혼밥 시절이 비극으로만 가득 찬 세월은 아니었다. 민주당과 야권은 그의 행보에 갈채를 보내며 영웅의 등장에 환호성을 질렀다. 노무현 전 대통령과 한명숙 전 총리가 억울하게 희생되었다며 검찰개혁을 외치던 이들에게, 윤석열의 존재는 가뭄에 단비와 같았다. "정권은 타락했지만, 공무원의 양심은 살아 있었다"는 식의 격려적 발언이 터져 나왔다.

노무현 정부 시절 청와대 법무비서관을 지냈던 박범계 의원은 윤석열을 형이라고 했다. 진보 진영의 대표적 형법학자인 조국은 "사람에게 충성하지 않는다는 말이 평생 가슴에 남을 것 같다"고 했다. 가장 강렬한 찬사는, 한인섭 서울대 법대 교수의 발언이었다.

"독립 운동가들이 자신의 행동으로 독립이 올 거라고 확신해서 목숨을 걸었을까요? 왜놈의 개가 되는 것 외에 선택지가 없었다고 강변할 친일파들에게, 다른 길도 있음을 대비시키는 효과도 있었던 게지요."

막스 베버의 표현을 빌면 윤석열은 '영혼 있는 공무원'이었다. 베버는 공무원들이 법과 체계의 모양에만 충실한 나머지 사명감, 희생정신 등은 잃어버린 행태를 거세게 비판했다. 정권이 바뀌면 그때마다 옷을 갈아입듯 처신을 달리하는 공무원들이야말로 머리와 영혼이 없는 자들이라고 질타한 것이다. 반면에 원칙을 지키느라 불이익도 감수한 윤석열은 야권 입장에서 투사로 대접할 만도 했다. 그 때문인지 2016년 4월 총선을 앞두고 공천 제의를 하는 정당들이 있었다.

안철수는 대구지검 좌천 시절 만난 야당 정치인 중 한 명이다. 그는 윤석열과 지인이었던 이태규 의원의 소개로 만났다고 한다. 이후 새정치민주연합을 탈당한 안철수는 국민의당을 만들었다. 그리고 김대중 전 대통령의 오랜 측근이었던 정대철 전 의원을 통해 윤석열에게 출마 제안을 했다. 국민의당 비례대표 후보 중 높은 순번을 제공하겠다는 내용이었다. 하지만 윤석열은 제안을 거절했다. 정대철은 다음과 같이 들었다고 한다.

"저는 괜찮습니다만, (수사 등이) 국회의원을 하려고 그랬다고 비칠 것 아닙니까. 지금은 아니고, 다음에 기회가 되면 주십시오."

국민의당과 갈라진 더불어민주당에서도 공천 제의가 있었다. 문재인 전 대표의 참모인 양정철 전 노무현 정부 청와대 홍보기획비서관이 메신저 역할을 했다. 이때도 윤석열의 대답은 '노No'였다. 만약 혼밥 생활을 조기에 청산하고 여의도 생활을 시작했다면 그의 삶은 어떻게 바뀌었을까. 썩 괜찮았을지도 모른다. 화려한 언변, 문제를 직격할 줄 아는 용기, 상황에 적응하기보다는 상황을 만드는 처세 등이 정치적으로 주목하게 만드는 원동력이 되었을 수도 있다. 하지만 윤석열은 지인들에게 "검사장 한 번 하고 나가야겠다"며 정치 거절의 배경을 밝혔다. 좌천 검사에게는 꿈도 꿀 수 없는 일이었다. 하지만 그는 언젠가 수사를 통해 불명예를 만회할 날이 올 것이라는 실낱같은 희망을 가지지 않았을까. 자신이 잘못된 일을 하다 밀려난 게 아니기 때문에 스스로 불명예스러운 신세는 아니라고 여겼는지도 모른다.

3

또 다른 골목길,
국정농단 특검

운명을 믿는 사람은 몇이나 될까. 많은 사람들은 자기가 예상하고 바랐던 대로 일이 이루어졌을 때 운명 같다고 이야기하곤 한다. 하지만 진짜 운명은 전혀 가늠하지 못했던 지점에서 묵은 숙제가 풀리거나, 예기치 않은 이득이 생겼을 때 더욱 극적인 법이다. 인력으로는 어찌 할 수 없는, 세상의 큰 흐름 속에서 이루어지는 일들도 운명의 작용으로 볼 수 있다.

윤석열에게는 박근혜-최순실 게이트 특검이 운명이었다. 그는 특검으로 인해 핍박받던 좌천 공무원 입장에서 국가원수와 측근을 엄단하는 검사 입장으로 삶의 방향이 바뀌었다. 아픔의 세월을 딛고 강골 검사로 활약할 기회를 잡은 것이다. 이것을 두고 인과응보(因果應報)라고 말하면, 너무 뻔한 표현일까.

물론 일부 보수층들 사이에는 윤석열의 특검 참여가 몹시 부적절했으며 정치수사에 가담한 것이라는 시선이 꽤 있다. "윤석열은 반역자"라는 왕조 시대에나 나올 법한 주장에서부터, 사기 탄핵의 주범이라고 외치는 극우파에 이르기까지 스펙트럼이 다양하다. 국민의힘 내에서 친박 성향을 띠는 의원들도 비슷한 입장을 가지고 있다. 윤석열은 언론에 "수사로 보복하면 깡패지 검사냐"라고 말했지만, 정작 친박 세력 스스로가 검찰에 의해 보복당했다고 느끼는 경우가 꽤 있다. 그런데 개인 비리나 뇌물수수로 처벌받은 친박 정치인이 많지 않다. 만약 검찰이 먼지털이식 수사를 했다면, 털리는 사람이 꽤 있었을 것이다. 이 시점에서 고민해볼 법한 문제다.

"과연 그는 법대로 수사만 한 사람일까. 아니면 검사라는 지위를 이용해 사적 원한을 풀었던 사람일까."

■ 박근혜와 최순실의
공사 구별 실패

박근혜-최순실 게이트는 보수의 상징 자본이 해체되는 과정이었다. 역사와 전통에 의해 공화국의 여왕처럼 군림하던 박근혜 권력은 몇 번의 언론보도로 하루아침에 추락했다. 청렴하고 강한 여성 지도자의 이미지는 비(非)전문가이자 민간인인 사람의 손아귀에서 조종당하는 이미지로 뒤바뀌어버렸다. 그리고 문제의 핵심은 공사 구별 실패였다.

사건의 발단은 청와대 민정수석이었던 우병우와 〈조선일보〉 간 대립이었다. 2016년 7월경에 〈조선일보〉의 보도를 통해 기묘한 사건이 알려졌다. 우병우의 처가가 소유했던 건물을 넥센이 비싼 값에 사주었다는 의혹이 보도된 것이다. 민정비서관이었던 우병우가 부동산 전도를 위한 계약 현장에까지 갔다는 사실이 알려졌다. 언론의 의심은 현직 공무원 신분이었던 그가 기업에 영향력을 행사해 건물 매매를 성사시킨 것 아니냐는 것이었다.

같은 달 말에 TV조선에 보도가 나오면서부터 사태는 더욱 심각해졌다. 이번에는 대통령의 비리 의혹이었다. 청와대가 경제수석의 직권으로 전국경제인연합회와 대기업들에게 특정 재단에 자금을 출연하도록 했다는 폭로가 있었다. 재단 이름은 '미르 재단'과 'K스포츠 재단'이었다. 하나는 문화 한류 증진이 설립 목적이었고, 다른 하나는 한국 스포츠의 세계화가 설립 목적이었다. TV조선의 보도는 박근혜 대통령 측이 재계를 건드려 자금을 받아내고, 대통령의 노후 대비를 하려고 했다는 의심으로 가득했다. 결과적으로 전두환 정부 당시 논란이 된 일해 재단의 복사판 아니냐는 비판도 있었다.

하지만 '우병우 사건'과 '재계 출연금' 사건은 금세 수면 밑으로 가라앉는 듯했다. 언론은 전혀 다른 곳에 신경을 쓰고 있었다. 〈조선일보〉와 박근혜 정부 청와대가 송희영 〈조선일보〉 편집국장과 대우조선해양 간의 관계에 주목하고 있었기 때문이다. 송희영이 대우조선해양 측에 유리한 기사나 칼럼 등을 써주고 1억 원에 달하는 금품과 향응을 제공받았다는 것이 주된 혐의였다. 일종의 기사 거래였다. 거래의 매개자는 박수환 뉴스컴 대표였다. 청와대는 송희영-뉴스컴-대우조선해양으로 이어지는 부적절한 관계가 '기득권의 부패'를 상징한다고 질타했다. 친박 김진태 의원까지 나서서 진상 규명을 촉구했다. 보수 정권이 보수 미디어와 벌이는 엽기적인 갈등이었다. 다른 미디어들 입장에서도 보도하지 않을 수 없었다. 자연히 미르 재단과 K스포츠 재단 이슈는 다른 의혹이 나오지 않기에 덮일 법도 했다.

하지만 2016년 9월 〈한겨레〉가 '판'에 참여하면서부터 상황이 바뀐다. 박근혜 정권 내내 진짜 실세가 누구였는지 까발리며 K스포츠 재단과 미르 재단의 배후를 직격했기 때문이다. 과거 "박근혜 대통령은 권력 서열 3위"라는 전 행정관의 말이 있었던 터라, 언론은 막후가 과연 어느 정도 급의 권력자인지 몹시 궁금했다. 주인공은 최태민 전 영세교주의 딸인 최순실이었다.

〈한겨레〉는 최순실이 대통령과 몹시 밀접한 관계에 있으면서 이런저런 정책에 개입했다고 썼다. 철권통치를 휘두르던 박근혜의 이미지를 정반대로 바꿔놓는 계기였다. 늘 단호하게 적(敵)의 문제를 지적하고, 배신자는 끝까지 공격해 추방하고야 말던 대통령이 실제로는 공사 구별이 안 되는 인물인 셈이었다.

실권자 최순실은 인사 검증 체계도 무시하고 요직에 자기 사람을 박아넣는 비선실세였다. 차은택 PD가 민관창조경제협력추진단장이 되고, 그의 외삼촌인 김상률 숙명여대 교수가 청와대 교육문화수석비서관에 임명되었다. 김상률은 원래 좌파 성향의 지식인이었다. 그에 더해 차은택의 홍익대 시절 지도교수였던 김종덕 홍익대 교수가 문화체육관광부 장관에 임명되었다. 이 문화 정책 트리오는 모두 최순실의 손을 거쳐 나온 사람들이었다.

국정원도 최순실의 손길을 탔다. 대통령이 인물을 추천하면 최순실이 순위를 결정하는 엽기적 장면이 벌어졌다. 〈동아일보〉는 국정원 국내정보 담당 2차장 자리와 기조실장 자리가 최순실의 낙점으로 이루어졌다고 보도했다. 일종의 '섭정'이었다.[1] 안보 정책의 핵심 요직이 민간인 비선에 의해 결정되는 셈이었다.

최순실의 전횡은 이미 2014년부터 정보기관들에 의해 첩보가 수집되고 있었다. 하지만 국정원은 제대로 상부에 보고하지 못했다. 자칫하다가 찍혀 나갈 수도 있었기 때문이다. 보건 당국의 고위직과 국립대 병원장 자리도 비선의 손을 타야 한다는 말이 있었지만, 뒤늦게 세상에 알려졌다. 보건복지부 장관, 식품의약품안전처장, 서울대 병원장, 경북대 병원장과 같은 자리가 최순실과 그 지인인 이임순 순천향대 의과대학 교수를 통해 추천되었다는 폭로였다.[2]

국정원 개혁발전위원회가 2017년 10월에 발표한 내용에 따르면 "진짜 실세는 최순실"이라는 첩보가 무려 170건이었다고 한다. 하지만 정보당국은 대통령 이름을 팔아 호가호위하는 자를 막기는커녕 오히려 협조하고 뒤를 봐주는 듯한 모양새였다.

가장 결정적인 내용은 최순실의 딸이었던 정유라가 이화여자대학교를 편법으로 입학하고, 나중에는 학교 수업에 제출할 과제까지 교수가 대신 해주었다는 보도였다. 엄밀히 말해 입시비리이자 학사비리였다. 정유라의 수업 담당 교수는 뒤늦게 "체육특기생은 모두 성적을 올려줘야 했다"고 증언했지만, 당시에는 성적을 조작해주었다는 의혹 보도 때문에 국민의 남다른 분노를 자아낼 수밖에 없었다.

■ 또 다른 골목길에 선 윤석열

잇따른 보도와 폭로는 최순실 이슈를 정치권에서 다루게 만들었다. 여야가 국회에서 날카롭게 대립하기 시작했다. 장외(場外)에서는 대통령의 하야를 요구하는 촛불집회가 매주 세를 키워갔다. 모든 권력에는 하산하는 시기가 있다지만, 박근혜의 몰락은 너무나도 갑작스러웠고 충격도 몹시 컸다. 한동안 불통 이미지, 권위적 이미지로 비판을 받았던 대통령은 여당인 새누리당에서도 외면받기 시작했다. 김무성, 유승민 등 비박(非朴) 중진들을 중심으로 '비상시국회의'라는 단체가 꾸려지며 대통령 하야를 공식화하려는 움직임이 일었다.

"박근혜-최순실이 잘못을 저지른 게 맞다면 수사는 누가 해야 하는가.

검찰인가 아니면 특별검사인가."

이를 두고도 여야 간에 설왕설래가 오갔다. 정부와 여당은 검찰수사를 지켜보자고 했지만, 야당인 더불어민주당과 국민의당은 국민여론을 등에 업고 "특별검사제로 가야 한다"고 외쳤다. 검찰 역시 박근혜 정부 치하의 공무원인 만큼, 그들이 제대로 수사를 할 수 있을지 불투명하다는 것이 야당의 주장이었다. 게다가 국정원 여론조작 수사 과정에서 검찰 지도부가 얼마나 권력에 취약한지 고스란히 드러난 판이었다. "검찰수사가 전개될 때까지 두고 보자"는 주장은 성립할 수 없었다. 대통령은 대통령대로, 여당은 여당대로 상황에 끌려가면서 특별검사제 도입에 동의할 수밖에 없었다.

특별검사는 국민의당 박지원 의원이 추천한 박영수 변호사였다. 그는 서울고검장을 지낸 중진 출신이었다. 황교안 인준 청문회에 출석해 당사자에 대해 긍정적인 평가를 했던 인물이기도 했다. 박영수가 추천되자 보수층에서는 "박지원의 사람이 정치수사를 하는 것 아니냐"는 여론이 있었지만, 대통령이 임명안을 재가하면서 금세 논쟁은 수그러들었다.

채동욱이나 윤석열을 특별검사로 거론하는 사람들도 있었다. 채동욱은 "맡겨주면 성실히 해보겠다"는 입장이었지만, 윤석열은 그다지 내켜 하지 않았다. "현 정권에 가장 먼저 상처를 낸 인물이 나인데, 또 다시 정권 겨냥 수사를 하고 싶지는 않다"는 것이 주된 배경이었다.

왜 그랬을까. 스스로 명예를 회복할 수 있는 절호의 기회 아니던가. 하지만 윤석열의 마음속에는 깊은 트라우마가 자리 잡은 듯했다. 국정원 수사를 하면서 얻었던 실망감과 상처였다. 그는 정면돌파형 수사를 하다가 어느 시점부터 막다른 골목길에 혼자만 남겨진 경험을 했던 사람이었다. 아무도 윤석열을 옹호해주지 않았고, 항명자 또는 내부고발자라며 피해가기 급급했다. 어쩌면 박근혜-최순실 게이트 특검도 비슷한 흐름으로 갈 위험이 있었다. 당장 초기에는 광화문 촛불집회와 언론의 질타로 인해 정권이 뒤로 밀려나는 모양새였지만, 또 신기한 술수를 발휘해 국면을 전환할 수도 있는 것이었다. 그리되면 특검은 정치적 지지세를 잃고 수사도 방향을 잃을 수 있었다. 게다가 국회에서 주장한 대로 박근혜 대통령이 탄핵되면 황교안 총리가 권한대행을 맡게 되는 판이었다. 그는 국정원 여론조작 수사를 중단하게 한 핵심 관계자 아니던가. 이런저런 내용을 종합해봤을 때 윤석열이 특검에 참여하지 않을 이유는 충분했다. 나중에 좋은 기회를 얻어 검사로서 명예회복을 하려고 해도, 당장 큰 위험 부담을 져서는 안 되었던 것이다. 국정원 여론조작 수사는 '막다른 골목길'이었지만, 박근혜-최순실 게이트 특검은 '또 다른 골목길'이 될 수 있었다.

하지만 박영수는 지난날의 부하였던 윤석열을 꼭 특검에 영입하고 싶어 했다. 특검이 정말 국민에게 신뢰를 주기 위해서는 강단 있고 성실한 검사의 참여가 절실했다. 게다가 여론 중 상당수는 "과연 어디까지 박근혜 권력의 속살을 파헤칠 수 있겠느냐"는 회의적 시선을 품었던 게 사실이다. 세간의 못미더운 시선을 불식시키기 위해서라도 윤석열을 특검에 투입하는 일은 필요한 것이었다. 윤석열은 고민 끝에 역사적인 특검에 참여하기로 했다. 그리고 이 한마디를 덧붙였다.

"검사가 수사 가지고 보복하면 깡패지, 검사입니까."

이는 국정원 수사 때 받은 설움과 좌절감을 만회하기 위해 권력을 저격하는 일은 없을 것이라는 선언이기도 했다.

■ 성역 파괴 검사의 역할

윤석열의 특검 내 공식 보직은 '수사팀장'이었다. 현행법상 검사로 재직하고 있는 사람은 특검보로 임용될 수 없다. 그래서 양재식, 박충근 특검보 등과 별개로 특검의 업무 전체를 지원하는 총괄팀장 역할을 맡게 되었다. 수사 분야는 대기업들의 뇌물공여죄 관련 내용과 최태민 목사 일가의 과거를 파헤치는 것이었다. 박근혜 정권의 철옹성과 같은 성역을 파괴하는 것뿐만 아니라 재계와 정치권 간의 유착까지 들여다봐야 했다.

'최순실 게이트' 특검팀 조직도 [3]

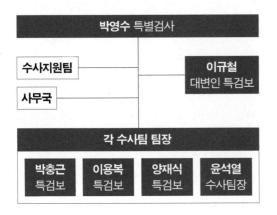

수사 과정에서 윤석열은 고(故) 정두언 의원에게 자문을 구했다. [4] 그는 2007년 한나라당 대선후보 경선 당시 친이계의 전략을 담당했던 사람이었다. 정두언은 최태민의 의붓아들이었던 조순제와의 면담을 통해 박근혜와 최태민의 과거에 대해 소상히 취재했다. 그리고 '조순제 녹취록'이라는 제목의 기록을 남겼다. 이 자료는 고스란히 경선 과정에서 이명박 후보와 경쟁하던 박근혜 후보를 공격하는 근거로 쓰였다.

조순제는 박근혜가 영애로 지낼 시절 '구국선교단'이라는 단체에서 직접 모시던 사람이었다. 1980년대에는 영남대학교와 육영 재단의 실무도 도맡아서 했다. 그는 자신의 어머니인 임선이와 최태민이 법적 부부로서 살면서도 어떤 면에선 갈등이 심했다고 주장했다. 온 가족이 부유하게 살 수 있도록 계기를 제공했던 박근혜와 최태민 간에 부적절한 관계가 형성되었기 때문이라는 언급이었다. 물론 조순제 녹취록의 모든 내용을 신뢰할 수는 없다. 군데군데 잘못된 데이터가 나오기 때문이다. 가령 박근혜가 10.26 사태 이후 청와대를 나와서 서울 은평구 연신내에 살았다는 주장이 대표적인 오류다. 또 정두언이 아주 극단적이고 선정적인 표현을 사용해 녹취록의 객관성을 떨어뜨리기도 했다. 박근혜와 최태민의 관계를 가리켜 '19금', '직접 보고 나면 밥도 못 먹을 것'이라는 극언이 나오기도 했다.

하지만 최태민과 그의 딸인 최순실 그리고 박근혜가 매우 끈끈한 상호 의존적 연결로 묶여 있는 사이라는 점은 확실한 것이었다. 특별검사 박영수도 박근혜 정권의 진상을 파헤치기 위해서 1970년대까지 거슬러 올라가서 살펴볼 필요가 있다고 이야기했다. 정두언은 조순제 녹취록에 나오는 '뭉칫돈'의 존재에 대해서도 윤석열에게 말했다.

박근혜는 꽤 오랜 시간 동안 최태민 일가의 정치적 영향력을 부정했다. 그들은 어려운 시절 자신을 진심으로 돕고 지원한 사람들일 뿐이지, 비선 실세는 아니라는 식으로 해명하기 급급했다. 하지만 최순실은 박근혜, 정호성과 앉은 자리에서 대통령 취임사의 문구를 따지고 교정을 지시할 정도로 막강한 영향력을 행사하던 사람이었다.[5] 국민들은 박근혜가 대기업으로부터 받은 돈으로 재단을 만들려 했다는 사실 자체가 아니라, 이중성과 꾸며진 이미지에 분노한 것이었다. 박근혜 측은 검찰이 자신을 기소할 때 제기한 "최순실과의 경제 공동체" 논리가 잘못되었다는 입장을 가지고 있다. 애당초 돈을 직접 수수하거나 착복한 일이 없음에도 불구하고 억지로 뇌물죄가 적용되었다는 것이다. 또 최순실과 자금 기반을 공유하거나, 관리를 맡겼다는 비판 역시도 "근거 없는 주장"이라고 본다. 하지만 대법원은 2021년 1월 15일 '재상고 기각'을 통해 "박근혜와 최순실이 공모하고, (서로) 역할을 나누어 뇌물을 받아냈다"는 검찰의 논리를 재확인했다.

박근혜는 조기 하야를 요구하는 여론이 목전에 닥쳤을 때에도 최순실을 공개적으로 쳐내는 데는 몹시 미온적이었다. 탕평 총리로 기용한 김병준 전 노무현 청와대 정책실장에게도 "전권을 맡긴다"는 말 한마디 하지 않았다. 대통령에 당선된 직후 고(故) 김용환 의원에게 했다는 말도 유명하다. 김용환이 "이제 그만 최태민 일가와 거리를 두라"고 조언하자 "그런 말씀 하시려고 저를 도우셨느냐"고 핀잔을 준 것이다.

최순실의 존재에 대한 거짓말은 박근혜 청와대의 측근들이 발언한 내용에서도 찾아낼 수 있었다. 김기춘은 "최순실에 대해 끝까지 몰랐다"고 했다가 "제가 그 사람의 존재는 알고 있었지만 직접 대면한 적은 없다"는 식으로 발뺌했다. 우병우 역시도 최순실에 대해 전혀 모른다고 했다. 하지만 그의 장모인 김장자가 구국선교단의 단원으로 활동했던 사실이 드러나며 해명이 무색해졌다.

김기춘이 어떤 사람이었나. 그는 '라면의 상식화, 가정의 초토화'를 말하며 박근혜에 대한 무한 충성심을 청와대 직원들에게 강조하던 사람이었다. 그는 윤석열이 좌천되던 날 검찰 동우회에 참석해 이런 말을 했다고 한다.

"대한민국을 지키는 일에 최선을 다해주십시오."

아마도 김기춘이 지켜야 할 대한민국의 모습과 윤석열이 지키려던 대한민국의 모습은 많이 다르지 않았을까. 한때 자신을 변방으로 내몰며 항명자, 반역자로 찍어내리던 박근혜 정권은 어느덧 국민의 손으로 내동댕이쳐져 있었다. 그리고 그들을 엄단할 수 있는 칼자루가 윤석열에게 쥐어졌다. 그는 운명처럼 찾아온 기회에 대해 어떻게 인식하고 있었을까.

4

재벌수사의
빛과 그림자

삼성은 오랫동안 우리 역사에서 '성역' 취급을 받았다. 나라의 3분의 1을 먹여 살리는 기업이라는 위상 때문이었다. 제아무리 삼성 오너가 잘못을 저질렀다 하더라도 경제적 기여를 감안해 죄를 면해주어야 한다는 시각이 많았다. 한편 삼성은 타의 추종을 불허하는 로비 실력으로 청와대, 검찰, 법원까지 쥐락펴락하는 권력집단이라는 비판론도 있었다. 좌우를 막론하고 삼성의 손바닥 위에서 노는 정치인들이 한둘이 아니라는 지적도 있었다. 2005년 당시 고(故) 노회찬 의원에 의해 폭로된 '엑스파일x-file'이 대표적인 증거였다.

윤석열에게 삼성 수사는 2016년에 처음 겪어본 일이 아니었다. 그는 윤대진, 이원곤 검사와 함께 2007년 삼성비자금특별수사팀에 참여한 경험이 있었다. 《삼성을 생각한다》의 저자였던 김용철 변호사(전 삼성 법무팀장)는 윤석열에게 삼성이 구워삶은 '로비 검사', '떡값 검사'들의 진면목에 대해 털어놓았다고 한다.6) 그만큼 국부의 3분의 1을 담당하는 기업의 영향력은 타의 추종을 불허했다.

그런데 이토록 고질적인 정경유착이 어느 지점에서부터 시작되었는지 따져볼 필요도 있는 것이었다. 권력이 무엇인가를 요구하기 때문에 기업은 계속해서 갈취당할 수밖에 없는 것인가. 아니면 기업이 스스로 직면한 어려움을 해결하기 위해 권력을 구워삶는 것이 본질인가. 미르 재단과 K스포츠 재단, 그리고 최순실 일가에 대한 삼성의 로비 모두 종합적인 시선으로 볼 필요가 있는 것들이다. 막연히 삼성을 감싸거나, 악마화하는 것만으로는 본질에 다가가지 못할 위험이 크다.

물론 어떤 사람들은 윤석열이 의도적으로 삼성과 이재용 부회장을 공격했다고 주장하기도 한다. 더욱 많은 실적을 올리기 위해, 공명심으로 인해 대기업을 치고 무리하게 오너를 구속시키기까지 했다는 것이다. 그리고 이재용의 구속은 본의 아니게 박근혜의 구속으로도 이어졌다. 실체적 진실이 아니라 여론전에 당했다고 주장하는 우파 인사들도 꽤 있다. 따라서 2016년 당시 이루어졌던 재벌수사의 빛과 그림자에 대해서 깊이 살펴볼 필요가 있다.

■ 정경유착 피의자를 다그친 윤석열

재벌수사는 크게 두 가지 맥으로 논리를 구성할 수 있었다. 첫째, 개별 기업의 고민거리 내지는 민원을 실세에게 털어놓는 스토리. 둘째, 박근혜 전 대통령이 수혜자일 것으로 기대되는 재단에 돈을 내거나, 최순실 본인에게 직접 금전적 혜택을 제공하는 스토리. 박근혜 전 대통령과 직·간접적으로 엮였던 재벌 기업 모두 이런 논리의 흐름 속에서 권력과 대가를 주고받았다는 추정이 가능했다.

예를 들어, 롯데의 경우에는 월드타워 면세점의 특허 연장이라는 현안이 있었다. 부영은 최순실 측에 세무 조사 무마를 요청하며 일이 잘 진행되면 하남시에 건립될 체육영재센터 관련 자금을 지원하겠다고 전했다. 삼성은 경영 승계라는 핵심 현안과 함께 삼성물산과 제일모직 간 합병이라는 숙제를 안고 있었다. 하지만 박근혜와 이재용의 독대에서는 관련 내용이 나오지 않았다.

혐의 선상에 오른 기업인들은 툭 터놓고 자신들의 문제를 실토하지 않았다. 윤석열은 기업 측 피의자들을 상대로 "이렇게 수사에 협조 안 하면 안 된다"는 식으로 여러 차례 다그쳤고, 후배 검사들은 피의자를 달래서 수사에 응하게 하는 방식으로 진실을 규명하려고 애썼다.

그중에서 소득이 있다면, 최순실이 여러 기업의 내부에 직접 개입하고 경제적 이득을 취하려 한 정황을 밝혀낸 것이다. 최순실은 포스코에 배드민턴팀을 창단하도록 하고, 해외 전지훈련을 더블루케이라는 회사가 전담하도록 제안했다. 서울 강남구 대치동에 위치한 포스코타워 1층에 커피숍을 내기 위해 임대가 가능한지 알아보라는 식의 업무수첩('박헌영 업무수첩') 내용도 나왔다. 우병우 처가가 소유한 삼남개발과 대명레저산업에 원두커피를 납품한 흔적도 발견되었다. 가장 노골적인 개입은 대한항공의 지점장 인사에 간섭한 것이다. 최순실은 대한항공 제주지점장에 자신의 지인 고 모 씨를 발령 내도록 했다.[7] 그는 고영태의 친척이었다. 고 씨가 성추행 사건에 연루되자, 무마하기 위해 직접 나서기까지 했다('안종범 업무수첩').[8] 이런 내용들은 윤석열의 고강도 수사 방식이 아니면 알려지기 힘든 것들이었다.

▣ 삼성은 왜 최순실에게 끌려다녔을까

삼성 이재용 부회장에 대한 수사의 핵심 쟁점은 다음과 같다.

첫째, 삼성이 최순실의 딸 정유라에게 제공한 말 3필(비타나, 라우싱, 살시도)이다. 34억 1,797만 원에 상당하는 내역이다.

둘째, 동계영재스포츠센터 지원금이다. 16억 2,800만 원가량이다.

셋째, 코어스포츠라는 기업이 삼성으로부터 받은 용역 대금이다. 36억 3,484만 원 규모다.

위의 세 가지 경제적 지원 내역 중에 과연 뇌물로 볼 만한 부분은 어디까지인지, 거기에 수반되는 대가는 무엇이었는지 밝혀내는 작업이 요구되었다.[9] 일방적으로 삼성을 악마화하지 않기 위해서라도 구체적인 청탁 내용을 알 필요가 있었다.

최순실은 2015년 11월 11일 당시 박원오 승마협회 전무에게 몹시 신경질적으로 말했다.

"이재용 부회장이 VIP(박근혜 대통령)를 만났을 때 말을 사준다고 했지, 빌려준다고 했느냐."

말 세 필 중 살시도의 마주(馬主)에 '삼성전자'라는 이름이 적혀 있는 것을 보고 내놓은 반응이었다.[10] 끝내 박상진 삼성전자 사장은 최순실에게 미안한 마음을 전하면서 "원하시는 대로 지원해드리겠다"고 입장을 밝혔다.

최순실은 2016년 말 검찰 특별수사본부 조사에서 이런 말도 했다고 한다.

"이재용 부회장이 꼭 삼성그룹의 후계자가 되어야 한다. 그래야 국가 경제가 발전한다."[11]

"홍라희 씨(이건희 회장 부인)가 이 부회장을 탐탁지 않아 한다. 홍 씨는 딸 이부진 씨하고만 친하고, 자기 동생(홍석현 JTBC 오너)과 함께 자기가 (삼성의) 실권을 잡으려고 한다."

지금에야 몇몇 재야 우파들 사이에서 풍문처럼 떠돌아다니는 이야기지만, 당시로서는 영 뚱딴지같은 발언이었다. 다만 최순실 본인이 삼성의 승계에 대해 관심이 많은 것임에는 분명했다. 다시 말해 삼성이 최순실에게 끌려다닐 만한, 충분한 이유가 있었던 것이다.

■ '삼성바이오로직스'라는 마법

하지만 이재용 부회장이 최순실이나 박근혜에게 직접 조력을 요청한 증거는 찾기 힘들었다. 삼성 오너를 사법 처리할 만한 직접적 근거를 찾기 힘들었던 것이다. 설상가상으로 이재용에 대한 1차 구속영장까지 기각되어 과연 국정농단 특검이 어느 수준까지 진실에 접근했는지 회의를 품는 시각도 많았다. 윤석열이 활로를 뚫지 않으면, 앞으로 나아가기 힘든 상황이었다.

2017년 1월이 되자 구원투수가 등장했다. 경제개혁운동가인 김상조 한성대 교수였다. 그는 소액주주 운동을 하며 오랫동안 삼성 대주주 측과 싸워온 지식인이기도 했다. 윤석열은 김상조에게 자문을 구하며 삼성이 부린 '마법'에 대한 분석을 들었다. 그중 핵심 비법은 삼성바이오로직스라는 의약품 위탁생산 기업의 주식가치를 교묘하게 재평가하고, 효과적으로 금융시장에 공개하는 것이었다. 특검은 이 지점을 공략해 이재용의 2차 구속

영장을 성공적으로 이끌어냈다.[12]

'안종범 업무수첩'에는 대통령 지시사항으로 삼성바이오로직스(이하 삼바)라는 기업명이 밝혀져 있다. 이 회사는 이건희 회장이 미래 먹거리 사업으로 점찍은 뒤 본격적으로 일을 시작했다. 하지만 2011년부터 4년 연속 적자를 내며 고전을 면치 못하고 있었다.

그런데 2015년에 삼바의 순이익이 1조 9,000억 원으로 불어나는 엽기적인 사건이 벌어진다. 그 배경은 주식가치의 재평가 방식에 있었다. 삼바의 자회사였던 바이오에피스가 가진 지분구조가 핵심 쟁점이 되었다. 이 회사는 삼바 91%, 미국 바이오젠 9%로 지배구조가 형성되어 있었다. 그런데 바이오젠은 자신들의 바이오에피스 주식지분을 49%까지 늘릴 수 있는 '콜옵션'을 가지고 있었다. 콜옵션은 계약자가 언제든 원할 때 특정 가격에 주식을 살 수 있는 권리를 뜻한다. 만약 바이오에피스의 주가가 올라가거나, 기업가치가 상승했을 때 바이오젠은 싼 가격에 주식을 사들일 수 있는 셈이었다. 삼성 측은 이 '가능성'에 착안해서 바이오에피스는 삼바의 자회사가 아니라는 논리를 만들어냈다.

한국의 현재 법정 회계기준인 IFRS(국제회계기준)는 자회사의 경우 '장부가치'로 지분을 평가하도록 한다. 하지만 자회사가 아니라면, 주가기준에 해당하는 '공정가치'로 지분을 평가할 수 있다. 삼바 측 회계법인은 바이오에피스가 개발 중인 바이오시밀러(복제약품) 중 1종이 유럽에 수출되고 있다는 점에 착안해 5조 2,000억 원가량의 가치가 있다고 추정했다. 예상 평가이익은 4.5조 원(소유지분가치 4.9조 원/원래 장부가치 0.26조 원)이었다. 만약에 바이오젠이 콜옵션을 행사한다고 할 경우 손실액은 1.8조 원 정도였다. 따라서 최종 평가이익은 4.5조 원에서 1.8조 원을 뺀 2.7조 원이 되는 구조였다.

■ 마법의 허점과
    특혜 상장 의혹

이한상 고려대 경영학과 교수는 삼바가 자회사 지분을 평가하고 자산으로 인식하는 과정에서 어떻게 금융감독원 등에 제대로 질의하지 않았는지 따졌다. 미국의 바이오젠은 자신들의 감사보고서에 삼바 콜옵션의 가치를 0으로 밝혔다. 다시 말해서 바이오에피스가 삼바의 자회사가 아니라고 선언할 근거 자체를 무색하게 한 것이다. 이처럼 중대한 허점이 있음에도 불구하고 삼바는 "자신들과 감사인이 벌인 코미디 같은 디테일은 숨기고, 유리한 방식으로 당국에 유리하게 물어보는" 대담한 일을 벌였다.13)

공교롭게도 삼바의 마법은 2015년에 저질러진 것이었다. 삼성은 2015년 8월에 최순실 측인 코어스포츠에 220억 원을 지원하기로 계약했다. 그리고 정유라에게는 말 세 필이 제공되었다.

2016년 3월에는 '대통령 지시사항'이 안종범의 업무수첩에 기록되었다. 그리고 같은 해 11월에 한국거래소의 코스피 상장요건이 바뀌며 삼바가 증권시장에 오르게 된다. 원래 2015년 이전까지만 해도 상장하려는 회사들은 매출 1,000억 원/이익 30억 원 이상이거나, 시가총액 4,000억 원/매출 2,000억 원의 요건을 충족해야만 했다. 하지만 2016년 11월에 새로운 기준이 생겼다. 시가총액 2,000억 원/이익 50억 원/자본 300억 원 또는 시가총액 6,000억 원/자본 2,000억 원의 요건을 충족하면 상장할 수 있었던 것이다. 이를 두고 몇몇 시민단체에서는 '특혜 상장 의혹'을 제기했다.

삼바는 사실상 자회사를 자회사가 아닌 것으로 평가하는 마법에 더해 상장요건 완화라는 바람까지 타고 엄청난 시장가치를 누리게 되었다. 2016년 11월 상장 당시 9조 원(공모가기준)이었던 시가총액은 얼마 안 가 11조 원까지 뛰었다.

박영수 특검은 삼성물산 합병과 함께 삼바의 특혜 상장 의혹, 그리고 박근혜와 최순실에 대한 '묵시적 청탁에 의한 정경유착'이라는 혐의를 더해 이재용에 대한 구속영장을 청구했다. 법원도 영장을 허가했다.[14]

■ 재벌수사의 허점

박영수 특검이 정확한 타격만 한 것은 아니었다. 의외의 오발이 많았다. 조사 과정에서 허점이 꽤 있었고, 유죄를 인정받지 못한 사안도 있었다.

대표적인 사례가 체육영재센터 이슈다. 특검의 공소장에는 "박근혜 대통령이 이재용 부회장에게 직접 동계스포츠영재센터 사업기획안을 전달했다"고 명시되어 있었다. 그러면서 청와대 인근 안가에서 대통령과 이재용 부회장이 '3차 단독 면담'을 했다고 주장했다.

하지만 당시 대통령 경호실의 기록에 따르면 박근혜-이재용의 면담은

약 30분가량에 불과했다(2016년 2월 15일 10시 30분부터 11시 8분까지). 사업기획안은 당사자 간 만남에서 공유되지 않았고, 최순실과 이영선 청와대 행정관이 주고받은 것으로 밝혀졌다.

또 특검은 삼성 합병에 공무원들이 개입했을 것이라는 의심에서 최상목 전 기획재정부 차관, 정은보 전 금융위 부위원장을 참고인으로 불러 조사했다(2017고합194). 하지만 그들로부터 역으로 "진술조서를 왜 바꿨느냐", "특검이 협박을 했다"고 힐난을 당했다. 국민연금의 한 팀장은 "구치소는 좁다. 피의자로 전환될 수 있다"는 말까지 들었다고 했다. 하지만 특검은 이런 사항들에 대해 별다른 반박을 하지 못했다.

특검이 수차 공소장을 변경해가며 2014년 9월 12일에 대통령과 삼성 부회장이 안가에서 '0차 독대'를 했다고 내놓은 주장도 논란거리였다. 당장 핵심 증인인 안봉근 전 비서관은 정확한 날짜를 기억하지 못했다. 청와대 경호처 역시 구체적인 방문 날짜가 기록되어 있지 않다고 회신했다.

이외에도 특검은 삼성의 정유라 승마 지원 건에 대해 단순뇌물죄와 별개로 '제3자뇌물죄'를 예비 추가 형태로 넣었다. 만약 단순뇌물죄가 성립하려면 박근혜 대통령이 직접 무언가를 받은 증거가 나와야 했다. 삼성은 대통령이 아니라 최순실 개인에게 편의를 제공한 것이기 때문에 단순뇌물죄로 볼 수 없다는 입장을 견지했다. 애당초 특검이 자신이 있었으면 제3자뇌물죄라는 다른 죄목을 덧붙였겠느냐는 비판도 가능한 상황이었다.

최태민-박근혜 관계 시절부터 시작된 최순실 일가의 축재와 자산 해외 도피 건에 대해서는 아예 유죄 인정이 되지 않았다. 만약 현행법상 유죄가 되려면 당사자가 국내 자산을 해외로 빼돌릴 것을 명확히 인지하고 일을 저질렀다는 증거가 나와야 했다. 하지만 최순실을 향한 승마 로비는 엄연히 삼성이 돈을 보내고, 해외에서 송금을 받은 정유라와 최순실이 돈을 쓰는 구조였다. 정말로 엮어 넣으려면 "이재용과 최순실을 재산도피의 공동정범이라고 기소했어야만 했다"는 지적도 있었다. 서울고법13부는 해당 건에 대해서는 이재용과 최순실이 무죄라는 판결을 내렸다.

재벌수사는 윤석열의 특기라고 볼 만한 분야다. 하지만 박근혜-최순실 게이트 특검은 유난히 실수가 많았다. 몇몇 극우 논객들은 당시의 실수를 두고 "사기 탄핵의 증거"라고 극단적으로 주장하기도 한다. "애당초 태블릿 PC가 최순실 명의가 아니므로, 국정농단 특검도 사기였다"고 강변하는 사람들까지 있다. 이런 논리는 "윤석열이 무조건 옳다"는 주장만큼이나 몹시 위험한 것이다.

회계 전문가의 관점도 고려해야 한다. 검찰은 제일모직과 삼성물산의 합병 과정에서 인위적 시세 조종을 위해 삼바의 분식회계가 전술적으로 이용되었다고 주장한다. 여기에 대해 최종학 서울대 경영학과 교수는 "기업이 경제적 실질에 따라 자율적으로 회계처리를 하도록 하는 국제회계기준의 본질을 모르고 하는 소리"라고 비판한다. 가령 바이오젠의 삼성바이오에피스에 대한 콜옵션을 부채로 인식할 것인지 아닌지, 삼바가 에피스의 지배력을 가지고 있는지 아닌지는 전적으로 기업의 판단에 맡겨야 한다는 것이다. 이에 따르면 삼성물산-제일모직 합병을 성사시키고, 삼바의 가치를 튀기기 위한 분식회계가 광범위하게 저질러졌다는 주장 자체가 성립하지 않는다. 애초에 금융감독원이 명쾌한 입장을 삼성 측에 제공하지 않았던 점도 문제가 될 수 있다.

◼ 윤석열은 과연
반재벌론자인가

말하기 좋아하는 사람들은 박근혜-최순실 게이트 특검을 계기로 윤석열이 반(反)재벌론자가 되었을 것이라고 넘겨짚는다. 만약에 그가 집권하게 되면, 삼성을 혹독하게 수사해 정상적인 기업 운영이 불가능하게 만들 거라는 괴담(怪談)도 돈다. 하지만 윤석열은 삼성의 존재 자체를 부인하거나 오너 일가들을 규탄하려는 사람이 아니다. 특정한 국면의 특정한 행위를 문제 삼은 것뿐이다. 특수검사 입장에서 기업이 권력에 정말 취약하다는 사실을 모르는 것도 아닐 것이다.

다만 경제인이 정치인에게 약점을 잡힐 때마다 자본으로 문제를 해결해 버릇하면, 나중에는 시장경제시스템 자체가 병들 것이라는 게 윤석열의 지론이다. 이제 삼성은 어디까지 사법적 책임을 져야 할지 결론을 앞두고 있다. 어려운 시대에 이재용을 계속해서 옥중에 두는 것이 옳으냐는 주장도 나오고 있다. 엄밀히 따지면 기업인 사면은 정치의 영역이다. 2021년 들어 70% 가까운 국민들이 찬성하는 것도 현실이다. 여기에 대해 윤석열이 어떤 입장을 낼지는 앞으로 두고 볼 일이다.

5

적폐수사냐,
결산수사냐

탄핵 대선 직후 출범한 문재인 정부는 혁명 정부였다. 정권 출범 기조부터 '촛불혁명의 정신 계승'이었다. 문재인 대통령은 선거 기간 내내 '적폐 청산'을 강조했다. 지나간 시대의 악습들, 잘못된 유산들을 과감히 쓸어버리겠다는 것이다. 그는 촛불집회 연설에서도 "가짜 보수 세력을 촛불로 불태우자"고 했었다. 공교롭게도 박근혜 역시 '적폐 청산'이라는 말을 썼다. 세월호 사고 이후 관료주의의 타성을 극복하자는 차원에서 던진 메시지였다. 하지만 박근혜의 경우 적폐의 규정이 추상적이고 모호했던 반면에, 문재인은 매우 직접적으로 적폐 개념을 정의하고 정치운동 구호로 사용했다. '적폐'에는 보수 정권 9년을 이끌었던 전직 대통령들과 그들의 측근들, 각종 정책 집행 과정에서 저질러졌던 비리 등이 모두 포함되었다.

그리고 새 대통령이 취임한 달에 윤석열이 서울중앙지검장에 임명되었다. 매우 상징적인 인사였다. 특검의 수사 성과를 그대로 계승해 적폐를 말끔히 없애달라는 주문이었던 것이다. 성역 없는 수사를 강행하는 강골 검사 이미지는 문재인 정부의 정치 마케팅에 그대로 이용되었다.

이쯤에서 고민거리가 생긴다. 과연 윤석열은 정치수사의 협조자였던 것일까, 아니면 그 나름대로 소신이 있어서 적폐수사를 밀어붙인 것일까. 일부 극보수 지지층에서는 그를 '예루살렘의 아이히만'에 빗대기도 한다. 나치 독일 치하에서 유대인 수용소장으로 근무하며 영혼 없이 학살에 부역한 사람의 이야기다. 그는 나중에 자신의 죄과가 발각되자 "공무원으로서 시키는 대로 했을 뿐"이라고 변명했었다. 만약 극보수 진영의 주장이 성립하려면 '적폐수사' 자체가 잘못되었다는 전례가 성립해야 한다. 그리고 피의자로 기소되고 처벌받았던 사람들이 확실히 무죄라는 사실이 입증되어야 한다.

■ 사법농단을 질타한
윤석열

  적폐수사의 범위는 매우 넓다. 2012년 대선을 앞두고 저질러졌던 국정원 여론조작의 보완 수사, 이명박, 박근혜 전 대통령의 비리 의혹과 국정원 특활비 전용 관련 수사, 양승태 대법원장 주도로 저질러진 사법농단에 대한 수사 등 다양하다. 모든 사건을 일일이 들여다보고 분석하기에는 지면의 한계가 있다. 윤석열의 역할과 발언이 직접적으로 드러난 사건만 보려고 한다. 양승태 대법원장의 사법농단 수사와 이명박 전 대통령의 다스 관련 재수사다.

  사법농단은 법원이 권력집단화하는 과정에서 행정부, 국회 등과 교섭해 재판을 거래한 사건과, 진보 성향 판사들을 사찰한 사건이 핵심 줄기다. 두 사건 모두 민주주의 국가에서 일어나리라고 예상하기 힘든 것들이다. 공명정대함을 생명으로 하는 법원이 알고 보니 이권을 탐하는 복마전이었던 것이다. 물론 양승태의 정치성은 그 이전부터 익히 알려져 있었다. 그는 2012년 대통령 선거 전 부산고, 경남고 출신 국회의원들과 만찬을 한다는 명목으로 문재인, 안철수, 서병수 등의 의원들을 공관으로 초대해 논란거리가 되었다.

  윤석열은 "사람을 타겟(표적)으로 하는 수사는 하지 않는다"고 했다. 그러면서도 "사법부 주요 조직과 수뇌부 수사는 검찰 입장에서도 곤혹스럽다"는 입장을 밝혔다. 사법농단과 관련된 폭로가 잇따르면서 양승태 대법원장 이외에 박병대 대법관과 임종헌, 이민걸 판사 등의 이름이 나오기 시작했다. 법정이야말로 검사의 진검승부처라고 주장해왔던 윤석열의 입장에서 법원의 주류 판사들을 조사하고 처벌하는 일은 몹시 부담스러운 것이었다. 경우에 따라서는 검찰과 법원이 총성 없는 전쟁을 벌이는 사태로 번질 위험도 있었다. 실제로 법원은 사법농단에 연루된 판사들의 영장 상당수를 기각하기도 했다. 김명수 대법원장 체제로 바뀌고 나서도 영장 기각률은 90%에 달했다. 민중기 서울중앙지법원장은 "영장 기각 사유를 밝히는 일은 부적절하다"고 주장하기까지 했다. 여기에 대해 윤석열은 '많이 실망스럽다'고 유감을 표현했다.

■ 사법농단의 진상

도대체 사법농단이 구체적으로 어떤 방식으로 저질러진 것이기에 법원이 그토록 '철벽 방어'를 한 것일까. 우선 양승태는 법원 내 진보 성향 법관들의 정보를 수집하고 이들이 어떤 방식으로 무리를 짓는지 포착하려고 했다. 이를 가리켜 '판사 사찰'이라고 한다. 대법원장이 스스로 리더십 없는 사람임을 자임한 사건이었다. 모든 리더는 자기가 이끄는 조직 안에서 생겨날 수 있는 잠재적인 적이나 불순분자를 두려워한다. 굳이 양승태 본인의 시각을 반영하자면, 판사 사찰은 법원이 좌파 사조직에 의해 잠식당하지 않기 위한 시도로도 볼 법하다. 굳이 보수 정권의 대법원장이라는 관점에서 보자면 말이다.

그런데 '재판 거래'의 경우에는 판사 사찰보다 더욱 심각한 문제가 숨어 있다. 양승태는 대법원장 임기 내내 상고법원 제도에 거의 올인하다시피 했다. 대법원이 1년에 다루는 사건이 너무 많고(연간 3만 6,000건), 사건 당사자들의 불만도 극에 달하고 있으므로, 대법원 밑에 상고법원이라는 기관을 두어서 부담을 덜자는 것이 근본 취지였다. 양승태의 논리대로라면 대법원이 맡은 사건의 99%가 상고법원으로 내려가게 되어 있었다. 하지만 이 제도 도입에 대한 이해관계자들의 반발이 심했다. 일단 상고법원장들의 인사를 대법원장이 단행하도록 하자는 제안은 "대법원의 권한 비대화"를 이유로 거부되었다.

문제는 상고법원 제도를 강행하기 위해 양승태가 동원한 수단이었다. 윤석열을 비롯한 사법농단 수사팀은 박근혜 정부 당시 대법원이 법무부와 모종의 거래를 시도한 사실에 주목했다. 이른바 '영장 없는 체포 활성화'에 동의해주려 했던 것이다. 국민의 기본권을 보호하기 위해 도입된 영장주의와 증거 중심 재판 원칙이 포기된다면, 사실상 나라 전체가 유신시대로 돌아가는 것이나 다름없었다. 그럼에도 불구하고 양승태 대법원은 아무런 죄책감 없이 법무부와 '딜'을 하려고 했다.[15]

윤석열과 밀접한 국정원 여론조작 관련 재판에도 대법원장의 손길이 있었다. 당시 법원행정처 관계자는 사건을 담당하는 재판장, 주심판사 등과 통화한 후 원세훈 전 국정원장의 혐의를 '정치 개입 지시로 볼 수 없다'는 식으로 기록했다. 원세훈을 공직선거법 위반으로 기소했던 윤석열이 물을 먹을 수도 있는 일이었다.

광범위한 국회 로비도 이루어졌다. 판사와 자신의 법적 상태에 예민한

국회의원들이 어울리며 폭탄주를 마시는 모습이 여의도 곳곳에서 목격되었다. 어느 언론인의 표현대로 꽤 많은 의원들이 법원의 '잠재적 인질' 아니던가. 자칫하면 재판으로 목이 날아갈 수도 있는 의원들이 판사들의 입법 요청을 들어주지 않기는 쉽지 않았을 것이다. 한술 더 떠서 대법원은 정치자금법 위반으로 재판을 받던 전병헌 의원(새정치민주연합)의 보좌관이 감형받을 수 있는지 검토하기도 했다. 그는 동작구청장에게 공천 헌금을 받은 의혹으로 사법 처리되는 중이었다.[16]

이런 범죄적 정황이 있음에도 불구하고 법원은 윤석열이 이끄는 서울중앙지검의 압수수색 영장을 철저하게 막아냈다. 윤석열은 "파견 검사를 비롯해 검사 49명이 사건을 수사하고 있고, 전, 현직 법관 80여 명이 피의자 또는 참고인으로 조사받았다"고 언급했다. 하지만 법원행정처의 원(原) 자료에 접근하는 일은 매우 어려웠다. 윤석열은 검찰총장이 된 이후에도 사법농단 사건에 대한 공소를 유지하기 위해 노력했다. 2019년 7월에는 아예 특별공판팀을 서울중앙지검에 설치하도록 하고, 모든 가능성에 대비하려고 했다.

■ 논란 많은
MB 수사와 구속

적폐수사의 또 다른 정점(頂点)은 이명박 전 대통령 관련 수사다. 윤석열은 2007년 대선 전에 출범한 BBK 특검에 참여한 이력이 있다. 당시 이명박 후보는 사기와 횡령, 배임 논란이 있었던 BBK라는 금융사가 자신의 소유가 아니라고 거듭 주장하는 상태였다. 현대차에 카시트를 공급하는 납품사인 다스 역시도 '일가의 회사일 뿐'이라며 실소유를 적극 부정했다. 당시 정호영 특별검사는 다스 법인에서 광범위한 자금 횡령과 비자금 전용 증거가 나왔음에도 불구하고 서둘러 수사를 덮었다는 비판을 받았다.

특검 당시 윤석열은 "BBK가 MB의 회사라고 단정 지을 수 없다"는 입장이었다. 그 이유는 김경준이라는 인물에게 이명박이 사기를 당했을 가능성도 배제할 수 없었기 때문이다. 또 "이명박이 BBK 투자에 대해서 '괜찮다'고 피상적인 의견을 제시했을 뿐, 실제로 투자를 유치하는 데 결정적 역할을 한 것은 아니다"라는 입장을 견지했다.[17]

하지만 2017년에 박근혜가 구속될 때부터, 이명박의 구속은 정해진 운명이나 마찬가지였다. MB의 광범위한 뇌물수수 논란은 둘째 치고, 대통령 직에 있을 때 청와대 직원들을 시켜서 다스 소송과 상속세 문제를 챙기게 한 것은 큰 문제였기 때문이다. 게다가 대통령 당선자 시절인 2008년 2월 무렵 다스의 미국 소송 비용을 삼성이 대납하게 했다는 혐의까지 제기되는 판이었다. 윤석열은 이런 상황들을 두고 '직권남용죄'를 적용해야 한다는 입장이었다.

다음은 2018년 10월 국회 법사위 국감에서 한 발언이다.

"과거 대법원 판례를 보면, 직권남용죄의 직무를 법상, 제도상, 사실상 인정되는 굉장히 넓은 것으로 봐왔습니다. 직권이 법령상 있다 없다 말하는 것 자체가 어불성설입니다."

당시 법원은 다스라는 개인 회사의 소송을 검토하라는 지시 자체가 '대통령의 직무상 권한'이 아니기 때문에 직권남용죄가 성립하지 않는다는 관점을 가지고 있었다. 하지만 윤석열은 "(재판부 주장에만 따르면) 공무원이 법을 넘나들어 권한을 행사하는 행위를 처벌하기 힘들어진다"는 입장이었다.

결국 적폐수사 과정에서 제기된 수많은 직권남용 혐의가 무죄 처리되고 말았다. 이명박뿐만 아니라 박근혜의 경우에도 최순실 관련 회사(플레이그라운드)가 현대차에서 광고 계약을 수주하도록 한 것은 강요죄에 해당한다는 처분을 받았다. 직권남용에 대해서는 역시 직무상 권한이 아니라는 이유로 무죄 처리되었다.

MB는 자신에게 제기된 혐의 대부분에 대해 "법치주의가 붕괴하는 바람에 생겨난 정치수사의 결과"라고 주장했다. 하지만 국정원장 원세훈에게서 받은 10만 달러의 특활비는 자신이 받았다고 인정했다. MB의 측근은 검찰수사 과정에서 해당 금액은 영부인 김윤옥에게 전달되었다고 진술했다. 이명박은 역으로 "내가 받았다"며 '대북공작금'이라고 했다.

어쩌면 MB의 수사와 구속은 윤석열 입장에서는 나름대로의 '결산'이었는지도 모른다. 그가 개입된 BBK 특검은 거의 10년 넘게 도덕성 논란에 시달렸다. 곧 출범할 정권을 앞두고 특검이 정면승부를 할 수 있었겠느냐는 현실론도 있지만, MB가 가지고 있는 다스 관련 혐의를 은폐했다는 논란에도 시달렸기 때문이다. 비록 문재인 정권 치하에서 시작된 수사였지만, 윤석열의 적폐수사는 MB의 비자금, 횡령 혐의와 관련된 진상을 밝혔다는 측면도 가지고 있었다.

■ 적폐수사를 후회하면
별의 순간도 없다

지금도 보수층 일각에서는 윤석열을 '정치수사의 주인공'이라고 말한다. 전직 대통령과 그 측근들이 별로 잘못한 것이 없는데 기획 수사로 잡아넣었다는 이야기다. 윤석열을 탄핵 주범이라고 말하는 사람들도 있다. 국회가 다수결로 진행한 정치적 사안을 두고 검사였던 사람에게 추궁하는 꼴이다. 아마도 탄핵과 2017년 대선 패배, 2018년 지방선거 패배 등의 사건으로 인해 끊임없이 궁지로 내몰렸던 보수의 억한 심정을 자극하기 위한 발언일 것이다. 실패와 좌절을 자기 탓으로 돌리는 일은 매우 어렵다. 하지만 많은 공공의 적을 만들어 그 때문에 우리가 망했다는 논리를 들이대면 한결 마음이 편해지는 법이다. 그런 때는 전략적 실패에 대한 뼈를 깎는 반성이나 혁신 노력이 필요 없어지기 때문이다.

"최순실은 그저 대통령의 심부름꾼이었다. 그런 종류의 비선은 모든 대통령에게 다 있었다."

"박근혜 대통령은 단 한 번도 돈을 착복한 적이 없다."

"보수 정권이 국민 세금을 축내고 횡령한 것은 아니지 않은가."

이 주장들 모두 엄연한 진실을 회피하는 발언들이다. 최순실과 박근혜 모두 공사 구별을 제대로 하지 못했다는 근원적 문제점을 안고 있다. 2016년 총선 때 자신들이 편한 사람들 위주로 선거에 내보내려다 새누리당이 쫄딱 망한 적도 있다. 이처럼 거듭된 실패는 외면하고, 윤석열 한 명을 악마화하는 것은 어찌 보면 민주당의 권력 유지를 계속해서 돕는 일일지도 모른다. 물론 "승리보다 진실이 중요하다"는 사람들에게는 할 말이 없다.

필자는 윤석열이 적폐수사를 피하거나, 특검에 나가지 않았더라면, 그리고 국정원 여론조작 수사를 하지 않았더라면 그저 그런 검찰 공무원 중 하나로 그쳤을 것이라고 본다. 대한민국은 계속해서 객관적 진실보다 권력이 정하는 진실을 숭상하는 나라로 남았을 것이다. 힘센 특정 세대와 계급이 큰 목소리로 외치는 것만을 교과서적으로 답습하는 중세 국가로 남았을 것이다.

독일의 사회학자 막스 베버는 근대의 기준을 두고 '내용'과 '형식'의 구분이라는 개념을 이야기했다. 중세시대에는 내용이 형식을 지배했지만, 근대가 도래하면서부터는 내용과 형식의 정당성을 분리해서 판단한다. 예를 들어 조선 초에는 개국공신의 자녀가 살인을 저질렀을 경우 면죄해줄 수 있는 제도가 있었다. 개국공신의 자녀라는 내용이 살인이라는 형식을 압도한 것이다. 하지만 1894년 갑오개혁이 진행되면서 살인죄는 예외 없이 중벌로 다스려지게 된다. 형식적 합리성을 근대법으로 강제하게 된 것이다.

윤석열은 근대법의 가치에 충실한 사람이다. 법 집행의 공정성은 특권적 예외를 두지 않는 데에서 출발한다. 그 대상이 이명박, 박근혜, 최순실 등 권력을 가진 또 다른 누군가라 하더라도 기준이 흔들리지 않아야 한다. 최순실이 2021년 5월에 〈문화일보〉에 독자투고 형식으로 게재한 '딸에게 보낸 편지'가 화제가 된 적이 있다. 내용인즉슨, 엄청난 사태를 겪으며 고통을 겪은 딸을 위로하는 것이었다. 그런데 최순실은 딸이 입시비리로 수많은 학생과 학부모들에게 상처를 준 것은 전혀 반성하지 않았다. 오히려 그 사실을 전략적으로 감춘 채 자기 편 결집을 시도하는 것이다. 한국인이 정

(情)에 매우 약한 사람들임을 노린 전략적 메시지다. 공교롭게도 최순실은 윤석열을 공개적으로 비판하는 사람 중 하나다.

그렇다고 적폐수사의 '구원(舊怨)'이 곰삭지 않고 있는 것도 아니다. 한때 "가는 9수할 정도로 머리가 나쁘다"고 윤석열을 비판했던 이명박 전 대통령은 대권주자로서의 행보가 본격화된 이후 "지켜보자"는 쪽으로 입장을 선회한 것으로 알려진다. 옥중의 최경환 전 경제부총리는 "안철수, 유승민, 홍준표보다 윤석열이 깜"이라며 자신을 면회 온 친박 정치인에게 한 수 가르쳤다고 한다. 형기를 마친 김기춘 전 비서실장은 측근을 통해 윤석열에게 소회를 전달할 정도였다.

6

운에 없던
검찰총장

윤석열에게 있어 검찰총장 임명은 '별의 순간'으로 가는 첫 번째 관문이 아니었을까. 만일 그가 총장이 되지 않았더라면, 문재인 정부와 정면대결할 일이 없었을 것이다. 그리고 대중의 주목을 받기도 쉽지 않았을 것이다. 그리고 문재인 대통령의 입장에서도 한결 수월하게 국정을 이끌고 갈 수 있었을지 모른다. 야당은 무능했고, 여당은 철저히 그에게 충성하고 있었다. 권력자들의 모순이 조금이라도 감춰지고, 적폐 청산으로 인한 힘의 집중이 계속되었더라면, 민주당 정부의 고민도 덜했을 것이다. 늘 해왔던 대로 자기 스스로를 의심하지 않고 정책을 밀어붙이면 될 테니까 말이다. 이해찬 전 더불어민주당 대표는 '보수궤멸', '20년 집권'과 같은 말을 자주 했다. "지금 이대로만 해도 계속해서 권력 유지가 될 것"이라는 자신감의 표현이었다. 그를 따르는 수많은 운동권 출신의 정치인들도 같은 생각이었을 것이다.

하지만 문재인 대통령은 2019년 7월 윤석열을 검찰총장으로 선택했다. 대통령이 아무런 거리낌 없이 '돌격형 칼잡이'를 뽑은 이유는 아마도 자신의 정치적 이미지 때문이었을 것이다. "문재인 정부는 과감한 인사로 국민적 관심을 살 수 있는 정권" 내지는 "우리는 도덕적으로 완벽한 정권"이라고 과시하고 싶었는지도 모른다.

당시 검찰총장후보추천위원회는 윤석열보다 훨씬 부드러운 성향의 후보들을 검토하고 있었다. 대검찰청 차장검사를 지냈고, 적응력이 탁월하다고 알려진 봉욱(사법연수원 19기), 후일 윤석열 다음으로 검찰총장직에 임명된 법무차관 김오수(사법연수원 20기), 수원고검장 이금로(사법연수원 20기)였다. 문 대통령 주변에서는 봉욱 차장을 추천하는 사람들이 여럿 있었다고 한다. 상부를 치고받지 않고, 차분하고 유한 캐릭터가 장점으로 꼽힌 것이다. 정무 감각으로는 김오수도 나름의 가점요소를 가지고 있었다. 그러나 대통령은 "살아 있는 권력에 대해서도 과감하게 수사해달라"며 윤석열을 점찍었다. 그것이야말로 비극의 시작이었던 것일까.

◼ 비극의 예고편, 전병헌 수사

문재인 정권이 윤석열의 성향을 미리 가늠할 만한 사건이 있었다. 2017년 11월에 터진 전병헌 전 정무수석의 로비 의혹이다. 전병헌은 정세균 국회의장의 추천으로 청와대에 들어간 사람이었다. 친노·친문 성향 정치인들과도 사이가 좋은 편이었다. 문재인 대통령은 2016년 총선 당시 공천을 받지 못했음에도 불구하고 더불어민주당에 남았던 전병헌을 신뢰했다. 덕분에 그는 2017년 대선에서 전략기획본부장을 맡으며 정권 핵심으로 진입했다. 그런 인물을 서울중앙지검장 윤석열이 수사하기로 한 사실은 매우 충격적인 사건이었다.

하지만 2017년 당시 청와대는 윤석열의 공격을 비난하기는커녕, 특수수사를 강화하는 정책으로 외려 지원해주는 모양새를 취했다. 민정수석이었던 조국은 수사와 기소를 분리함으로써 검찰개혁을 해내겠다는 선거 당시의 공약을 들어 검찰에 힘을 실어주었다.

사법농단 사건을 다루며 잠깐 언급했지만, 전병헌은 의원 시절부터 법조 브로커, 재개발업자 등과 유난히 가깝게 지내며 로비를 받아 뭇 사람들의 빈축을 샀다. 검찰이 수사로 치고 들어올 때마다 보좌관이나 측근 선에서 꼬리 자르기가 이루어졌다.

전병헌이 윤석열에게 걸린 당시에는 게임 관련 단체인 e스포츠협회가 논란의 중심이었다. 게임업계 대부로 젊은이들의 관심을 받던 의원 전병헌이, 홈쇼핑 대표에게 협회 지원을 요구한 것이다. 그리고 대화 날짜로부터 5일 뒤에 롯데홈쇼핑의 채널 재승인이 결정되었다. 대가성 뇌물을 의심할 만한 대목이다.

전병헌의 측근인 윤문영 비서관은 애초에 롯데홈쇼핑 측에 10억 원의 돈을 요구했다고 한다. 어지간한 초대형 로펌을 위촉했을 때 드는 비용이다. 하지만 롯데는 3억 원만 지원했다. 이외에도 KT와 GS홈쇼핑 등에서 2억 5,000만 원가량의 돈이 e스포츠협회로 흘러들었다. 서울중앙지검은 이 돈도 대가성이 있는 금액이라고 보았다.

국회의원이 특정 기업을 쥐어짜고, 고통을 덜어주는 대가로 정치자금을 우려내는 행위는 과거에도 종종 있었다. 기업들은 국정감사에 증인으로 불려 나가거나, 새로운 입법으로 인해 경영 행위에 제한을 받는 것을 큰 스트레스로 여긴다. 이 점을 노려 의원들뿐만 아니라 측근들까지 나서서 기업을 공격하고, 그것을 철회하거나 자제해주는 대가로 일감을 받거나 후원을 요구하는 일이 빈번했다. 전병헌의 사례는 적폐 청산을 표방하는 촛불 정권 치하에서도 구악(舊惡)이 계속되고 있음을 증명하는 것이었다. 문재인 대통령 본인은 자기관리에 철저하고 도덕적으로 문제가 없을지 몰라도, 주변에서는 부패가 싹틀 수 있음을 시사한 것이다. 물론 그 최종 책임은 측근을 뽑은 지도자에게 지워질 수밖에 없을 것이다. 전병헌은 이후 정치자금법 위반 혐의에 대해서 집행유예 2년, 업무상 혐의에 대해서 집행유예 2년을 선고받았다. 대법원은 롯데홈쇼핑이 제공한 3억 원을 제3자뇌물죄(윤문영)로 분류한 대신에, 전병헌에게 제공된 기프트카드 500만 원어치는 본인의 뇌물수수가 맞다고 판단했다.

문재인 정부 입장에서는 초대 정무수석이 뇌물수수로 사법 처리된 꼴이다. 공정경제를 주장했던 문재인 대통령의 면을 깎아먹는 순간이기도 했다.

윤석열이 전병헌을 친 것은, 어찌 보면 다가올 비극의 예고편이었는지도 모른다. 대통령에게 신임을 받고 있는 측근이라 할지라도, 허튼짓을 하면 용납하지 못한다는 것이다.

■   의지 없는 야당

전병헌 사건은 제1야당이었던 자유한국당에게는 매우 큰 기회였다. 때마침 홍준표 자유한국당 대표는 2017년 11월 박근혜 전 대통령을 직권으로 출당시키면서 탄핵의 짐을 덜려던 상황이었다. 친박 정치인들은 "정치적 도의를 저버린 일", "엄연한 패륜"을 운운하며 거세게 반발했지만 홍준표는 아랑곳하지 않았다.

"박근혜 정부의 무능력과 무책임으로 한국 보수 우파 세력들이 이렇게 허물어진 것에 대해 당원과 저는 철저하게 반성하고, 깨끗하고 유능하고 책임지는 신보수주의 정당으로 거듭나겠다."[18]

한마디로 박근혜·최순실의 잘못과 자유한국당은 이제 무관하다는 선언이나 마찬가지였다. 스스로 도덕적 우월성을 주장하는 야당이 여당과 이미지를 차별화하려면, 집권자들의 오류와 부패를 지적해야 한다. 그런데 야당은 대통령 측근인 전병헌의 비리 의혹에 대해서는 이상하리만치 조용했다. 당시 정봉주 전 열린우리당 의원은 자신의 팟캐스트에서 이렇게 평가했다.

"보통 청와대 정무수석이 비리 사건에 연루되었다고 하면, 자유한국당이 거품을 물고 난리가 나야 한다. 그런데 사퇴 촉구 이야기가 안 나오고 있다."[19]

전병헌 사건이 일어난 시점은 박근혜 정부 시절인 2015년이다. 롯데홈쇼핑의 사장이었던 강현구에 대한 판결문에는 '쪼개기 후원'에 대한 이야기가 나온다. 당시 여당이었던 새누리당 의원들을 상대로 한 로비 의혹을 의심해볼 수 있는 대목이다. 전병헌은 유난히 재승인에 까칠한 야당 소속 의원이었기에 여당 의원들과 별도로 지원을 받았을 것이다.

실제로 자유한국당의 어느 최고위원은 "전병헌은 낚시다. 전병헌을 미끼로 던져 놓고 자유한국당 의원들을 희생시키려는 것"이라고 발언했다.[20] 검찰이 아무리 현 정권의 수뇌부를 타격하고 처벌하려 해도, 2017년의 야당은 싸움의 의지가 없었다. 가장 결정적인 대목은 전병헌에 대한 구속영장이 기각되었을 때 홍준표가 내비친 반응이다.

"자기들 편인 전병헌도 기각하는 것을 보니, 검찰의 망나니 칼춤도 끝나가는 시점이 오긴 왔나 보다."[21]

어찌 보면 전병헌 수사가 자유한국당 의원들을 겨냥한 '사냥'으로 번지는 것을 막기 위한 홍준표 나름의 전술이었는지도 모른다. 하지만 야당이 자신들의 지난 부패가 드러날까 두려워 정권의 잘못을 지적하지 못하는 모습은 비겁하기 짝이 없는 것이었다. 민주당의 어느 전직 의원은 2015년 당시 전병헌이 소속된 미래창조과학방송통신위원회 소속 의원들을 상대로 전수 조사를 벌이자고 제안했다. 물론 자유한국당 의원들은 묵묵부답이었다.

■ 예리한 칼잡이, 윤석열

홍준표가 윤석열을 두고 망나니라는 표현을 썼지만, 사실 그는 예리하면서도 직격을 선호하는 칼잡이에 가깝다. 타격점이 정해지면 앞뒤 눈치 안 보고 과감하게 돌진하는 게 윤석열식의 수사다. 그 과정에서 권력층이 개입해 사건을 무마시키려 하거나, 사실 관계가 왜곡된 발언을 하며 본질을 흐리면, 윤석열은 수사의 충격을 더욱 키우는 방식으로 응수해왔다.

그를 뽑은 문재인 대통령은 오랫동안 변호사업에 종사해왔던 사람이다. 남을 제압하는 것보다는 자기편을 지키고 옹호하는 데 주력해왔던 것이다. 의뢰인을 향한 검사들의 갑질, 스토리에 사실을 끼워 맞추기 위한 회유,

압력 등 다양한 부정적 사례를 경험했을 것이다. 변호사 시절 문재인의 가장 아픈 경험은 2009년 노무현 전 대통령의 수사였다. 사실관계가 밝혀지기도 전에 검찰의 조사 내용이 언론을 통해 새어나가는 것을 보고 상당한 분노를 느꼈을 것이다. 권력을 갖지 못한 자에게는 잔인하고, 권력을 취한 자에게는 이상하리만치 순종적인 구악 검찰들은 개혁 대상으로 여겨졌을 법도 하다.

반면에 윤석열은 수사 패턴이 과감할지언정 사안의 시시비비를 따지는 데 있어서는 매우 건조한 태도를 유지하는 사람이다. 일찍이 그는 "사람을 타겟으로 한 수사는 하지 않는다"고 밝히지 않았던가. 검찰개혁을 원하는 권력자 입장에서는 나름 의미 있게 느껴지는 면모였을 것이다. 정치권뿐만 아니라 재벌을 향해서도 과감한 공격을 했다. 뒤에 쓰겠지만, 현대차 정몽구 명예회장도 윤석열에 의해 구속된 사람 중 하나였다.

하지만 세상 일은 늘 의도하지 않은 효과가 있는 법이다. 윤석열이 검찰총장을 그만둔 이후 문재인 대통령은 취임 4주년 기자회견에서 이렇게 말했다. "이제 검찰은 별로 청와대 권력을 겁내지 않는 것 같다."

2년에 가까운 세월 동안 두 사람 사이에 어떤 광풍이 몰아치고 갔는지, 그들이 선연에서 악연으로 바뀌어버린 관계를 어떻게 느끼고 있었는지 짐작할 수 있는 발언이었다. 운에 없던 검찰총장 임명은 문재인과 윤석열의 운명을 전혀 다른 방향으로 이끌었다.

—— 2장 ——

은밀한 기다림의 시간

1

나는 내 페이스대로
간다

윤석열은 정해진 길로 살아온 사람이 아니다. 국정원 수사, 박근혜-최순실 게이트 수사, 적폐수사 등 모두 자기만의 방식으로 길을 낸 것이었다. 굽이굽이마다 논쟁이 많았고, 비난도 꽤 있었다. "임기 1년밖에 남지 않은 대통령에게 과(過)한 벌을 구형했다"는 비판에서부터, "문재인 정부와 결탁해 자기 복수를 이루었다"는 극언에 이르기까지, 안 들어본 말이 없는 사람이 윤석열이다. 최근 필자는 측근을 통해 일련의 전적(前績)들이 다시 정치 논쟁이 될 경우 어떻게 대처하겠느냐고 물어본 적이 있다. 그는 이렇게 답을 전했다.

"나는 내 페이스대로 갈 것이다!"

인상 깊은 말이었다.

윤석열의 자기 페이스가 시작된 지점은 어디일까. 그의 많은 친구들은 대학시절부터일 것이라고 전한다. 서울대 법대 79학번이었던 그는 동기들 사이에서도 꽤 독특한 친구로 손꼽혔다. 책을 많이 읽고 세상사에 관심이 많아선지 달변으로 대화를 주도해 가는 편이었다고 한다. 그렇지만 정작 군사독재를 반대하는 시위 현장에서는 선동가의 입장에 서지 않았다. 그의 친한 친구였던 김선수 대법관은 학생운동 조직에 소속되어 사법시험 3차에 낙방할 뻔한 적도 있었다. 이외에도 다양한 서울대 법대 동기들이 이념 성향이 짙은 '언더서클'에서 활동했다. 하지만 윤석열은 석동현(전 출입국관리본부장, 사법연수원 15기), 이은재(법무법인 광장 고문, 사법연수원 15기), 김수남(전 검찰총장, 사법연수원 16기) 등과 형사법학회에만 참여했다. 이 모임에서 5·18 광주민주화운동 모의 재판이 이루어졌고, '전두환 사형'을 구형하기도 했다.

■ 스님의 만행(萬行) 같았던
서울대 법대 생활

윤석열과 가까운 지인 중 한 사람은 필자에게 이렇게 전했다.

"20대의 그에게는 도력이 있는 스님의 만행 같은 느낌이 있었다. 흔한 청년기의 방황은 아니었다. 그렇다고 고시에 온몸을 바쳐 열중하는 모습도 아니었다. 자기만의 삶을 살아보려고 하는 묘한 인상이 강했다."

만행은 사원에 틀어박혀 기도, 독경, 참선을 하는 정행(正行)의 반대 개념이다. 저잣거리로 나가 대중들과 함께 생활하기도 하고, 곳곳을 떠돌아다니며 수행처를 찾기도 한다. 일반인이나 다름없이 술을 마시기도 한다. 하지만 그 와중에서도 깨달음에 대한 추구는 잊지 않는다. 사람들 사이에서 살면서도 그들의 생각과 행동에 휩쓸리지 않는다.

윤석열에게는 고시 공부를 하면서도 끊임없이 친구들과 토론하는 버릇이 있었다. 교과서에서 정의한 개념에 대해 있는 그대로 받아들이는 것을 좋아하지 않았다. 도서관에서 잠시 쉬면서 친구들과 이야기할 때에는 2~3시간씩 대화가 길어지기도 했다. 생각의 가지가 계속해서 뻗어 나가는 것을 남들과 나누고 싶었다. 그 와중에도 공부가 급한 친구들은 슬그머니 자기 자리로 돌아가기도 했다. 가까운 친구인 석동현 변호사는 당시의 경험에 대해 이렇게 전했다.

"일단 달변이면서도 다변(多辯)이다. 그런데 많은 말을 하는 와중에도 나름 어록이라고 할 만한 구절들이 있다. 그것은 어디에서 읽었다고 나오는 것이 아니고, 가르쳐준 것을 외운다고 해서 가능한 것도 아니다. 사유의 깊이가 있을 때에만 가능한 윤석열 본인만의 언어가 있다."

자기 나름대로의 언어로 상황을 규정하고 주장하는 방식은 나중에 검찰총장이 되어서도 어김없이 진가를 발휘한다. 일반적인 공무원들의 모습은 아니기에 민주당 정치인들로부터 '정치적인 언어 사용'이라고 핀잔을 받기도 한다. 하지만 윤석열의 친구들은 그가 자신만의 표현 욕구가 매우 강한 사람이고, 남의 말과 행동을 따라가는 것도 좋아하지 않는 편이라고 평가한다. 한마디로 '주체적인 인간'이라는 것이다. 주체성을 갈망하다 보면, 효율적인 문제풀이를 지향하는 고시 공부가 맞지 않을 수 있다. 시험의 본질은 공감이 아니라 이해와 암기이기 때문이다. 자기류(自己流)가 뚜렷한 청년 윤석열이 그 마음의 장벽을 뛰어넘어 합격증을 거머쥐기까지는 무려 8년의 세월이 걸렸다.

▦ 생각하고, 확인하고, 행동한다

20대의 윤석열은 행동파이기도 했다. 고시 준비를 하다가 친구가 부친상을 당하자 같이 고향으로 내려가서 장지에서 상여를 맸다는 일화는 유명하다. 빈틈없이 공부 스케줄을 짜는 고시생에게는 쉽지 않은 일이었다. 또 다른 일화는 군대에 가기 전 극도의 상심에 빠진 선배를 위로하기 위해 같이 머리를 빡빡 깎은 일이다. 윤석열 본인은 "빡빡머리는 인상이 좋지 않다"고 하며 별로 언급하고 싶어 하지 않는 에피소드라고 한다. 하지만 당시 친구들의 기억에는 선배를 향한 최고의 위로로 남아 있다. 윤석열은 당시 기준으로 심한 부동시(不同視)를 갖고 있어서 병역을 면제받은 상황이었다. 서로 입장이 다르기에 말로서는 불가능한 위로를 행동으로 보여준 에피소드라고 규정할 수도 있겠다.

윤석열의 청년기는 심각하고 진지하지만은 않았다. 소문난 주당(酒黨)이라는 평판답게 친구들과 술을 마시며 노래를 부르고 대화하는 것이 중요한 낙이었다. 특히 야구는 상당한 수준급이었다. 어린 시절 외가 어른인 이봉모 전 의원은 한양대학교에서 보직을 지내며 대학 야구부 선수들을 케어했다. 그 중에서도 야구 명가로 알려진 경북고를 졸업한 선수들이 어린 윤석열과 가깝게 지냈다. 그때부터 오랫동안 단련된 실력 덕분인지 서울대 법대 1학년 시절 교내 야구대회에 출전했을 때에는 소속팀이 5연승을 하기도 했다. 윤석열의 고정 포지션은 투수였다.

이은재 변호사는 3학년 시절 형사법학회에서 '의료 사고' 관련 모의재판에 윤석열과 함께 참여했던 것을 인상 깊은 에피소드 중 하나로 거론한다. 당시 김수남 전 검찰총장의 숙부가 서울 광화문에서 개원의로 있었다. 윤석열은 "우리끼리 지지고 볶을 게 아니라, 김수남의 숙부께 찾아가서 의사의 입장을 여쭈어보자"고 했다. 그리고 "수남이 숙부께서 밥을 사주신다고 한다"며 친구들을 이끌어냈다. 시내 한복판에서 한창 바쁘게 일하는 개원의를 찾아가서 학교 동아리의 모의재판에 대해 자문을 요청하고, 밥까지 얻어먹는 일은 흔한 일은 아니었다.

윤석열의 20대 에피소드 중에서 가장 인상적인 것이라 기록할 만한 사건은 김선수 대법관과의 일이다. 김선수는 대학시절부터 운동권으로 유명했던 학생이었다. 1988년에 이재명 경기지사, 문병호 전 의원, 이철수 서울대 법대 교수 등과 함께 '서울대 노동법연구회'라는 단체를 만들기도 했다. 공안 당국의 '블랙리스트'에 올라 있었던 김선수는 1985년 사법시험 3차 면접에서 낙방할 수 있는 상황이었다. 군대에 강제 징집되어 보안사령부의 녹화사업을 받은 전력도 있었다. 실제로 한인섭 서울대 교수(전 형사정책연구원장)는 시위 경력 때문에 3차 면접에서 떨어진 적이 있다.

당시 2차 시험에 이미 떨어졌던 윤석열은 김선수의 구제를 위해 발 벗고 나섰다. 전두환 정권의 실세였던 이종찬 민정당 의원을 찾아갔다. 친구의 신원보증을 해달라는 부탁이었다. 그의 아들인 이철우 연세대 교수는 대광초등학교 시절부터 가까운 친구다. 두 집안은 모친끼리도 매우 가까운 사이였다. 3사관학교에서 훈련을 받고 있던 이철우는 2차 시험에 합격한 김선수의 이름이 신문에 난 것을 보고 "아버지에게 선수와 같이 찾아가보라"고 전했다. 그리고 윤석열과 김선수는 필동의 이종찬 의원 자택을 찾아가 불행한 낙방을 막아달라고 부탁했다. 결과는 매우 성공적이었다. 김선수는 그해 사법시험에 수석 합격했다. 이외에도 5공 당시 운동권 출신으로 '요주의인물'이었던 사람들의 고시 3차 합격은 대부분 이종찬 전 의원의 도움 덕이었다고 한다. 이철우는 그 당시를 이렇게 회고했다.

"윤석열은 훈련소에 있던 나를 대신해 자기 일 이상으로 뛰어다녔다. 김선수가 수석 합격했다는 발표에 뛸 듯이 기뻐했다."[1]

■ 마음공부를
중시하는 사람

윤석열의 종교는 없다. 하지만 영성 자체에 대한 관심은 많다고 한다. 삶에서 수차례 고비를 넘기면서 인력(人力)으로 어찌 할 수 없는 상황과 환경에 대한 생각이 확고하게 자리 잡은 탓일 수도 있다. 젊은 날 천주교 영세를 받고 '암브로시오'라는 세례명을 가진 적은 있다고 하지만, 뚜렷하게 천주교를 의지하고 있지는 않다.

오히려 외가로부터 전해져오는 불교 신앙에 대한 관심이 많은 편이다. 전두환 사형 구형 당시 강원도의 사찰로 도망가서 중광 스님과 만난 이야기가 대표적인 사례다.

불교의 핵심 개념은 인과응보다. 자신이 지은 업(業)만큼 어떻게든 돌려받는다는 사고방식이다. 윤석열이 표범과 같은 수사를 지향했던 이유는, 잘못을 저지른 사람들이 자신의 업만큼 대가를 치르게 해야 한다는 강박관념이 있었기 때문인지도 모른다. 그만큼 그는 스스로의 업에 대해서도 매우 책임감을 갖고 있는 편이다. 민원을 받지 않고, 사소한 밥자리도 신세지지 않는 모습은 어떤 상황에서든 업을 짓지 않으려는 자세로도 해석될 수 있다.

윤석열의 또 다른 장점은 마음을 놓을 줄 아는 자세다. 석동현은 이렇게 말했다.

"고시가 잘 안되면 일단 괴롭다. 그런데 윤석열은 여러 번 그런 일을 겪었다. 얼마나 힘들었겠는가. 장수생이 되고 나서 윤석열은 집 근처인 연세대 도서관에서 자주 공부했다. 친구나 후배들의 눈에 띄면 면구스러울 수 있기 때문 아닐까. 그러다가 시험이 임박하면 서울대 도서관에서 공부하는 식이었다. 하지만 그 와중에도 자기 삶 자체를 사랑하는 자세는 잃지 않았던 것 같다. 늘 긍정적이었다."

윤석열의 젊은 시절은 단순히 법 공부를 하는 시간이 아니라 마음공부를 하는 시간이었다. 시험과 별로 상관없는 공부, 시험 준비에 방해가 될 수 있는 경험도 중요한 배움이라고 여기며 살아가는 순간들이었다. 어쩌면 그의 영성에 대한 관심은 가장 외롭고 치열한 시기에 습득된 것일지도 모른다.

물론 오늘날 각박한 삶을 살 수밖에 없는 젊은이들에게 윤석열의 대학생 시절 경험이 큰 위로가 될지는 모를 일이다. 고시에 실패해도 먹고살 길이 있었기 때문에 30살이 넘어서까지 그 생활을 영위한 것 아니냐는 지적을 할 법도 하다. 흔한 '알바'나 공사장 일자리라도 구해서 살아야 하는 환경이었다면, 유람하는 마음이건 만행이건 가능했겠냐고 말이다. 하지만 윤석열의 이후 행보를 해석하는 데에는 20대의 행적이 꽤 유용하다. 요즘 리더에게 정말 찾아보기 힘든 마음공부의 미덕을 확인할 수 있기 때문이다.

2

개혁 실용주의자의 시선

진화사회학에는 '각인imprinting'이라는 개념이 있다. 어떤 개체나 생물이 태어나 활동하기 시작한 시점에 접한 다양한 요소들이 평생 동안의 행동 방식을 좌우한다는 것이다.

가장 떠올리기 쉬운 사례는 혈연과 지연이다. 이동과 탈주가 자유로운 21세기라고 하지만, 여전히 나고 자란 환경이 중요하다. 부모의 초기 양육이 정신적, 신체적 건강에 미치는 영향이 지대하다. 어렸을 적에 어떤 지역에서 어떻게 살았는가도 꽤 중요한 변수다. 고향은 문화나 관습 그리고 소통 방식을 대물림하는 곳이기 때문이다. 물론 어릴 때의 생활방식을 나이 들어서까지 유지하는 사람들은 많지 않다. 하지만 인간이 생애 초기에 접한 것들은 가치관 형성에 매우 중요한 역할을 한다. 그리고 의식적인 말과 행동뿐만 아니라 잠재의식에까지 개입한다. 그런 점에서 윤석열의 초년도 꽤 중요한 연구대상이 될 수 있다.

윤석열은 서울 서대문구 연희동에서 태어났지만, 친가의 고향은 충남 논산 노성면이다. 외가는 강원도 강릉을 본거지로 한다. 외종조부는 박정희 시절 한양대 공대 교수와 한국해운공사 사장을 지냈고, 한국국민당의 국회의원을 지낸 이봉모 전 의원이다. 사회생활은 1994년 대구에서 시작했다. 좌천 당시에도 대구고검에서 일했던 연고로 대구·경북을 '제2의 고향'이라고 부른다. 이런 점들을 종합해보면, 윤석열은 충청도, 강원도, 대구 등을 마음의 고향으로 여기는 보수적 성향의 배경을 타고난 사람으로 평가할 수도 있다.

하지만 윤석열의 선대로까지 시야를 넓혀서 보면 관점을 달리할 수 있다. 그의 조상 중에는 조선시대 실용주의 개혁 세력의 대표였던 윤증(尹拯)

이 있다. 그는 주류 권력 집단이었던 노론(老論)과 반대되는 소론(少論)의 정신적 대부였다. 스승이자 권력자였던 송시열과는 갈등과 경쟁 관계이기도 했다. 또 윤증은 조선을 대표하는 성리학자이면서도 청나라의 신문물을 강조하는 북학(北學), 당시에는 유학 연구자 사이에서 이단 취급을 받던 양명학(陽明學) 등에 꽤 열려 있었다. 덕분에 윤증의 문하에는 다양한 사람들이 모였다. 윤석열의 부친 윤기중 교수는 노성면에서 오랫동안 거주하다 공주농고에 진학한 후 연세대 경제학과에 진학했다. 그리고 대학원 시절부터 한국 사회의 소득 불평등에 대해 오랫동안 연구했다. 이런 개혁 실용주의 전통이 윤석열의 자아 형성에도 큰 영향을 주었을 것이다.

■ 주류 권력 집단과 불화했던 윤증

명재(明齋) 윤증(尹拯, 1629~1714)은 조선시대 인조부터 숙종 때까지 살았던 유학자였다. 그의 학맥은 조선시대 사색당파 중 하나인 서인(西人)의 대부 성혼(成渾, 1535~1598)으로까지 이어진다. 윤증은 성혼의 외증손자이기도 했다.

그는 윤석열의 직계 선대 조상인 윤박과 사촌 관계다. 족보상으로 아주 가까운 인물이라고 보기는 힘든 셈이다. 하지만 윤증은 논산 노성면에 정착한 윤 씨 선비들의 멘탈리티에 매우 큰 영향을 미쳤다.

첫째, 자리에 연연하지 않는 모습을 가지고 있었다. 평생 공직에 종사하지 않고 학문 연구에 열중하며 국왕의 정치에 도움이 되는 이론적 조언만 제공하는 입장을 취했다. 윤증 덕분에 노성면에는 출사하지 않으면서도 유림의 핵심 인사로 활약하는 사람들이 많았다.

둘째, 인간관계가 매우 넓었다. 마당발이라는 표현이 부족할 만큼 다양한 유형의 친구들을 사귀었고, 당시에는 유학 내 이단이라고 보았던 양명학(陽明學)을 공부하는 사람들과도 교류했다. 친구들을 두루 사귀기 좋아하는 윤석열의 성품에도 꽤 많은 영향을 미쳤을 것이다. 달리 말하면 윤증은 꽤 실용주의적인 성향을 가지고 있었다. 성리학의 정통인 성혼 계보를 이었음에도 불구하고 청나라 문물을 받아들인 북학자들과도 깊게 교류했다.

셋째, 싸워야 할 사람과는 확실하게 대립각을 세웠다. 적을 만들고 다니는 것은 썩 좋은 세상살이 방식이 아니지만, 가치관과 철학을 뒤흔드는 상대와는 과감하게 정면으로 치고받았다. 마찬가지로 윤석열도 국정원 여론 조작 수사나 조국 수사 등을 통해 힘센 사람들과 불편한 관계에 놓이는 것을 두려워하지 않았다. 누군가와 협력하는 것이 삶에서 중요하듯이, 누구와 갈등하는가도 매우 중요한 이슈다. 적대관계도 나의 정체성을 가늠하는 데 중요한 지표 역할을 하기 때문이다.

윤증에게 있어 가장 큰 적은 역시 권력자이자 스승이었던 우암 송시열이었다. 그는 아버지 윤선거(尹宣擧, 1610~1669)의 친한 친구이기도 했다. 하지만 편 가르기가 매우 심했다. 윤선거가 남긴 '기유의서(己酉擬書)'라는 서찰(書札)에는 송시열의 인간됨에 대한 평가가 적나라하게 적혀 있다. 친구에게는 지나치게 후한 반면에, 미워하는 사람에게는 지나치게 적대한다

는 것이다. 마치 박근혜나 문재인 시대의 운동권 출신 정치인들을 보는 것

같은 모습이다.

　윤선거와 윤증 부자는 송시열의 편파적인 처세를 몹시 못마땅해했다. 남

인(南人)에 속한 윤휴(尹鑴, 1617~1680)처럼 급진적이고 공격적인 사람들과

도 계속 교류하며 지냈다. 그는 주자의 경전 해석도 틀릴 수 있다고 주장했

고, 인조의 둘째 아들이었던 효종이 왕위를 이었으므로 사실상 장남 대접

을 해줘야 한다고 웅변했던 사람이었다. 형식과 정통에 집착하는 송시열

에게는 영 눈엣가시와 같은 인물이 윤휴였다.

　윤증과 송시열의 싸움은 단순히 사적 원망에 의한 것만은 아니었다. 국

가와 리더십을 바라보는 시선 그리고 노선의 차이가 있었다. 송시열은 국

가보다는 집단의 이념을 대표하는 보수 성리학자였다. 그는 국가지도자인

국왕조차도 선비 중의 한 명으로 평가하며 끊임없이 훈계하고 타박을 주

었다. 효종, 현종, 숙종 등 역대 지도자들에게 지속적으로 쓴소리를 하며 사

대부들에 대한 굴복을 강요했다. 그리고 패권형 지도자였던 숙종의 눈 밖

에 나서 사약을 받았다.

　반면에 윤증은 유학이든 성리학이든 통치의 도구이자 지도자의 참고사

항이라는 실용주의적 관점을 가지고 있었다. 그는 패거리주의에 찌든 사대

부들이 알아볼 수 없는, 세상을 구하기 위한 정책 논의들을 흙 속의 진주처

럼 캐냈다. 대표적인 사례가 남인(南人) 출신의 유형원이 쓴《반계수록(磻溪

隧錄)》이라는 원고를 발굴한 것이다. 당시 서인들은 남인들과 같은 우물에

서 물을 길어 마시지 않을 정도로 강한 혐오감을 갖고 있었다. 하지만 윤증

은 국가의 문제해결이라는 높은 시선을 가지고 있었기에 반대 당(黨)의 이

론도 과감하게 받아들인 것이다. 무려 83세의 나이에 일어난 일이었다.

《반계수록》은 토지, 군사, 관료제개혁과 관련된 대담한 전략을 담고 있는 원고였으나, 보수적인 유학자들이 천시하는 바람에 책으로 출간되지도 못하고 있었다. 유형원은 정묘호란과 병자호란으로 피폐해진 조선의 안보 상황을 극복하기 위해서 농촌의 생산 단위와 징병 단위를 일치시킨 병농일치제를 주장했다. 권문세가들의 토지 독점을 막기 위해 유상 몰수와 균등 분배(1인당 1경, 4,700평의 농지를 부과하는 대책이었다)를 기반으로 한 균전제도 제안했다. 세도가들이 판치던 조선 후기 사정에는 맞지 않는 제안이었지만, 나라를 구하기 위한 선비의 절절한 마음이 담긴 제안이었다. 유형원은 심지어 한양에서의 삶을 버리고 전라도 부안으로 내려가 일종의 정책 실험 마을을 만들었다. 집안의 하인과 마을 사람들을 조직해 조총이나 말타기, 신무기 훈련 등을 시키고 수군(水軍)을 양성하기 위한 준비까지 했다. 청나라에 사람을 보내 현지의 군사, 경제 상황을 탐문하게 하기도 했다.

충남 논산시 노성면에 위치한 명재고택(중요민속문화재 제190호).
숙종 때 윤증이 지은 후 파평윤씨들의 세거지가 됨. ⓒ 연합뉴스

윤석열의 조상인 윤증은 이토록 괴짜에 가까운 정치 실험가의 이론을 문화 충격으로 받아들이고, 조선의 지도자들이 두고두고 공부해야 할 불멸의 저서라고 선언한다.

《반계수록》은 윤증의 추천과 제자들의 전승에 힘입어 영, 정조시대에 와서 중요한 통치 교과서 반열에 오른다. 정조는 일찍이 경기도 수원의 가능성을 제시한 유형원의 아이디어에 크게 감명을 받고 화성(華城)을 짓기까지 했다.

■ 윤기중의 개혁 실용주의 시선

이처럼 윤 씨 집안에 전해져 오는 개혁 실용주의는 윤석열의 아버지 윤기중에게도 큰 영향을 미친 것으로 보인다. 그도 조선시대 토지 제도가 유발한 불평등과 국가의 몰락에 대한 연구를 다수 남겼다. 조상의 문제의식이 곧 자신의 문제의식이기도 했던 것이다.

윤기중은 논산 노성면에서 태어나 유년기를 보내고, 해방 이후에는 연세대학교 경제학과에서 공부했다. 대학에서 그를 지도했던 인물들은 최호진, 김준보와 같이 일제시대 제국대학(帝國大學)에서 습득한 서구적 학문 방법론을 탄탄하게 갖춘 거장들이었다. 최호진은 조선 근대 경제사와 관련된 연구를 다수 발표했고, 김준보는 농업 경제사 분야에서 독보적인 업적을 쌓았다. 윤기중의 두 스승 모두 수리통계학, 계량경제학과 같은 실증방법론을 바탕으로 갓 해방된 한국의 경제 문제를 해결하려는 실천가들이었다.

윤기중은 지도교수들의 조언을 받고 일본의 히토츠바시(一橋)대학교 대학원에 유학해 경제학과 통계학을 공부했다. 일본은 1945년 패전으로 철저하게 파괴되었지만, 이후 소련과 중공을 막으려는 미국의 지원 정책에 힘입어 빠른 속도로 경제가 재건되었다. 50년대 중·말경에는 건국 이래 최대 호경기라는 진무(神武) 경기까지 맛보고 있었다. 나라의 경제가 어떻게 서서히 망해갔는지, 또 그것을 되살리기 위해서는 무엇을 해야 하는지 연구하려고 했던 윤기중의 입장에서 일본은 꽤 중요한 참고 대상이었을 것이다.

그리고 한국에 돌아와서는 내연기관용 부품을 생산하던 한국이연공업에 근무하다가 부흥부의 지역사회개발위원회에서 일했다. 마침 부흥부 장관은 지도교수 최호진과 인연이 있었던 신현확이었다. 부흥부 근무 2년차에 장남 윤석열이 태어났다.

5·16 군사정변이 일어나면서 세상이 바뀌자, 윤기중은 한양대학교 경제학과로 옮겨 학계 재건의 길을 가게 된다. 나라를 살리기 위해서는 정부와 기업의 발전이 절실했지만, 경제학 연구풍토를 되살리는 작업도 중요했다. 6·25전쟁을 거치면서 상당수 경제학자들이 월북하고, 대학은 황량해진 상태였다. 윤기중은 경제통계학 연구와 강의를 본격적으로 하면서 실증과학으로서 경제학이 한국 학계에 뿌리내리게 하는 작업을 했다.

윤기중은 고려시대와 조선시대까지 거슬러 올라가 토지 제도의 불평등이 국정의 혼란으로 이어지는 과정을 계량적으로 추적했다. 역사를 통해 현실 문제 개혁의 실마리를 찾으려고 했던 것이다. 건국 초기에는 정부가 이전 왕조의 문란한 토지사정을 개혁하기 위해 엄격하게 관리하고, 정보도

통제하면서 분배 정의를 실현하려는 경향이 있었다. 하지만 왕조 중기를 넘어가면서 세도가 집단이 생기고, 중간 지배층들이 민중을 직접 수탈해 자원을 상납하는 구조도 생긴다. 자연히 토지소유권이 한쪽으로 쏠리게 된다. 또 권력자들은 자기 땅을 늘리기 위해 수단 방법을 가리지 않고 세금을 회피하기도 한다. 재해나 전란으로 유실된 땅을 복구하고 나서도 과세 당국에 신고하지 않는 방식을 쓰는 것이다. 대지주들의 밑에서 겨우 소작을 하며 먹고 살던 농민들은 착취를 견디다 못해 간도나 연해주 등으로 이주하거나 화전민으로 전락해버렸다. 그리고 빈곤층의 증가는 자연히 사회 불안으로 이어져 민란과 폭동을 초래하며 국가 붕괴의 원인이 된다. 윤기중은 불평등이 지도자의 핵심 국정 관리 지표 중 하나임을 포착해 낸 것이다.

■ 고도성장의 부작용에 대한 관심

이론가는 현장 종사자들이 보지 못하는 거시적 시선을 가지고 있다. 그리고 닥쳐올 위기와 기회를 예견하는 역할을 하기도 한다. 한양대학교 경제학과에서의 교수 생활을 마친 후 윤기중은 연세대학교 응용통계학과로 옮겨 1960년대 이후 한국 사회의 불평등 양상에 대한 연구를 계속했다. 고도성장의 부작용으로 생겨난 상대적 가난 문제에 깊은 관심을 가진 것이다.[2]

가장 대표적인 연구가 1963년부터 1993년까지 한국의 가구 소득 불평등을 분석한 결과물이다. 재미있게도 이 논문은 국정농단의 '종범'으로 분류된 안종범 전 경제수석에 의해 인용되기도 했다. 그는 정치권에 데뷔하기 전에는 실력 있는 재정·복지 연구자였다.[3]

윤기중은 교육 소비의 불평등이 도시 가구의 불평등 수준을 가늠하는 예비 지표 역할을 한다는 사실을 밝혀냈다. 1965년부터 2000년대까지 자료를 펼쳐 놓고 봤을 때, 소득 불평등도의 정점은 1977년이었다. 마침 교육 소비의 불평등 수준도 유류파동이 난 해였던 1978년에 최고점을 찍었다.[4]

두 지표 간의 상관관계는 최저점을 기준으로도 입증된다. 가령 1965년부터 1981년까지 16년 간의 기간(1기)에는 1971, 1972년에 가장 소득불평등도가 낮았다. 교육소비 역시 1971년에 가장 불평등도가 낮은 것으로 포착되었다. 1990년대(2기)에는 1997년에 소득 불평등·교육소비 불평등 수

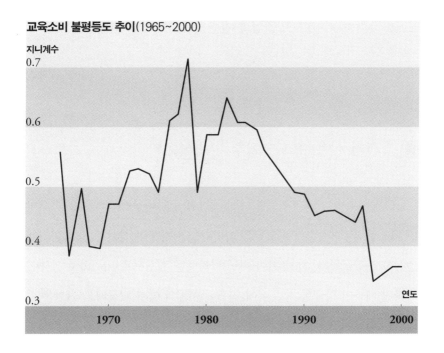

교육소비 불평등도 추이(1965~2000)

준이 최저점을 찍었다.

교육은 소득수준과 계층을 대물림할 수 있는 수단이다. 서구 사회에서는 자산뿐만 아니라 교육수준을 통해 역량의 진입장벽이 형성되는 '능력 세습'을 중요한 문제로 보고 있다. 최근 들어 한국에서도 '세습 중산층 사회'라는 담론이 나오고 있는 것을 보면, 윤기중의 불평등에 대한 문제의식은 시대를 앞서간 것으로 볼 수 있다.

그는 한국의 경제 부흥 역사를 매우 자랑스럽게 여기는 학자다. 요즘의 관점으로 보면 보수 성향의 경제 이론가다. 하지만 박정희가 쿠데타로 정권을 잡았다는 사회과학적 사실성을 잃지 않는 지식인이기도 하다. 마찬가지로 고도성장의 그늘에서 불평등이 싹트며 사회적 문제가 발생하고 있음을 깊게 관찰한 연구자였다. 이런 객관적인 시선 때문에 좌파 성향인 제자들도 윤기중을 존경하고 졸업 후 인생 상담을 하기도 했다고 한다.

■ 개혁 실용주의는 이성적 시선이다

실용주의는 이념주의에 비해 객관적이고 이성적인 시선을 가져야만 가능한 것이다. 송시열과 같은 이념가들은 감성적 시선과 진영 논리에 충실한 사람들이다. 자기 편이 아닌 사람들을 진심으로 미워하고 그들이 사라질 때까지 박해한다. 두뇌에 입력된 이론의 틀과 어긋나는 현실은 거짓으로 취급하고 외면해버린다. 반면에 실용주의자들은 사실의 개별성을 인정한다. 내가 알고 있던 세상과 정반대의 세상이 존재할 수 있음을 인정한다. 성리학의 정통이었던 윤증이 유형원의 원고를 읽고 '유레카'를 외쳤던 것이 좋은 사례다. 이론을 숭배하지 않고 현실 문제해결의 수단으로 삼았기에 가능한 일이다. 윤기중은 그런 집안의 전통을 잘 이어받아 경제학 연

초등학교 시절, 아버지와 함께.
ⓒ 열지대 카페·밴드

구자로서의 삶에도 적용했다. 또한, 그는 학계나 학교에서도 소신을 굽히지 않는 강직한 인품으로도 정평이 나 있다.

아들이 꼭 아버지와 그 조상들을 100% 닮는 것은 아니라고 하지만, 윤석열을 아는 사람들은 그가 윤기중과 몹시 닮았다고 말한다. 원리원칙을 중시하면서도 현실의 복잡성을 인정하는 실용주의자라는 것이다. 특수검사는 다양한 삶의 변수를 관리하면서 수사를 해야 하기에 깐깐한 보수주의자들은 버티기 힘든 직업이다. 언제나 현실은 흑과 백으로 나누기 힘든 지점에 있는 법이다.

3

피의자 설복시키는
특수검사

보통 검사로 임관하고 나면 약 5년간은 일반 형사 사건을 다루면서 사회상을 익히는 작업을 한다. 신문사에서 수습기자로 제일 먼저 시작하는 보직이 사회부 경찰 출입인 것과 비슷하다. 초기 5년간 검사들은 시골에서 시시콜콜하게 벌어지는 다툼이나 별것 아닌 것처럼 보이는 생활범죄가 쟁송으로 비화하는 모습, 절도나 강간 등의 사건을 적나라하게 경험한다. 그중 일부는 "내가 이럴려고 검사가 되었나"라고 자기비하에 시달리며 조직을 떠나 본격적으로 변호사의 길을 가기도 한다. 하지만 학습의 시대를 꽤 잘 버텨낸 검사들은 그다음 시기에 전문 수사 분야를 배정받는다. 그리고 이후 20여 년간 자신의 캐릭터를 규정할 만한 대형 사건을 다루기도 한다. 그중에서도 특수수사는 핵심 커리어로 분류된다.

한때 검찰 특수부는 조직의 엘리트 카르텔이었다. 최고 학벌을 갖춘 최고 실력자들만 거쳐가는 부서라는 말이 있었다. '우병우 사단'으로 분류되었던 인사들 중 상당수가 서울대 법대를 졸업한 특수검사 출신이다. 홍만표 전 검사는 성균관대 법대 출신으로 특수통으로 활약한 '특이 케이스'였다. 윤석열도, 우병우와 함께 근무한 적이 있다.

하지만 특수검사가 무한정 권력을 누리는 것은 아니다. 최재경 전 인천지검장이 세월호 부실 수사 책임을 지고 사퇴했을 때, 특수부 검사들은 "이제 우리 시대는 저물었다"고 자조했다. 판단력과 수사력이 옛날보다 떨어진다는 비판, 너무 피의자를 거칠게 몰아붙여 역효과를 낳는다는 지적, 결국 권력의 하수인이라는 비아냥거림도 있었다. 특수부는 권력과 자본을 직격하는 위치이기에 원수지는 사람도 많다. 의외로 검찰총장을 많이 배출하지 못한 분야라는 점도 나름의 한계점이다. 그래서 특수검사는 당사자 입장에서는 실적은 많으나 결핍도 많고, 보람보다는 회한을 많이 남기는 보직이다.

■ 충분히 조사하고 설복시킨다

윤석열이 특수검사로 이름을 날리게 된 첫 번째 사건은 김대중 정부 시절 박희원 전 경찰청 정보국장을 구속시킨 일(1999년 5월)이다. 당시 박 국장은 호남 출신으로 동교동계 인사들과 가깝다는 말이 돌 정도로 실세였다. 김 전 대통령이 수시로 보고 받는 자료에 경찰 정보 라인의 데이터가 포함될 정도였다. 경찰이 수사권 독립을 꾀한다는 말도 나오던 시절이었다. 그런데 서울중앙지검 특수2부에 소속된 윤석열은 박희원 국장을 급거 소환했다. 아파트 관리사무소 용역 회사로부터 2,200만 원의 뇌물을 받았다는 혐의였다. 당사자인 공여자는 성북경찰서에서 수사를 받다가 박희원을 찾아가 사건을 무마하도록 부탁한 것으로 알려졌다. 아무리 특수검사가 무서운 존재라고 하더라도 6년 차에 정권 실세를 상대로 칼을 겨누는 일은 많은 위험이 따르게 마련이다. 하지만 윤석열은 용역업체 대표의 수첩을 일일이 뒤져서 박희원의 이름을 찾아냈다. 그리고 추가 압수수색을 통해서 분명한 지출내역을 식별해냈다. 박희원은 사건 무마 이후 용역업체에서 200만 원의 사례비를 추가로 받은 것으로 드러났다.

전광석화와 같은 수사 속도 때문에 경찰은 엄청난 충격을 받았다. '표적수사', '경찰 수사권 독립을 겨냥한 정치수사'라는 말이 떠돌았다. 당시 김광식 경찰청장은 "박 국장의 후임 인사는 고려하지 않고 있다"는 식으로 검찰수사에 맞섰다. 하지만 당사자는 하루 만에 죄를 자백했다. 영장실질심사도 포기했다. 김대중 정부 입장에서는 충격적인 사건이었다.

윤석열의 한 측근은 이렇게 말한다.

"그는 강력하게 상대를 밀어붙이는 검사가 아니다. 현장에 대해 충분히 데이터를 모은 뒤에 피의자가 인정할 수밖에 없는 환경을 만든다. 죄를 저지르는 과정에서 어떤 고민과 의도를 갖고 있었는지도 충분히 듣는다."

석동현 변호사도 필자에게 이런 이야기를 전했다.

"특수수사를 하다 보면, 고통을 못 이긴 피의자가 스스로 목숨을 끊기도 한다. 하지만 윤석열이 직접 담당한 사건에서는 누가 억울하게 죽음을 선택했다는 이야기가 없다. 그는 설욕형 검사가 아니라 설복형 검사다."

박희원 국장의 구속 건은 박지원 국정원장의 뇌리에도 깊게 남았던 모양이다. 그가 문재인 정부에서 윤석열을 검찰총장으로 고려한다는 이야기가 나왔을 때 했다는 말이다.

"그러다 당신들 죽는다. 하지 마라."[5]

■ 대선자금 수사,
　　강골로 거듭난 계기

박희원 전 정보국장을 사법 처리한 뒤 윤석열에게 맡겨진 대형 프로젝트는 2003년 대선자금 수사였다. 당시 노무현 대통령은 "한나라당이 받은 자금의 10분의 1만 넘어도 대통령직을 사퇴하겠다"고 이야기한 상태였다. 민정당 이후 오랫동안 조직과 자금의 맥을 이어온 한나라당이 선거자금을 모을 수 있는 루트는 다양했다. 하지만 윤리적으로 보수 정당보다 우월하다고 자임하고 있었던 민주당이 기업과 유지들로부터 돈을 받는다는 것은 상상할 수 없었다. 하지만 윤석열과 특수부 검사들은 노무현 대통령 측근들의 '먹거리'에 주목했다. 특히 대통령을 대신해 지방자치실무연구소의 조직을 꾸렸던 안희정의 씀씀이를 추적했다.

안희정을 비롯한 친노 인사들은 정치자금을 마련하기 위해 사업을 하려 했다. 1999년 7월 생수 판매를 위해 오아시스워터가 설립되었다. 장수천이라는 생수 회사가 만든 '오아시스'를 마케팅하기 위한 기업이었다. 문제는 이 회사의 경영을 위해 유치한 '투자금'이었다. 청바지 브랜드인 NIX의 김효근 대표와 아스텍창투의 곽용석 대표가 총 3억 9,000만 원을 댔다. 김효근은 호텔 주차장에서 안희정 측에 현금을 건네주었다. 아스텍 창투사는 노 대통령의 지인인 김수경 우리들그룹 회장이 투자한 회사였다. 이렇게 만들어진 오아시스워터는 나중에 (주)우보(안희정이 후일 자주 언급하기도 하는 자신의 별명이다)에 주식 전량을 넘기면서 사고를 일으키는 주범이 된다. 회사를 양도하고 받은 현금은 총 4억 5,000만 원이었는데, 그중 3억 9,000만 원의 투자금(김효근, 곽용석 분)을 돌려주지 않은 것이다. 안희정은 당시 자신의 정치를 돕는 지원금이라고 여겼다고 한다. 설득력 없는 해명이었다.

윤석열 검사가 안희정 수사 과정에서 알게 된 것은 운동권 출신 인사들의 독특한 경제관념이었다. 회사를 계속 운영할 조직으로 보기보다는 자금력을 만들어내기 위한 파이프라인으로만 여기는 사고방식이다. 물론 건실하게 운영되는 기업이나 협동조합도 꽤 있겠지만, 오아시스워터의 사례는 남에게 자본을 투자받아 만든 회사를 철저히 빨대로만 보는 행태였다. 안희정은 검찰에 의해 구속 처리되면서 "진흙탕에 있다 보니 바짓가랑이에 흙탕물이 좀 튀었을 뿐"이라는 철없는 말을 남겼다. 하지만 그가 수수한 뇌물은 흙탕물 수준이 아니었다. 삼성, 대우건설, 롯데 같은 기업에서 65억 6,500만 원이나 받았다. 뇌물 전달 과정에 끼어 있는 사람은 다양했다. '좌희정 우광재' 중 하나로 불리는 이광재 의원, 부산경남 기업인으로 분류되는 롯데쇼핑의 신동인 전 사장, 그리고 삼성 구조본의 모 재무 담당 상무였다. 이외에도 안희정과 같은 검정고시 출신인 재미 브로커가 '전달책'으로 끼어 있었다. 그는 안희정이 나중에 사면복권이 되고 충남도지사에 당선된 이후에도 계속 인연을 유지한 사람이었다. 일련의 인사들을 대상으로 한 조사가 모두 윤석열 검사에 의해 이루어졌다.

갑자기 얻은 권력이 아니라 각고의 노력 끝에 얻은 권력도 부패하기 쉽다는 것이 2003년 대선자금 수사의 교훈이었다. 국가를 지속 가능한 공동체의 관점이 아니라 자신의 부(富)를 창출하기 위한 파이프라인의 관점으로 보는 정치인들의 모순도 드러났다. 윤석열은 안희정이 모든 여죄(餘罪)를 낱낱이 인정하게 만들었다. 기업들에게서 받은 돈이 단순한 대선자금이 아니라 개인 주택 구입에 이용될 정도로 사사로운 돈이었다는 사실을 밝혀냈다. 대선 이후에 4억 원가량의 돈을 받고서도 '정치적 독립을 위해서', '출마할 지역(논산)의 여론조사를 위해서', '향토 장학금 명목으로'라는 식의 뻔뻔한 변명을 하는 경우도 있었다. 이때 윤석열의 상관인 안대희 검사는 대선자금 수사 중간 브리핑을 하면서 유명한 말을 남겼다.

"인 마이 포켓(in my pocket, 개인적으로 착복했다는 뜻)."

당사자는 결심공판(2004년 5월)에서 "엄격한 아버지(노무현 대통령) 밑에서 살림살이하는 어머니가 그렇듯 타협했을 뿐"이라는 말을 남겼다. 잘못했다고 하면 될 것을 끝까지 쓸데없는 수식어구를 재판부 앞에서 늘어놓은 셈이 되었다. 이광재, 김현미, 김부겸 등 같은 운동권 출신 의원들이 연대 서명한 탄원서 내용은 국민들의 눈살을 찌푸리게 했다.[6]

"법과 관행이 심각하게 괴리된 현실에서 정치자금을 담당하는 사람은 누구든 희생당할 가능성이 높다."

윤석열은 선거의 승자들이 도덕적 해이를 추궁당하는 과정에서 어떤 미사여구로 빠져나가려 하는지 이때부터 경험했었다. 굳이 다그치고 결론을 내도록 강요할 필요도 없었다. 수사가 진행되는 과정에서 그들 스스로 민낯을 드러냈기 때문이다. 이 역시도 일종의 설복형 특수수사로 볼 수 있겠다.

■ 철저한 특수수사는
권위주의를 무너트리는 원동력

윤석열은 훗날 검찰총장을 퇴임하기 전 〈국민일보〉와 했던 인터뷰에서 이렇게 밝혔다. 그는 단 한 번도 특정 수사에 대해 공개적으로 언급한 적이 없다. 하지만 축약된 표현으로 지난날의 경험에 대한 소회를 밝히며

'방점'을 찍곤 했다. 그중에 기가 막힌 내용만 고르자면 다음과 같다.

"진보를 표방하는 정부나 보수를 표방하는 정부를 가리지 않고 잘못을 저지르면 힘 있는 사람도 처벌받는다는 인식을 심어주었다고 생각한다. (……) 재벌이나 정치인들이 형사처벌 받는 것을 국민이 직접 목격하기 시작하면서 권위주의가 무너지고 보통시민의 권리의식이 고양되었다."[7]

권위주의가 무너지고 보통시민의 권리의식이 깨어나려면 강력한 '사실'이 있어야 한다. 그리고 국민들은 피의자가 사실에 굴복하거나 인정하지 않고 저항하는 모습을 관찰할 수 있어야 한다. 국민들은 사실의 민낯을 통해 깨달음을 얻고, 민주주의를 발전시키는 존재가 된다. 이것은 윤석열이 오랫동안 설복형 수사를 지향해온 이유이기도 하다. 피의자에게 호통치는 검사, 자기가 생각한 스토리에 맞게 진술해주면 형량을 감해주겠다고 어르고 달래는 검사, 무조건 앞뒤 재지 않고 더욱 잔인한 징벌을 내리는 데만 관심 갖는 검사. 이런 종류의 사법 집행자들은 국민 대중들의 인식을 이끌 수 없는 사람들이다. 오히려 검찰이라는 기관에 대한 불신을 낳고, 갑질러에 대한 또 다른 저항감을 자아낸다.

"민주주의와 국가라는 존재에 대한 대중들의 신뢰를 잃지 않기 위해서라도 검사의 수사는 현장밀착형으로 이루어져야 한다."

이 지론이 특수수사를 윤석열만의 브랜드로 만들었을 것이다.

4

과감하게
본진으로 쳐들어가라

노무현 정부를 대상으로 한 수사는 안희정과 강금원 등에 그치지 않았다. 대통령 본인이 개인적으로 아끼는 경제 참모인 변양균 정책실장을 대상으로 한 수사가 본격화되면서 매머드급 팀이 만들어졌다. 변양균 실장과 신정아 전 동국대 조교수 간의 관계에서 비롯된 비리 논란은 장안을 뒤흔들었던 이슈였다. 각종 논란과 측근 비리, 당과의 불화로 인해 허물어져 가던 노무현 정권이 거의 마지막으로 자산을 소진하는 계기였다. 때마침 2007년 대선이 얼마 남지 않은 시기였다. 대통령의 최측근이 불륜을 저지르고, 상간녀를 배려하기 위해 정부 예산을 동원했다는 의혹은 정부 여당에 큰 악재였다. 게다가 신정아는 학벌 사회인 한국에서 과감하게 '예일대 박사'를 사칭한 여자였다. 그의 연인이었던 변양균이 예일대학교에서 석사학위를 받은 사람이었음에도 불구하고, 과연 그녀의 학력위조를 몰랐을지 의심스러웠다.

▣ 윤석열에게 심문당한 신정아

윤석열 검사와 윤대진 검사를 비롯한 대검중수부 소속 3명, 계좌추적팀 2명, 서부지검 특수부 7명까지 12명의 초대형 TF가 가동되었다. 수사관은 27명이 붙었다. 그만큼 국민적인 관심사를 모은 사건이 '변양균-신정아 게이트'였다. 변양균은 노무현 대통령의 부산-경남 인맥 중 핵심 인사다. 민주당 수석전문위원 시절 "다른 후보들은 형식적으로 밥을 사서 감동이 없었지만, 노 대통령은 진정성이 있어서 함께하게 되었다"고 공언한 인물이다. 그는 경제기획원 출신으로 회사의 '창시자'인 박정희 대통령과 노무현 대통령을 가장 존경하는 지도자로 꼽는 사람이다. 그 정도로 충심이 강한 최측근이 젊은 내연녀와 내통해 고액의 보석을 선물하고, 그녀가 동국대 교수가 되도록 돕고, 나중에는 그 재단이사장인 영배 스님이 세운 울주군 흥덕사에 국가지원금이 가게 만든 것이다.

윤석열팀은 신정아가 변양균에게 흥덕사 지원을 요청했다는 내용의 메모를 동국대 재단이사장실에서 압수했다. 영배 스님의 수첩에 있었던 내용이다. 변양균이 다니던 과천 보광사에도 부당 지원이 이루어졌음을 확인했다. 이 절은 '전통사찰'은 맞다. 경기도문화재(162호)로 지정된 조선시대 유물인 목조여래좌상을 모시고 있기 때문이다. 하지만 행정자치부가 국고로 지원할 정도의 요건을 갖춘 상태는 아니었다. 결국 '돌려쓰기'라는 엽기적인 방식이 동원되었다. 과천시청소년수련관에 2억 원가량의 돈을 지급하고, 그 예산을 과천시가 보광사에서 우회 지원하는 형태였다. 당황한 문화관광부는 2007년 9월 "변양균 씨와 상관없이 타당한 절차를 거쳐 지원한 내역"이라고 해명하기도 했다.

하지만 흥덕사 지원과 보광사 지원은 맥락이 하나였다. 신정아의 동국대 교수직을 위한 대가성 지원 논란이 가능했던 것이다. 사실이 입증될 경우 변양균은 내연녀를 돕기 위해 국가 예산을 전용하고, 지자체에까지 손을 뻗어 이용한 셈이 되었다. 보광사의 주지였던 종훈 스님과 흥덕사의 영배 스님은 매우 가까운 사이였다. 변양균이 다니던 사찰의 주지와 동국대의 인사권을 가진 주지가 동시에 지원을 받았다.[8] 또 윤석열팀은 신정아의 컴퓨터에서 박사학위 서식 파일을 발견했다. 훗날 정경심 교수의 표창장 위조 논란과 모티브가 겹치는 대목이다. 예일대학교는 신정아가 학위를 받은 바 없고, 학교에 수학하지도 않았다고 공식 입장을 내놓았다. 신정아가 큐레이터로 있었던 성곡미술관의 전시 규모가 갑자기 커져서 12개 기업으로부터 8억 5,000만 원의 후원금이 답지한 사실도 포착되었다. 이 과정에서 검찰은 신정아와 변양균을 거의 공모자로 분류했다. 회사들은 '그룹' 차원에서 후원한 것으로 드러났다. 삼성전자는 변양균의 부산고 인맥을 통해 청탁을 받은 뒤 구조본 차원에서 지원을 결정했다. 기아자동차는 부회장 결재를 받아 억대 지원을 했다. LG애드(오늘날 HS애드)도 변양균으로부터 요청을 받았다고 털어놓았다. 국정의 '사실상 2인자'가 기업에 영향력을 행사해서 공익 단체인 미술관의 전시를 후원하게 하는 모습은 박근혜-최순실 게이트와 모티브가 겹친다. 한나라당은 2007년 9월 해당 사건을 '국정농단 사건'이라고 주장하며 '권력형 비리 신고센터'를 설치했다. 하지만 대법원은 "막연히 선처해줄 것이라는 기대에 의하거나 직무 집행과 무관한 다른 동기에 의해 제3자에게 금품을 공여했을 때는 묵시적 청탁이 있었다고 보기 어렵다"고 판결했다(2006도 8950). 결국 신정아는 기업으로부터 후원받은 금액을 개인적으로 횡령한 혐의와 학위위조로 인한 업무 방해로만 처벌을 받았다. 대법원은 동국대 교수 추천 과정에서 학력위조 등을 모의했다는 의혹에 대해서는 "서로 사랑하고 아끼는 연인 관계였을 뿐, 경제적 지원이 오간 것은 아니다"라는 유명한 말을 남겼다. 훗날 신정아는 윤석열이 '너무 무서웠다'고 말했다. "두 번째 조사 받을 땐 바지에 오줌을 쌀 정도였다"고 했다. "나를 잘 알거나 친하다는 이유만으로 주변과 통화했던 사람들이 줄줄이 불려나와 조사를 받았다"고도 했다. 그러면서도 "검찰은 나를 거짓말쟁이로 몰아붙였다"고 강조했다.[9]

■ 직을 건 재벌 회장 구속

2006년 현대자동차그룹 정몽구 회장을 구속한 사건도 윤석열의 과감한 본진 공격 사례 중 하나다. 의정부지검 고양지청 검사 시절의 일이다. 현대자동차그룹의 자금 담당 실무자가 검찰에 제보한 내용에 따르면 현대글로비스와 현대오토넷 등이 비자금을 만드는 핵심 기구였다. 이 돈 중 건축 인허가 로비를 위해 '인베스투스글로벌'이라는 회사에 돈이 간 사실이 포착되었다.

이 회사의 대표였던 김재록은 유명한 '금융 컨설턴트'였다. 그는 기아차 인수 시점인 1998년부터 1999년까지 기아경제연구소 이사를 지냈다. M&A의 속살을 들여다볼 수 있는 입장이었던 것이다. 마침 기아차의 부품 계열사 세 곳이 산업자원부가 인가한 구조조정전문회사CRC로 매각되었다가 다시 현대자동차그룹으로 인수되었다. 김재록은 아더앤더슨이라는 외국계 회계법인 겸 컨설팅 회사의 한국 대표를 맡으며 현대위아, 카스코코리아, 본텍 등 현대와 관련이 있는 기업들의 채권 매각 작업을 주관하기도 했다. 인베스투스글로벌은 2001년 현대차와 컨설팅 계약을 맺고 경영 진단(레인보우 프로젝트)과 함께 양재동 사옥 부지 매입과 관련된 작업을 했다. 수사팀은 부동산 매입 시도 과정에서 정부 당국을 상대로 김재록이 로비를 해달라는 명목으로 비자금이 건너간 것은 아닌지 의심했다. 김재록이 이헌재 전 경제부총리, 동교동계 정치인들과 가까웠던 것도 작용했다. 인베스투스글로벌에서 서울시와 건설교통부(이후 국토교통부)에 로비를 한 혐의가 포착되었다. 특히 특정 전직 관료가 1억 원가량의 뇌물을 받은 정황도 나왔다. 하지만 현대차→김재록→서울시 등 규제기관으로 이어지는 로비 수사 흐름은 용의자가 극단적 선택을 하면서 끊겨 버렸다. 결국 김재록은 금융기관 대출 알선을 비롯한 다른 혐의들로 구속되었다. 1심 판사는 "검찰이 첨단금융 전문가를 일방적으로 피의자로 만들었다"며 핀잔을 주었다. 윤석열과 수사검사들에게는 좋지 않은 상황 전개였다.

결국 현대차 비자금의 줄기를 잡으려면 다른 접근법이 필요했다. 채동욱 당시 수사기획관이 '본류', '지류'를 운운하며 김재록 수사와 현대차 수사를 비교하는 브리핑을 했던 것은 오히려 본질을 흐릴 위험이 있었다. 윤석열은 윤대진과 함께 정상명 총장에게 면담 신청을 하고 담판을 짓고자 했다. 정몽구의 혐의는 900억 원대의 회삿돈 횡령과 함께 부실자회사 유상증자에 타 계열사를 참여시켜 2,100억 원의 손실을 일으킨 것이었다. 또 김재록이 잘 알고 있었던 본텍이 계열사로 편입되는 과정에서 현대글로비스에 싸게 신주를 배정(주당 254만 원→5,000원)한 것도 혐의에 추가되었다. 이외에 말레이시아에 페이퍼컴퍼니를 만들어 현대강관 유상증자에 참여시킨 일, 현대모비스, 기아차, 현대위아 등에서 총 1,034억 원의 비자금을 조성한 혐의 등이 포함되었다. 하지만 나름의 '정상참작'도 이루어졌다. 장남 정의선을 처벌하는 것은 가혹하다고 판단했고, 기소유예하는 방식으로 나름의 선처가 베풀어졌다. 윤석열은 재벌의 부정행위는 엄단하더라도, 재벌의 존재 자체를 부정하는 사람은 아니었던 것이다.

결국 정몽구 회장은 징역 3년, 집행유예 5년, 사회봉사 300시간을 명령받았다(서울고법 파기환송심, 2008.6.3. 형사 20부). "기업인이 실형을 선고받은 사례는 재산을 국외로 빼돌리거나 분식회계로 막대한 경제 손실을 입힌 경우"라며 "횡령액이 개인 용도가 아닌 회사 업무, 여수 엑스포 유치 등 국가 행사에 사용하거나 대선자금으로 정치인에게 제공했다"는 토가 달렸다. 8,400억 원의 사회환원도 약속되었다. 어찌 되었든 현대차 입장에서는 생각보다 '선방'한 셈이었다. 총수가 옥중에서 형기를 채우는 것을 막을 수 있었기 때문이다.

변양균-신정아 게이트와 정몽구 회장 사건의 공통점이 있다. 윤석열의 전광석화와 같은 수사가 그다지 성공적인 결과를 거두지는 못했다는 점이다. 어떤 사람들은 재판부의 결과를 보고서 "검찰이 잔뜩 혐의를 넣어 기소한 것에 비해 실제 처벌의 규모는 미약했다"고 비판할지도 모른다. 변양균과 신정아의 제3자뇌물죄가 없던 일이 되었고, 김재록의 현대차를 위한 로비 혐의 역시 없던 일로 끝났다. 하지만 윤석열이 훗날 〈중앙일보〉와 통화한 내용에 따르면 '거악 척결'을 위한 본진 돌파의 소신은 전혀 변함이 없어 보인다.

"수사를 안 하고 놔둔다면 저축은행과 은행들이 부실화되고, 기업들이 연쇄 도산한다. 이러면 공적자금인 국민들의 세금으로 틀어막아야 한다. 근로자들은 직장에서 전부 해고당하고 상거래 채권자, 영세 자영업자들도 돈을 못 받게 된다. 힘 있는 사람들의 반칙과 갑질인 것이다. (……) 검찰이 1년에 하는 소수의 사건은 거악 척결을 해야 한다." [10]

검찰은 사회안보 인프라라는 것이 윤석열의 소신이다. 만약 검찰이 수사마저 하지 못하고 공소권 유지만 하는 기관으로 전락한다면, 거액을 들여 변호인을 선임할 수 있는 거악들은 빠져나가기 쉬워진다는 것이다. 그때 경제 정의는 혼탁해질 수밖에 없고, 피해는 전부 서민이 떠안을 수밖에 없다.

5

1억도 없던
50대 남자의 비애

윤석열에게 가장 민감한 현안은 역시 '장모 문제'일 것이다. 대선 정국에 몸을 싣게 되면 거의 끝까지 따라다니는 네거티브 소재가 될지도 모른다. 물론 모든 네거티브는 들어보지 못한 이슈가 터졌을 때 충격적으로 받아들여지는 법이다. 하지만 인간은 반복되는 언어와 메시지에 영향을 받는 존재기도 하다. 따라서 법률적 진실이 아니라 정치적 진실로 작동하게 될 장모 문제를 두고 윤석열이 어떻게 대처하느냐는 매우 중요한 과제가 될 것으로 보인다. 보통의 검사들처럼 "법적으로 아무 문제가 없기 때문에 언급할 가치가 없다"고 말하거나, 정치인들처럼 "가짜 뉴스"라고 밀어붙이다가는 큰코다칠 것이다. 21세기의 유권자들은 완전히 과학적이고 정밀한 설명까지는 아니어도 어느 정도 자신의 의심을 해소할 만큼의 설명을 필요로 한다. 그래서 윤석열의 처가 문제는 별로 중요하지 않은 사안인 것 같으면서도 매우 중요한 사안이다.

대부분의 문제는 윤석열이 김건희와 결혼하기 전인 2012년 이전에 터진 것들이다. 가족이 되기 전에 생긴 문제들까지 책임지라는 것은 너무한 것 아니냐고 항변할 법도 하다. 남달리 많은 재산을 축적한 가족에 대한 시기나 질투 아니냐고 꼬집을 수도 있다. 하지만 리더는 공공재 아닌가. 그의 능력 못지않게 인간성과 주변의 평판 관리가 매우 중요한 경쟁력 요소다. 그래서 윤석열의 삶을 이야기할 때 장모 문제는 피해서는 안 되는 주제다.

▣ 1억도 없던 강골 검사

윤석열은 결혼이 늦었다. 일에 빠져 사느라 가정을 이루기 위한 노력을 게을리했다고 볼 수도 있겠다. 게다가 친구들을 많이 챙기는 성격이라고 하니 여성들에게 별로 선호되는 남편감은 아니다. 물론 '노총각'이라는 말은 요즘 시각으로 보면 매우 구시대적인 것이다. 1인 가구가 늘어나는 시대에 결혼을 중심으로 가족 공동체를 이루는 것이 옳다고만 할 수도 없는 사정이 있기도 하고 말이다. 하지만 불과 10년 전까지만 해도 공직자에게 미혼은 일종의 흠이었다. 고시 출신 공무원들 중에는 유난히 권력자나 재력가의 사위가 많다. 승진의 사다리를 오르기 위해서는 아버지 덕 못지않게 장인 덕도 작용하던 시대가 있었다. 그런 점에서 윤석열의 기나긴 싱글 생활은 나름대로 결함이라면 결함이었다. 그를 안타깝게 여긴 외가 어른이 선자리를 만들었고, 더 시간을 보내게 되면 결혼이 쉽지 않을 것이라고 생각했을 것이다. 소개받은 여성은 운명의 상대였다. 바로 오늘날의 김건희다.

나이 차가 많은 탓에 '알던 아저씨' 또는 '지인'이라는 설명이 있었던 모양이지만, 두 사람은 성격이나 취향이 잘 맞아서 금방 진지한 연인관계가 되었다. 그리고 약 1년 만에 결혼까지 이어졌다. 당시 윤석열의 나이는 52세, 김건희는 40세였다. 주례는 윤석열이 존경하는 직장 상사였던 정상명 전 검찰총장이 맡았다.

윤석열은 장가를 가기 전까지 수중에 1억 원도 없었다고 한다. 50대에 늦깎이 결혼을 하는 공무원치고는 매우 심한 감점 요인이다. 미식을 좋아하는 습관, 주변에 아낌없이 베푸는 습관이 원인이었다. 돈을 얼마나 가지고 있느냐가 사람의 경쟁력을 결정하는 것은 아니지만, 그 사람이 어떤 방식으로 살아왔는지 측정할 수 있는 지표는 된다. 윤석열은 결혼을 위해서, 내 집 마련을 위해서 꾸준히 저축해온 인간형과는 거리가 멀다. 운명처럼 김건희를 만나지 않았더라면, 끝까지 싱글로 남았을 수도 있다. 그래서 부유한 장모 문제가 더욱 깊게 부각될 수밖에 없다. 1억 원도 없던 강골 검사와 수백억 대의 자산을 굴리는 처가와의 결합을 두고 혹자는 '진정한 정략결혼'이라고 비아냥댈지도 모른다.

■ 성공한 여장부의 업보

윤석열의 장모인 최은순은 성공한 여장부다. 그는 작고한 남편이 서울 송파구 석촌동 일대의 땅을 남겨둔 것을 종잣돈으로 삼아 돈을 벌기 시작했다. 처음에는 양장점을 운영하면서 장사의 본질을 배웠고, 남양주시 화도읍에 있는 모텔(중국인 관광객용이었다는 말도 있다)로 현금 장사를 시작했으며, 강원도의 미시령 휴게소를 운영하면서 부를 쌓았다고 한다. 경쟁이 치열한 21세기에는 좀처럼 찾아보기 힘든 고도성장기형 성공 스토리다. 최은순의 성공 과정을 취재한 〈오마이뉴스〉는 "부동산으로 막차를 타고서도 눈 하나 깜빡 안하고 잘 참는 성격"이라고 평가했다. 단기 손실에 일희일비하는 범인들과는 차별화된 모습이다.

하지만 최은순은 부동산 개발 사업에 발을 담그면서 혈투의 세계를 경험하게 된다. 그에게 투자를 권유하는 사람들은 동업자를 자청하며 접근한 후, 비즈니스 관계로 발전시켰고, 나중에는 법정 투쟁까지 불사하며 공격에 나섰다. 대표적인 사례가 부동산 사업 브로커인 정대택과의 갈등이다.

그는 서울 송파구 오금동에 위치한 '스포츠프라자 25'라는 건물의 부실채권(152억 원 규모)을 싸게 인수한 후 시장에 되팔아 가치를 올리는 데 관심을 가지고 있었다. 하지만 개발 사업을 일으키기 위한 종잣돈이 없었다. 마침 건물의 채권과 관련된 권리분석을 해보니 99억 원만 투입하면 50% 가까운 수익을 올릴 수 있다는 계산이 떨어졌다. 초기 비용은 10억 원 정도만 들이면 되었고, 나머지 금액은 대출로 해결할 수 있었다. 그래서 정대택은 최은순이라는 성공한 여장부에게 접근해 수의계약으로 채권을 인수한 후 가치를 튀겨 팔 수 있다고 설득했다. '최은순 측'은 2003년 6월 28일에 99억 1,000만 원의 대금을 치르고 채권을 낙찰받았다. 공매 과정을 통해서였다. '최은순과 정대택'이 아니라 '측'이라고 말하는 이유는, 투자 과정에 정대택의 돈이 유입된 적이 없었기 때문이다. 같은 해 11월에 152억 2,000만 원의 배당금이 떨어졌다. 성공한 프로젝트였다.

문제는 이후의 수익배분이다. 보통 부동산 개발은 초기 자본을 자기 자본이나 특수 관계인(가족 등)의 투자를 통해 다져놓아야 프로젝트를 시작할 수 있다. 그다음에 각자의 자금 조달 능력이나 신용도에 따라 금융권 대출, 사모펀드 투자 등으로 대형 자본을 끌어들여 구조를 완성한다. 하지만 정대택은 한 번도 투자를 하지 않은 상태에서 최은순을 '파트너'로 생각하는 듯했다. 주주와 소개자의 입장을 헷갈린 것이다.

문제는 그다음이었다. 정대택은 한국상호저축은행에 내용증명을 보내

최은순이 유치하고자 했던 90억 원의 잔금 대출을 막았다. 일종의 신용훼손 행위였지만, 수익금의 상당량을 자신의 지분으로 인정받기 위한 일이기도 했던 모양이다. 정대택은 최은순에게 "대출을 풀어줄 테니, 5:5 수익 배분 약정서를 써달라"고 했다고 한다. 묶인 은행 대출은 최은순이 다른 루트를 통해 해결할 수밖에 없었다.

이후 정대택은 17년간 20여 건의 민사 소송을 제기했다. 그리고 2006년부터 2008년까지는 협박과 강요 혐의로 2년간의 실형을 살았다. 가족 사업장 앞에서 집회신고를 하거나, 법원 앞에서 시민단체를 동원해 피켓시위를 하는 것은 예사였다.

최은순이 부동산으로 부를 축적할 생각을 하지 않았다면, 정대택과 같은 인물은 만나지 않았을지도 모른다. 안타깝게도 그에게는 투자에 대해 건강한 조언을 해줄 만한 지인이 많지 않았던 모양이다. 그래서 또 다른 대형 프로젝트를 추진하는 과정에서 더 큰 소용돌이로 휘말리고 말았다.

■ 사문서 위조 논란

안소현이라는 여성이 있다. 그는 한국자산관리공사(이하 캠코) 출신이라고 곳곳에 주장하고 다니는 부동산 브로커였다. 나중에야 강서구에서 점집을 운영하는 무속인이라는 사실이 밝혀졌지만, 최은순과 만난 당시에는 부동산 매입 전문가로 소개되었던 모양이다. 그 역시도 정대택처럼 금액

단위가 큰 토지를 거래해 돈을 벌려고 했다. 하지만 기초 자본이 없으니 현금 부자를 찾아가는 것 외에 없었다. 안소현은 최은순에게 계약금만 빌려주면 나머지 돈으로 금융권에서 대출을 받아서 땅을 매입할 수 있고, 그리고 땅 매각 대금으로 발생한 차익 중 지분 상당수를 제공하겠다고 주장했다.

그는 양오빠 안병호라는 가상의 인물을 내세워 자신의 배경을 어필하고자 했다. 재정경제부(지금의 기획재정부) 차관을 지냈고, '한나라당 예산실장(없는 직책이다)'을 역임했으며, 박근혜 정부가 연수를 보내줄 계획이고, 다녀온 뒤에는 캠코 사장으로 임명할 것이라는 시나리오까지 덧붙였다. 사기를 치기에는 너무나도 허술한 거짓말인데, 안소현은 최은순과 그 파트너인 강길원을 홀리는 재주가 있었던 모양인지 2013년에만 무려 47억 8,500만 원이라는 거액을 받아냈다. 그 명목은 매우 다양했다. 성남 도촌동 땅 구매를 위한 계약금, 가평 요양병원 구매를 위한 계약금, 캠코 선배(역시 가상의 인물이었다)에게 제공해야 할 계약금 등이었다.

하지만 안소현은 최은순 측에서 돈을 받아내는 것에 만족하지 않았다. 캠코가 관리하는 여러 부동산들을 싸게 매입해야 하니 요식행위로 잔고증명을 만들어달라고 요청했다. "다른 데 활용하지 않고, 캠코 사람에게만 보여줄 테니 허위잔고증명이라도 만들어달라"는 식이었다. 결국 네 번에 걸쳐 347억 원의 잔고증명서가 교부되었다. 일종의 사문서 위조로 볼 수 있는 사건이었다.

최은순은 안소현이 입수한 허위잔고증명으로 다른 일이 벌어질 수 있다는 점은 꿈에도 생각하지 않았던 것일까. 캠코 소유 부동산을 싸게 매입하기 위해 벌인 일이 맞다면, '자격증명'을 위조한 셈이 된다. 하지만 안소현은 자신이 직접 저축은행에서 돈을 빌리기 위해 잔고증명을 활용했다. 다행인지, 불행인지 모르겠지만, 최은순은 대출 시도 사건을 알고 안소현에게서 잔고증명 원본과 사본을 회수했다.

공자는 사람을 평가할 때 그가 누구와 어울리는지 지켜보라고 조언했다. 최은순의 법적 잘잘못보다 더욱 심각한 것은, 그가 사귀고 소통하는 사람들의 면면이다. 정대택, 안소현 모두 강요와 사기 혐의로 실형을 살았던 기록이 있다. 그렇다고 그들의 인생 전체가 잘못되었다고 말할 자격은 누구에게도 없을 것이다. 하지만 사업상 공동의 목표와 이익을 추구하는 상대로서는 결격사유가 분명해 보인다. 상황을 주도면밀하게 살피지 못하고 저지른 잘못이 윤석열의 앞날에 장애물처럼 작동하고 있다. 물론 법적으로야 "사문서 위조는 이루어졌을지 몰라도, 사문서 행사는 없었다"고 반박할 수도 있다. 게다가 일련의 일들은 윤석열이 국정원 여론조작 수사 이후 대구로 좌천되었을 때 일어난 사건이다. 검사로서 장모의 문제에 영향력을 미쳤을 가능성은 제로라고 볼 수 있다.

하지만 법적 책임을 지면 그만인 직업 공무원과, 정치적 책임을 져야 하는 리더의 입장은 다르다. 윤석열이 전직 검찰총장의 지위에만 머무를 것이라면 안소현 사건에 대해 묵묵부답을 유지해도 무관할 것이다. 하지만 국민의 질문에 답해야 하는 리더가 되고자 한다면, 논쟁에 휘말리고 싶지 않을 때에도 애써 해명해야 하는 순간이 올 것이다. 물론 미국이나 영국에서도 정치인의 가족 이슈가 선거 과정에서 논란이 된다. 다만 서구의 리더들은 어떻게든 국민의 질문에 답을 함으로써 성의를 보이는 편이다. 당장 어떤 반응을 얻느냐와 별개로 말이다.

▣ 공정과 상식이라는 테제

윤석열에게는 큰 테제가 있다. 법을 엄격하게 지킨 검찰총수였다는 사실과 별개로, 어떤 상황에서든지 공정과 상식을 추구한다는 상징자산이 있다. 소속 정당이나 선거 조직 같은 자원이 없는 그가 미디어에서 끊임없이 거론되고 유력 대선주자 1위로 떠오른 것도 결국 상징자산 덕분이다.

그런데 장모의 치부(致富) 과정은 과연 공정하고 상식적이었는지 물음표가 붙을 수 있다. 법적으로는 문제가 없을지 몰라도, 집 한 채 마련하기 힘든 사람들에게는 위화감이 들 수밖에 없는 이력이다. 정대택이나 안소현과 같은 브로커들에게 속아 넘어간 것도, 결국 남들보다 더 효율적인 방식으로 부동산을 낙찰받으려던 욕심이 원인 아니냐는 지적이 가능하다.

다만 이 과정을 사위가 일일이 알았는지는 의문이다. 친부모의 재테크 과정을 모르는 자식들도 많은데, 처가의 사정까지 어찌 알겠는가. 게다가 윤석열 본인은 통장잔고 1억 원도 없던 사람이었다. 수십억, 수백억 원대를 좌지우지할 수 있는 처가의 모습은 원래의 윤석열과는 거리가 먼 것이다.

정진석 의원은 윤석열과의 면담 직후 "장모는 타인에게 10원 한 장도 피해를 준 적 없다"고 말했다. 오히려 각종 온라인 커뮤니티와 SNS를 통해 풍자화가 가능한, 또 다른 논란거리를 만들었다. 정말 윤석열다운 처신을 고려한다면, 장모 문제는 정면돌파해야 한다. 마냥 '정치 공작'이라거나 '어거지 수사'라고 강변해서도 안 된다. 물론 "부인을 사랑한 것이지 장모를 사랑한 것은 아니다"라는 이준석의 말도 나름 합리적인 견해다. 앞으로 윤석열 본인의 책임 있는 해명을 기대한다.

6

윤석열은
박근혜 구속 주범이 맞나

윤석열이 정치인으로 거듭나기 위해 넘어야 할 또 다른 '벽'이 있다. 바로 박근혜 탄핵과 관련된 사안이다. 과연 박근혜 구속에 직접 개입했는가 여부가 야권주자 윤석열의 입지를 결정하게 될 것이다. 탄핵 자체가 잘못되었다고 보는 사람은 많지 않다. 하지만 박정희의 딸인 박근혜가 거의 70세의 노령임에도 불구하고 감옥에 있는 것을 안타깝게 여기는 사람도 매우 많다. 아마도 보수 지지층의 상당수가 그런 인식을 갖고 있을 것이다. 박근혜는 여느 한국 정치인과 달리 오랫동안 현대사의 상징적 존재로 각인된 인물이다. 그를 계속 영어의 몸으로 두는 것은 비인간적이라는 비판이 충분히 제기될 수 있다.

하지만 야권의 정치인들은 이런 해석을 하기도 한다. 만약 윤석열이 정치인으로서 길을 걷게 된다면, 금세 이루어질 일이 '박근혜 사면'이라고 말이다. 대통령 탄핵이라는 공화국 초유의 사건을 초대한 특검의 주역이 윤석열이다. 따라서 사면된 박 전 대통령이 감옥을 나와서 그를 또 다른 보수의 반역자로 규정하는 것만큼 충격적인 이벤트는 많지 않을 것이다. 친문과 친박 모두가 윤석열을 비토하는 파국 시나리오가 만약 닥친다면, 당사자는 어떻게 대응할 것인가. 설사 이 일이 닥치지 않더라도 충분히 고민해볼 만한 주제고, 사면이 현실화되었지만 파급효과가 크지 않을 경우에도 전혀 쓸모없는 생각은 아닐 터다.

■　윤석열
　　원조 보수설?

　　윤석열의 측근을 통해 들은 이야기다. 2012년 대선 당시 윤기중, 윤
석열 부자는 박근혜 새누리당 후보의 신촌 유세 현장에 간 적이 있다고 한
다. 같은 해 윤 씨 집안 사람들 상당수가 박근혜 후보에게 표를 던졌다고
한다. 윤석열은 "나는 원래 보수주의자"라고 주변에 말해왔다. 노무현 전
대통령은 깨어 있는 시민을 보루라고 주장했지만, 윤석열은 법이야말로
최후의 보루라고 강조한다. 법치주의자는 안정성과 예측가능성을 추구한
다. 헌법의 틀을 흔들지 않으려고 애쓴다. 그런 점에서 윤석열은 우파가 확
실해 보인다. 자유시장과 법치주의를 신념으로 가지고 있는 사람에게 좌
파라는 규정이 가능할 법하지는 않다.

　　국정원 여론조작 수사 당시 주변인들은 윤석열을 많이 말렸다고 한다.
"이미 결과가 나온 선거인데 검찰수사로 국정원을 뒤흔드는 것이 맞느냐"
는 지적이었다. 하지만 당사자의 신념은 확고했다. "국가안보 자원으로 해
서는 안 되는 일"이었다는 지극히 보수적인 가치관을 갖고 있었던 것이다.
미국 같으면 닉슨 행정부 치하에서 벌어진 '워터 게이트 사건'보다 더 크게
비화할 만한 일이 국정원 여론조작 사건이었다. 우파 언론인 〈조선일보〉
역시 수사 자체의 당위에 대해서는 완전히 부인할 수 없었다.

　　"국가정보원은 국정홍보기관이 아니다 (……) 북한의 정찰총국이 원자
력발전소에 대해 해킹이나 테러를 시도할 경우에 대한 안전관리 대책은
국정원 본연의 임무에 속하지만, 원전 추가 설치 찬반을 둘러싼 정책 시비

에 개입해서는 안 된다. 미국 오바마 대통령이 국민의료보험법을 추진하려는데, 야당이나 특정 이익단체들이 '오바마 흔들기'를 한다고 해서, 그 여론전에 CIA와 FBI가 개입한다는 이야기는 들은 적이 없다."[13]

박근혜에 관심을 가질 만큼 보수 우파였던 윤석열의 모습과 국가안보 자원의 도둑질을 막아야 한다는 윤석열의 모습은 정반대되는 것이 아니다. 오히려 보수는 개인보다 국가 공동체의 원칙에 충성해야 하는 집단이 아니던가. 다른 정치적 의도 없이 법과 원칙의 관점만으로, 그것도 지난 정권의 국정원 관계자를 수사하려고 했던 윤석열에게 오히려 박근혜 정부가 옹졸했다고 볼 수 있지 않을까.

혹자는 말한다. "국정원 여론조작 수사로 인해 겪었던 상처가 윤석열의 복수심을 자아낸 것 아니냐"고 말이다. 탄핵에 가담했던 국민의당 안철수 대표를 지지한다고 하면서 '윤석열 복수론'을 주장하는 사람도 있을 정도다. 탄핵 주역이었던 유승민 전 국민의힘 의원은 윤석열을 향해 "박근혜 30년 구형은 좀 과하지 않았냐"고 이야기했다. 타락한 보수를 일깨우면서 공화주의자로 거듭나겠다고 말했던 사람치곤 퍽 어색한 주장이다.[14] 그는 지금도 국민의힘 내 친박 정치인들과 우리공화당원들에게 용서받지 못하고 있다. 유승민과 마찬가지로 탄핵을 긍정했고, 두 전직 대통령의 과오에 대해 공개 사과까지 했던 김종인 전 국민의힘 비대위원장은 이렇게까지 말했다.

"윤석열이 특이한 공직자인 것만은 맞다. 장점만 있는 것도 아니다. 특검 할 때 문 대통령과 가까워지려고 했는지 무리수를 많이 두더라."[15]

만약 탄핵으로 가는 길을 연 것이 윤석열의 대죄(大罪)라면, 그 탄핵 주역들에게 공개적으로 용서를 받는다고 해서 '약발'이 받을 리 없다. 오히려 가장 큰 피해자인 박근혜 전 대통령에게 죄사함을 받아야 하지 않겠는가. 물론 그 일이 최근의 정치국면에서 꼭 필요한 과제인지는 모르겠지만, 몇 가지 사실관계만 짚고 넘어가보자. 혹시 아는가. 옥에서 나온 박 대통령이 도스토예프스키의 '대심문관'처럼 될지도 모르는 일이다.

■ 박근혜 구속은 김수남 전 검찰총장의 작품

윤석열이 소속되어 있던 박근혜-최순실 게이트 특검은 2017년 2월 27일 황교안 대통령권한대행의 결정으로 활동을 마쳤다. 당시 박영수 특별검사는 공소 유지 등을 근거로 수사 기간 연장 요청을 했으나 황 대행이 승인하지 않았다. 특검을 추천했던 국민의당은 '황 대행 탄핵'을 주장하며 국회에서 시위를 벌이기도 했다. "더불어민주당이 선 총리-후 탄핵 주장을 받아들이지 않으면서 이런 사고가 벌어졌으니, 민주당부터 탄핵안 발의에 앞장서야 한다"고 주장하기도 했다. 국정농단 사태 당시 더불어민주당은 거국중립내각 발족에 대해 꽤 시큰둥한 입장이었다. 문재인 전 대표와 박근혜 정부가 선임한 김병준 후보자 간의 불편한 관계도 한몫했다. 이런 역학 구도 탓으로 박근혜-최순실 게이트 특검은 앞으로 더 나아가지 못했다. 대통령권한대행인 국무총리의 탄핵은 국회의원 재적수의 삼분지일이 발의하고, 재적 과반수가 찬성하면 통과될 수 있었다. 하지만 더불어민주당은 특검 마무리와 황 대행이 19대 대선까지 자리를 지키는 것을 그대로 용인하고 말았다. 아예 선거 관리 역할을 맡겨버린 셈이었다. 훗날 자유한국당 당대표 선거에 출마한 황교안은 "특검수사 기간 연장을 불허함으로써 최대한 박근혜 전 대통령을 잘 도와드렸다"고 주장했다. 박근혜의 변호인인 유영하 변호사는 "2017년 3월 31일부터 수차례에 걸쳐 교도소 측에 대통령의 허리가 안 좋으니 책상과 의자를 넣어달라고 부탁했으나 반영이 되지 않았다"고 서운함을 토로했다. 한마디로 특검이 끝난 이후에도, 박 전 대통령을 호되게 다루는 사정 당국의 분위기는 그대로였다. 당시 '당국'은 검찰이었다. 김수남 총장 입장에서는 이재용 삼성 부회장이 2월에 구속된 이상, 박 전 대통령을 그대로 둘 수 없다는 판단이 들 법도 했다. 하지만 박근혜 구속의 배경으로 오래된 악연을 거론하는 이들도 있었다. 그의 아버지였던 김기택 전 영남대 총장은 2007년 대선 당시 박근혜를 비토하는 입장에 놓여 있었다. 최태민 일가의 비리를 폭로하던 조순제와 함께 친이계를 도왔기 때문이다. 두 사람은 영남대 운영에 함께 관여하던 사이기도 했다. 김기택이 1988년 영남대 부정 입학 관련 내용을 진술하고 이사장이었던 박근혜가 사퇴한 적도 있다. 악연은 계속되었다. 김기택은 2007년 한나라당 전당대회에서 선진국민연대의 원로로서 이명박 후보를 위해 뛰었고, 아들 김수남은 박근혜 정부 시절 고검장 승진에서 탈락한 전력이 있었다. 이런 점들을 종합해보면, 박근혜가 김수남을 검찰총장으로 기용한 결정은 여러모로 쉽지 않은 일이었다.

2017년 3월 말 검찰 원로들은 총장에게 '박근혜 구속 반대' 의견을 냈다.

여러모로 다음 대통령에게 부담이 되는 결정이기 때문이다. 재판을 통해 형(刑)이 결정된 후에 대통령을 수감시켜도 늦지 않고, 설사 유죄가 확정된다 하더라도 정치적 결정을 통해 사면될 가능성까지 고려해야 했다. 전직 대통령이 감옥에 들어가면서 성역이 파괴되는 것과 비록 피의자이지만 민간인으로 활동하는 것과는 천양지차다. 19대 대선 결과를 장담할 수 없는 상태에서 박근혜 구속은 매우 부담스러운 일이었다. 그럼에도 불구하고 2017년 3월 27일, 검찰은 박근혜 전 대통령에 대한 구속영장을 청구했다. 그리고 3월 31일에 영장이 발부되었다. 김수남은 '운명'이라고 말했다고 한다. 윤석열은 일련의 흐름에 직접 관여하지도 않았고, 특검에서도 수사팀장으로 대기업 수사만 담당하는 상황이었다. 박근혜를 피의자로 만날 일이 전혀 없었던 것이다.

■ 이명박 직권남용 직접 주장

반면에 이명박 전 대통령의 죄를 논하는 데 있어서는 거침이 없었다. 윤석열은 2018년 10월 20일 서울중앙지검 국정감사에서 "이 전 대통령이 친인척 회사인 다스 소송을 챙겨보라고 한 것은 직무권한 밖이라고 생각하지 않는다"고 밝혔다. 국가원수의 지위를 사익을 위해 남용한 행위라고 봤던 것이다. 당시 서울중앙지법은 다스 소송을 공무원에게 챙겨보라고 한 행위나 상속세 절감 방안 등을 검토시킨 것은 대통령의 권한 밖이라고 봤다. 아예 법령에 근거가 없었기 때문이다. 나중에 대법원에 가서도 이 건은 무죄 선고를 받았다.

하지만 윤석열은 "법원이 명문으로 한정한 것은 법리 해석이 잘못되었기 때문인가"라고 묻는 박주민 더불어민주당 의원의 발언에 "네"라고 대답했다. 재판부의 해석에 검사장이 반대 의견을 내놓은 셈이다. 만약 MB의 직권남용이 무죄라면 양승태 전 대법원장을 비롯한 법원 지도의 직권남용 혐의도 무죄가 될 가능성이 있었다. 실제로 박근혜-최순실 게이트 수사 과정에서 아스팔트 보수 단체에 전경련의 자금을 지원하도록 종용한 김기춘 전 비서실장도 직권남용에 대해서는 '무죄' 선고를 받았다. 해당 행위 자체가 법으로 규정되지 않았기 때문이다. 어쩌면 윤석열에게는 '탄핵의 벽'보다 'MB 구속의 벽'이 더 넘기 어려운 장애물이 될 수도 있다. 그 자신이 구속에 깊게 관여되어 있기 때문이다. 현재 친이계는 보수 세력의 주류로 다시 도약해 있는 상태다. 이 구원(舊怨)이 어떻게 곰삭을지는 앞으로 두고 볼 일이다.

—— 3장 ——

과감한 결단과 행동

1

운동권 정권과의
정면대결

과연 윤석열은 정치와 무관한 검찰총장이었을까. 자신도 모르게 정치적인 길을 걷고 있었던 것은 아닐까. 5년마다 정권이 바뀌는 한국 정치의 특성상 검찰은 정치로부터 온전히 자유로울 수 없었다. 정부 초기에는 대통령의 뜻을 받들기 위한 수사를 하다가, 지도자의 힘이 빠지기 시작하면 칼바람이 불곤 하는 것이 공식처럼 되어 있었다. 민주화 운동을 했던 김영삼, 김대중 전 대통령들조차 검찰을 살수(殺手)로 써먹다가, 나중에는 검찰에 의해 측근들과 아들들까지 사법 처리된 경험을 가지고 있었다.

그런 점에서 대한민국의 검찰총장을 '정치적'이라고 비난하는 것은 너무 편파적인 진단이다. 오히려 권력과 떼려야 뗄 수 없는 관계선상에 있는 '정치형' 총장이라는 평가가 맞을 것이다. 윤석열 역시도 적폐수사를 주도했던 사람이기에 정치권과는 불가분의 사이였다. 또 지검장이 되면서부터 국회 법사위에 출석했기에 많은 정치인들과 알고 지낼 수밖에 없었을 것이다.

그런데 2019년 8월 말부터 본격화된 '조국 사태'로 인해, 윤석열은 운동권 인사들로부터 '정치적 총장'이라고 낙인찍혀 버렸다. 전병헌 전 정무수석을 수사할 때와는 완전히 다른 차원의 공격이 이루어졌다. 야당과 공모해서 검찰 쿠데타를 시도한다느니, 언론과 유착해서 피의사실 공표를 한다느니 하는 식의 극언이 여권 실세들의 입에서 나왔다.

■ 사모펀드로 시작된
조국 수사

조국 사태의 핵심은 코링크라는 이름의 사모펀드다. 필자는 이 사태를 매우 초기부터 지켜보았고, 국회와 언론에 제보된 문건을 통해 스마트 가로등 사업, 서울시 공공 와이파이 사업과 연계된 자금 조달 계획을 직접 확인했다. 조국 전 장관은 2015년 12월에 펀드 가입을 위해 8,500만 원을 송금했다. 그리고 2018년 1월에도 청와대 인근의 은행 지점에서 4,000만 원을 '투자 명목'으로 송금했다. 이 일은 민정수석 재직 시 벌어진 것이었다. 공직자윤리법상 주식 백지신탁 의무 위반 사항으로도 볼 수 있는 것이었다. 김봉수 성신여대 교수는 "공무원이 사모펀드에 투자하는 것만으로도 매우 심각한 문제"라며 "고위공직자의 주식 직접투자는 금지되어 있는데, 사모펀드에 투자한 뒤 그 운영에 직접 관여하면 사실상 직접투자"라고 꼬집었다.

코링크가 투자한 피앤피PNP 컨소시엄은 서울시 지하철 공공 와이파이 사업에 참여하는 과정에서 각종 특혜 논란을 낳았다. 2017년 9월 다른 업체보다 먼저 입찰 결과를 알고 있었던 것[1], 와이파이 사업 면허 없이 프로젝트에 뛰어들었던 것[2], 낙찰 이후 20일 가까이 서울시가 본 계약을 추진하지 않고 있었던 것[3] 등이 문제가 되었다. 원래 서울시는 2015년부터 관련 사업을 추진하려고 애썼으나, 자금 조달이나 기술력 부재 논란 등으로 진도를 빼지 못하고 있었다. 야당은 조국 일가의 돈이 들어간 이후인 2018년 1월부터 사업이 가속도를 밟는 것이 사실상 특혜로 인한 것 아니냐고 문제를 제기했다. 또 정경심 교수는 코링크에서 자문료를 받은 것으로 드러났다.

월 자문료 200만 원을 1년치로 환산하면, 투자금 성격으로 투입된 10억 5,000만 원의 2.28%에 해당한다. 정경심은 이 돈이 대여금이라고 주장했다. 한편 그의 아이폰에서 '최고 54억 원' 수준의 기대수익을 전망하는 메모가 나오기도 했다.[4]

친문 정치인들과 '문파'들은 검찰수사와 언론보도에 대거 반발했다. 일단 조국이 민정수석의 권한으로 펀드 운영에 직접 개입했다는 증거가 나오지 않았다. 그가 코링크의 공공 와이파이 사업 낙찰에 영향을 미친 증거도 확보되지 않았다. 변호인 측도 인디언 기우제식 수사, 허구와 상상에 기초한 정치 기소라고 주장했다. 코링크의 투자 대상인 익성이나 포스링크 등에 이명박 정부 출신 인사가 있다는 이유로 '본질은 MB 정부 출신들'이라는 식의 비난이 난무했다. 방송인 김어준은 조국의 조카인 조범동이 펀드에서 10억 원을 빼낸 뒤 현금화해 익성의 이봉직 회장에게 전달한 것을 꼬투리 삼았다.

"핵심은 익성이다."

■ 윤석열은
조국 낙마를 주장했는가

박상기 전 법무장관은 당시 윤석열이 '조국 낙마'를 건의했다고 주장했다. "어떻게 민정수석이 사기꾼들이나 하는 사모펀드를 할 수 있느냐"

고 비판했다는 것이다. "부부일심동체를 강조하며 정경심 교수가 사모펀드를 해서 문제가 있다면 그건 곧 조국 전 장관의 문제이기도 하다"는 말까지 했다고 강조했다. 하지만 윤석열은 정반대의 입장을 내놓았다. 그는 박근혜 정부로부터 핍박받을 당시 조국으로부터 응원을 받았던 사람이다. 총장 임명 전후 검찰 인사에 대해서도 수차례 논의한 사이이기도 했다.

"인간이기 때문에 굉장한 번민을 했다."

이것이 윤석열의 입장이다. 또 그에 따르면 박상기는 후임인 조국에 대한 선처를 문의했다. "여기서 그냥 사퇴를 하신다면 좀 조용해져서 검찰도 일 처리하는 데 재량이 생기지 않겠느냐"는 것이 대답이었다.[5] 물론 박상기는 여기에 대해 동의하지 않았다. 법적으로 지휘감독권을 갖고 있는 법무장관이 검찰총장에게 선처를 부탁할 일은 없다는 것이었다.

문파들의 일관된 견해는 코링크 수사가 일관되게 조국을 정치적으로 겨냥한 검찰의 모해라는 것이다. 나중에는 검찰이 문재인 대통령에게 칼끝을 겨눌 수도 있다는 경고까지 있었다. 문파들은 정경심이 주장한 것처럼 5촌 조카인 조범동이 모든 사건을 기획하고 실행한 것뿐이라고 주장했다. 그리고 조국에 대해서는 정치수사가 이루어지고 있다고 변호했다. 더불어민주당이 개최한 조국 법무장관 후보자의 '해명 브리핑'에 참석해 비위 의혹에 대해 질문하는 언론인들에 대한 실명 공격도 시작되었다. 그들에게 윤석열은 문재인 정부의 적통인 조국을 수사하는 순간 반역 행위를 저지른 것이었다. 한때 적폐 청산의 영웅이었던 그는 '윤짜장', '윤춘장'이라는 비칭으로 불리는 존재가 되었다. 인터넷 커뮤니티에는 윤석열의 이미지를 비틀어 만든 19금 카드뉴스도 떠돌았다.

대통령과 그 측근을 해코지하기 위해 벌인 대형 수사라는 주장, 믿고 맡긴 자리를 원수 짓으로 보답했다는 말 등은 윤석열 측에서는 받아들이기 힘든 것이었다. 거의 대부분의 정권이 실세와 관련된 대형 게이트를 겪었고, 성역 없는 수사가 이루어졌기 때문이다. MB 때에는 부산저축은행 수사로 인해 대통령의 형인 이상득 의원이 구속되었다. 김영삼, 김대중 전 대통령 시절에는 국가원수의 아들이 영어의 몸이 되었다. 어떤 언론인은 김영삼 정부 시절 김현철의 구속을 앞두고 "아버지가 직접 아들에게 회초리를 치는 편이 낫다"는 입장을 펼쳤다.[6] 검찰의 살아 있는 권력 수사는 정부 여당의 기득권을 부정하기 위한 행위가 아니다. 오히려 정권이 건강하게 유지되고 있다는 사실을 국민에게 입증하는 일이다. 압력밥솥에 가득 찬 증기를 빼주면서 폭발을 방지하듯, 비리 적발을 통해 국민의 분노감을 풀어주는 것이 검찰의 정치적 역할이다. 임기 중 실세들의 비리 관련 수사나 재판이 거의 없었던 박근혜 정부는 한 방에 가 버리지 않았던가. 윤석열의 지인들도 "조국 수사는 문재인 정부가 건강하게 유지되어야 한다는 충심에서 비롯된 것"이었다고 평가한다. 만약 문 대통령이 조국의 비위 의혹을 몰랐다면, 공개수사를 통해 사안의 심각성을 깨달아야 할 것이다. 대통령이 측근의 문제를 알고서 일이 터지지 않기만을 바랐다 할지라도 검찰수사를 통해 색다른 각성을 할 수 있다.

■ '언론 폭사' 주장하는
운동권들

친문 운동권들은 표범이 사냥하듯 수사하는 검사들과 함께 언론들의 폭로에 분개했다. 〈한겨레〉조차 정경심 교수의 5억 원이 '투자금'이라고 보도를 하는 판이었다. 김민석 더불어민주당 의원의 형인 김민웅 경희대 교수는 "(조국 수사 관련 보도들은) 단독이 붙은 기사의 폭력"이라며 "〈한겨레〉는 스스로 폭사하려고 작정했는가"라고 비판했다. 이들은 정경심의 자금은 엄연히 대여금이라는 입장을 되풀이하고 있다. 그래서 은행이 누군가에게 돈을 빌려주고, 그 돈 중 일부가 범법에 쓰였다고 해서 은행더러 책임지라고 할 수는 없다는 식의 선정적 발언을 하곤 했다. 코링크와 관련된 보도들 대부분은 검찰과 언론이 공모한 범죄의 결과물 취급을 받거나 검찰 자료를 받아쓴 보도로 매도당했다. 물론 필자는 아니라고 자신할 수 있다. 조국 사태 초기부터 수많은 제보 문건들이 업계와 정치권에 떠돌아다니는 것을 직접 목격했기 때문이다. 오히려 검찰은 언론보도가 상당 부분 진척된 이후부터 칼날을 대기 시작했다.

조범동이 코링크를 사실상 운영, 관리하면서 벌였던 수많은 금융 행위와 관련된 보도와 수사 전개 때문에 관급 공사와 관련된 논란은 제대로 짚어지지도 않았다. 코링크의 사업에는 언론사를 비롯해 국내 주요 금융기관들이 투자의향서를 냈다. 대기업과 대형 언론들이 공공 와이파이 사업에 관심을 보인 데에는 나름 이유가 있었을 것이다. 하지만 명확한 수사 결과는 나오지 않고 증거 불충분 상태로 끝났다.

조국 수사는 본의 아니게 윤석열 검찰과 운동권 정권의 정면 승부처가 되었다. 김대중 정부 시절 현직 법무장관 부인이 연루된 옷 로비 의혹이나 검찰총장의 수사 정보 노출 의혹[7] 등과 전혀 다른 방향으로 전개된 것이다. 문재인 대통령은 장관 조국과 총장 윤석열 사이에서 선택을 해야 하는 입장이 되어버렸다. 불과 두 달 전, 대통령은 윤석열을 총장으로 임명하며 이렇게 말했었다.

"살아 있는 권력의 눈치도 보지 마라."

2

표창장 위조 논란

조국 사태는 딸 조민의 대학, 의학전문대학원 입학과 관련된 비위가 나오면서 전 국민적 분노를 자아내는 단계로 발전해갔다. 그 이전까지 우리 정치사에서 관료 또는 정치인의 자식이 문제가 된 경우는 꽤 있었다. 김영삼 전 대통령의 아들 김현철과 김대중 전 대통령의 아들인 김홍일, 김홍업, 김홍걸 의원들이 대표적이다. 이들은 아버지의 권력으로 말미암아 임기 중 무소불위의 영향력을 자랑했다. 그리고 각각 수뢰로 입건되어 법적 처벌을 받았다. 이들을 사법 처리하는 것은 사소한 비리 적발이 아니었다. 기업과 권력이 유착해 저지르는 범죄를 엄단한 것이다. 하지만 동양대 표창장 위조 논란 같은 것들은 사모펀드 사건 이상의 국민적 분노를 자아냈다. 가장 큰 이유는 점점 극심해지는 한국 사회의 불평등과 불공정에 대한 불만 때문이었다.

■ '회색주의자'
조국의 위기

조국은 최순실 사태 당시 정유라의 이화여대 입시비리 논란을 앞장서서 비판했던 인물이다. 그는 꽤 오랫동안 진보 진영에서 솔직하고 담백한 오피니언 리더로 통했다. 정치적 상품성이 충분했지만, 선출직에 나서지 않으려는 겸손함 때문에 좋아하는 이들이 많았다. 직설적인 조국은 2010년 〈경향신문〉의 인터뷰에서 아주 의미 있는 말을 했다. 소위 '강남좌파'로서 자신이 갖고 있는 모순과 한계를 인정한 것이다.

"겉(말)과 속(행동)이 다 빨간(일치하는) '토마토'가 되면 좋겠지만 겉만 빨갛고 속은 하얀 사과일 때가 많다고 솔직히 고백한다. 그의 딸(조민)은 외고를 거쳐 대학 이공계에 진학했는데, '나의 진보적 가치와 아이의 행복이 충돌할 때 결국 아이를 위해 양보하게 되더라'고 자신의 한계를 인정했다. 그렇게 언행일치의 토마토가 되지 못한다고 해도 각성과 추구, 그 자체만으로 의미 있다고 그는 본다."[8]

조국 사태로 인해 한껏 분개한 사람들에게는 어딘가 묘한 감정이 들게 하는 이야기다. 조민 문제에 대해서 어느 정도 모티브를 던지고 있기 때문이다. 조국은 리버럴한 가치를 일상생활에서까지 실천하고 싶어 하는 엘리트 지식인이었다. 그래서 스스로 "자유주의이자 탈근대적 아나키스트"라고 정의하기도 했다. 하지만 그 자신이 소속된 계급은 교육열과 성장욕이 매우 강한 편이다. 강남 건물주만큼은 아니지만 중상층 이상은 되는 집단인 것이다. 따라서 자신이 성인이 될 동안 누리지 못했던 혜택을 자식에게 주고 싶어 하고, 자신보다 자녀가 더 높은 지위로 성장하길 바란다. 조국 가족에게는 그 구현 수단이 '교육'이었다. 그래서 스스로 진보주의자를 외쳤으면서도 여느 강남 사람들처럼 아이의 중간, 기말시험을 챙기고, 학원에 전화해서 기출문제를 요청하곤 했다. 하지만 남들보다 똑같은 레이스가 아니라 더 앞서 나가고자 하는 마음이, 왜곡된 자녀 사랑의 방향으로 번진 셈이었다.

◼ 조민 사건의 파장

　　문제의 발단은 고려대를 졸업한 조민이 부산대 의학전문대학원 입학시험을 치르면서 내놓은 자기소개서 내용이었다. 이 문서에는 수상 실적과 자격증(장관급 이상이 인정하는 국가자격증) 보유 여부를 기록하게 되어 있다. 조민은 어머니 정경심이 교수로 재직하는 동양대학교에서 총장 명의의 봉사상을 수령했다고 적었다. 하지만 2019년 9월, 동양대 최성해 총장은 "표창장을 준 적이 없다"고 주장했고, 검찰은 영주에 있는 동양대 연구실을 압수수색했다. 그 결과 표창장이 정상적인 방식으로 발급된 것이 아니라는 사실이 알려졌다. 동양대 측은 "상장 일련번호와 양식이 학교의 표준과 다르다"고 폭로했고, 훗날 정경심은 "확실히 총장님께서 표창장을 주라고 했다"고 반박했다.[9] 그런데 표창장 위조 여부보다도, 그 사실을 규명하는 과정에서 권력이 개입하는 사건이 벌어진다. 유시민 노무현 재단 이사장과 김두관 더불어민주당 의원이 최성해에게 전화를 건 사실이 알려진 것이다. 두 사람은 뒤늦게 "사건이 어느 정도 진척되었는지 알아보려고만 했다"고 해명했으나, 언론은 여권 실세들이 사실상 동양대에 압박을 가한 것으로 받아들였다. 정경심의 태도도 문제였다. 그는 언론보도가 시작될 무렵 동양대 관계자들에게 전화를 걸어 "문제가 없는 것으로 답변해달라"고 부탁했다.

　　냉정한 검찰수사가 시작되었다. 윤석열 입장에서는 애초에 생각지도 않았던 조국의 치부가 드러난 것으로 인식했을 것이다. 원래 조국 수사의 초점은 사모펀드의 불법적인 운영을 파헤치는 것이었기 때문이다. 영어영재

교육원의 설립자였던 어느 교수가 "2012년에 단 한 번도 조민을 본 적이 없다"고 증언하는가 하면, 수강생이었던 학생들도 "(표창장 수여의 근거가 된) 인문학 영재 프로그램에 조민이 참가하지 않았다"고 밝혔다. 가장 결정적인 것은 정경심이 표창장 원본을 제출하지 못한 것이다. 주된 이유는 '원본을 찾을 수 없다'는 것이었다. 검찰이 입수한 자료는 출력물이 아닌 컬러프린트 파일이었다. 애초에 상장이 수여되지 않았고, 나중에 가서 부산대 의학전문대학원 입학용으로 파일이 급조된 것으로 의심할 수 있는 정황이었다. 검찰은 표창장에 찍힌 총장 직인의 모양이 다른 공식 문서에 날인된 것과 다르다고 질타를 가했다. 아들 조원의 상장에서 직인만 오려서 붙였다는 주장, 표창장 파일에서 해상도나 번짐 현상 등이 있었다는 주장 등이 더해져 조민 사건의 파장은 점점 커졌다.

■　상류층 자제에
　　맞춤화된 스펙

표창장 위조 논란뿐만 아니라 조민이 고등학생 시절 단국대 의과학연구소에서 인턴으로 일하며 작성했다는 학술지도 문제가 되었다. 해당 논문은 국제과학인용지수SCIE급으로 인정받는 대한병리학회지에 실렸다. 논문의 내용은 고등학생이 주저자로 집필하기 어려운 것이었다. 언론에서도 "전례 없는 일"이라고 평가했다. 게다가 해당 단국대 연구실의 지도교수가 '1저자는 과한 것'이라는 주장을 뒤늦게 언론에 밝혀 파문이 커졌다. 또 연구실에 소속된 대학원생들은 조민을 본 적이 없다고 증언했다. 조민은 고려대학교 생태환경공학부 수시모집에 '특기자전형'으로 지원했다. 일반 수시모집과 달리 학생의 특이사항이나 수상경력 등을 고려해 뽑는 방식이었다. 특기자전형 응시자들은 자신이 얼마나 전공에 잘 맞는 인재인지 알리기 위해 각종 비교과활동을 쓰게 되어 있었다. 한동안 강남을 비롯해 교육열이 높은 지역에서는 고등학교 때부터 소논문, 단행본 출간, 신문 기고와 같은 활동을 통해 스펙을 쌓는 붐이 일었다. 나이보다 조숙한 고등학생이 폭넓은 독서를 통해 글을 써낼 수 있는 문과계뿐 아니라 이과계에서도 소논문 열풍이 있었다. 어찌 보면 조민은 그 트렌드에 영합하는 차원에서 자신의 실적을 만들었는지도 모른다. 그리고 필요하다면 부모의 네트워크를 이용해서 논문을 출간하는 것도 적극 고려할 수 있었을 것이었다. 하지만 일반인들의 시선에서는 지나친 행위였다. 평범한 부모를 둔 학생들은 언감생심 꿈도 꿀 수 없는 일이었다. 게다가 조민이 1저자로 제출한 논문에 실린 연구 내용이 온전히 자신의 아이디어와 실험을 거친 데이터를 기반이라고 볼 수 있는 증거도 없었다. 계층의 사다리에 좌절감을 느끼는 상당수 10~20대들에게는 화가 날 만한 일이었다.

또한 조민을 불공정의 상징으로 만든 계기는 장학금을 부당 수령한 사실이 밝혀지면서부터였다. 부산대 의학전문대학원에 진학하기 전 잠깐 다니던 서울대 환경대학원에서 받은 관악회 복지장학금이 문제가 되었다. 해당 장학금의 수여 기준에는 특정 고등학교를 졸업하고 가정형편이 어려운 학생에게 준다는 내용이 밝혀져 있었다. 그러나 조민은 강남 상류층 출신의 대학원생이었다. 서울대학교 동창회와 대학본부는 "본인이 신청하지 않아도 기관 차원에서 제공하는 장학금이 있다"는 식으로 에둘렀다. 그러나 검찰 조사 결과 거짓말로 드러나고 말았다. 조민은 부산대 의학전문대학원에서 낙제에 가까운 성적을 받으면서도 '격려 차원'에서 장학금을 받았다. 학자금대출을 신청하거나 각종 알바로 힘겹게 학비를 조달하는 학생들에게는 박탈감이 들게 하는 사건들이었다.

■ 과연 표창장 쪼가리일 뿐인가

조국 사태가 시작된 지 약 5개월이 지날 무렵인 2020년 4월, 윤석열은 자신의 후배인 이용구 법무차관에게 술자리에서 이런 말을 들었다고 한다.

"형, 그거 강남에서 몇십만 원 주고 다들 사는 건데 왜 그렇게 수사했어?"

"추천서(조원이 최강욱 의원에게 받은 법무법인 인턴증서) 품앗이는 다들 그렇게 하고, 사모펀드(코링크)도 그렇게 하는 건데."

"형이 정치하려고 국이 형 그렇게 만든 거 아니야?"[10]

윤석열은 이용구에게 "많이 취했으니 나중에 이야기하자"고 했다. 표창장 위조 수사는 애초에 고려 대상이 아니었다. 조국 사태의 여파가 눈덩이처럼 불어나면서 국민적 분노를 자아낼 만한 사건이 추가로 폭로된 것이었다.

윤석열 역시도 조민과 같은 명문대 교수의 자녀였다. 하지만 그는 아버지 덕으로 무엇인가를 해본 적도 없고, 고시 역시 9수를 했던 사람이었다. 한국 사회의 능력주의 관점에서 봤을 때 문제가 될 만한 궤적이 없었던 것이다. 그래서 조민에 관한 사안이 매우 생경했을 법도 하다. 그렇기에 더더욱 원칙 중심으로 처리할 수밖에 없지 않았을까. 그러나 친문 정치인들은 윤석열 검찰의 표창장 위조 수사가 매우 부당하다고 강변했다. 신동근 더불어민주당 의원은 '상장 쪼가리 하나로 수십 명을 탈탈 털었다'고 비판했다. 조국의 집안이 부당하게 망신을 당하고 불행하게 되었다고 동정하는 주장도 있었다. 그리고 그 동정의 크기만큼 윤석열과 검찰의 존재도 점점 악마화되었다.

"표창장 쪼가리 하나로 개혁 진보 진영의 오피니언 리더를 바보로 만드는 검사."

"자신을 지지했던 조국을 정치수사로 배신한 검사."

윤석열을 향한 조국 지지자들의 주된 공격 내용이었다. 하지만 2020년 12월 서울중앙지법은 정경심과 조국을 자녀 입시비리의 '공범'이라고 명시했다.[11]

3

집회의 열기로 빠져든
공화국

대통령이 조국의 거취를 정하지 못하고 있는 사이, 국민여론은 광장을 향했다. 불과 2년 전까지만 해도 촛불집회와 태극기집회로 광장이 격동했던 경험이 있었던 터였다. 첫발은 대학생들의 촛불집회였다. 2019년 8월 23일부터 서울대, 고려대, 부산대에서 집단행동이 시작되었다. 모두 조민과 관련이 있는 학교들이었다. 대학생들은 자신들의 집회가 정치색에 오염되면 안 된다고 보았다. 고려대에서는 집회 주도자가 자유한국당의 청년 부대변인 경험이 있었다는 사실이 드러나자 사퇴하는 소동도 빚어졌다. 하지만 6명의 지도부가 과업을 이어받아 중앙 광장 촛불시위를 주도했다. 8월 25일에 열린 서울대 총학생회 차원의 집회에서는 같은 대학교수인 조국을 직접 규탄하고, 사퇴를 요구하고 나섰다. 이들 역시 고려대 집회와 마찬가지로 자유한국당 정치인이 현장에 참석하는 것을 전면 거부했다. '일베들의 준동' 식으로 집단행동을 비하당하고 싶지 않았기 때문이다.

하지만 광장은 빠른 속도로 정치화될 수밖에 없었다. 친문 인사들이 조국 일가를 지키려는 노력을 계속할수록, 국민들의 반감은 점점 커졌다. 당장 여론조사 결과만 봐도 알 수 있었다. YTN(2019.9.6.) 조사는 조국 장관 후보자의 검찰수사가 정당하다고 답한 국민여론이 52.4%라고 밝혔다.[12] KBS가 한국리서치(2019.9.7.)를 통해 조사한 내용도 비슷했다. 조국의 법무장관 임명을 반대하는 여론이 49%, 찬성하는 여론이 37%를 기록했다.[13] 두 조사 모두 정부와 가까운 입장에서 보도하는 매체의 발표물이기에 막연히 '극우스럽다'고 폄하할 수 없는 결론을 낸 것이다. 이 조사 이후에 MBC, 〈오마이뉴스〉 등에서 발표된 자료들도 대부분 조국의 거취에 대해 부정적인 입장이 주를 이루었다.

◾ 광화문과
   서초동의 열기

같은 해 10월 3일, 광화문 집회가 본격적으로 시작되었다. 우파 기독교 성향의 전광훈 목사와 이재오 전 의원이 주도하는 단체, 우리공화당 등이 광장을 뜨겁게 했다. 대통령 후보였던 홍준표 전 자유한국당 대표(현 무소속 의원)는 '국민탄핵선언'을 낭독했고, 오세훈 서울시장(당시는 전직이었다)은 "문재인은 중증 치매 환자"라고 했다. 그다음 해 총선을 앞두고 있었던 야당은 10월 9일에도 광화문 집회의 개회에 협조했고, 10월 19일에는 지도부 차원에서 첫 장외 집회를 열었다. 그런데 이 이벤트에서 "윤석열 검찰총장의 임기를 보장하라"는 목소리가 나왔다. 불과 1년 전까지만 해도 적폐수사로 인해 감정이 좋지 않았던 윤석열에 대해 보수 야당이 응원하는 기(奇)현상이 발생한 것이다. 그와 결코 편한 관계에 있었다고 볼 수 없는 황교안 자유한국당 대표는 "지금 검찰은 일을 잘하고 있다"고 외쳤다. 광화문의 열기는 2년 전과는 정반대였다. 탄핵 무효를 외치며 박근혜 정부를 지지하던 6070 군중들과 함께 50대 안팎의 중년층들까지 광장에 나와서 조국 사퇴와 문재인 정부 반대를 외쳤다.

대선후보 시절 문재인 대통령은 자신을 반대하는 집회가 열리더라도 기꺼이 군중과 소통하겠다고 했다. 하지만 청와대 측은 "야당이 얼마든지 집회를 할 수 있는 것 아니냐"며 구체적인 반응을 보이지 않았다. 더불어민주당 관계자는 "내란 선동이자 쿠데타 시도"라고 했다. 당원을 총동원한 집회라거나 민생을 포기한 장외 정치에 불과하다는 비난까지 나왔다.

광화문의 열기는 서초동의 열기와 대결하게 되었다. '검찰개혁 집회'를 주최하는 개싸움국민운동본부가 만들어졌다. 조국 수호가 곧 문재인 수호라는 구호가 나왔다. 광화문광장에 200만 명이 모였다는 주장과 서초동에 수백 만 명이 모였다는 주장이 날카롭게 대립했다. 케이크 하나를 사들고 엘리베이터 앞에서 지친 모습으로 서 있는 조국의 캐리커처가 유행하기 시작했다. 서초동 군중들에게는 자신들 대신에 희생된 속죄양의 모습이었다. "노무현의 꿈, 문재인의 운명, 조국의 사명"이라는 말도 이때부터 유행했다. 친문들에게 조국은 일종의 법통 계승자였던 것이다. 2021년 4월 재보선에 패한 민주당이 뒤늦게 '조국의 책임'을 운운하는 것과는 정반대의 모습이었다. 재미있게도 서초동 집회 현장에는 '토착왜구'라는 슬로건을 내건 팻말이 많이 등장했다. 검찰이 친일파들과 무슨 관련이 있는지에 대한 설명은 없이 한일전처럼 검찰개혁의 성전을 받들어 모시는 이들이 나타났다. 겨우 표창장 쪼가리로 조국 일가를 소환하는 윤석열의 존재는 그들에게 절대 악(惡)이었다.

■ 제사 공동체의
강력한 주술

친노친문은 '좌파'나 '사회주의'라는 주장으로 쉽게 재단할 수 있는 집단이 아니다. 그들 중에는 북한에 대해 반감을 가지고 있는 보수 성향 유권자도 많고, 민주당을 보수 정당이라고 생각하며 지지하는 사람들도 있다. 이념 대신에 그들의 뇌리를 지배하는 의식은 김대중 전 대통령으로부터 내려오는 법통 관념이다. 김대중-노무현-문재인 그리고 조국이라는 상징적 존재에 대한 존경이나 숭상이다.

특히 노무현 전 대통령의 안타까운 죽음은 친문들에게는 무한한 열기와 분노의 원천이다. 그들은 이명박 정부가 공작 수사로 노 전 대통령과 그 주변을 막다른 골목으로 몰고 갔다고 믿는다. 노 전 대통령의 딸인 노정연을 수사했던 윤석열도 검찰총장 임명 당시 논쟁의 도마 위에 올랐었다. 노 전 대통령을 안타까운 사망으로 몰고 간 우병우와 한패거리 아니었느냐는 지적이다. 우병우 전 수석을 강력하게 처벌할 것을 주장하지 않는다고 해서 '우병우 사단인 탓'이라고 빈정거리는 사람들도 있었다. 하지만 노정연이 모처에서 '지원'을 받아 매입한 미국 아파트에 대해서는 명백한 실형이 선고되었다. 따라서 이 사건을 다룬 윤석열의 행보에 대해서도 문파들은 의외로 관심이 없다. 하지만 노 전 대통령 본인의 사건은 친노친문에게는 거의 부모의 죽음이나 마찬가지다. 그래서 활성화된 조직이 '노무현 재단'과 같은 기념사업회다. 이 재단의 이사장을 지냈거나 현재 활동 중인 한명숙, 이해찬 전 총리와 이병완 전 비서실장, 유시민 전 보건복지부 장관은 친노친문의 종주(宗主)라고 봐도 좋을 정도다. 이사장 역임자였던 문재인 대통령 역시 '수석 종주'로 볼 수 있다.

제례는 종교 행위다. 그 자리에 참석하는 사람들은 신(神)에 대한 비판적 사고와 행위를 용납하지 않는다. 만약 누군가가 절대자의 존재와 권능에 대해 조금이라도 의심한다면 그는 불신자, 이단자 또는 배교자처럼 인식될 수 있다. 한때 적폐 청산과 박근혜-최순실 수사에 대해 적극적이었던 윤석열은 순수 친노친문까진 아니어도, 그들의 정치적 의지를 법으로 실현하는 우군(友軍) 정도로 보였을 것이다. 하지만 검찰 관료가 제사 공동체의 법통에 손상이 갈 만한 행동을 하자, 광장의 열기는 검찰 관료 공동체를 압박하는 쪽으로 갔다. 서초동 현장뿐만 아니라 지상파 방송의 시사 대담, 유튜브, 팟캐스트 등 다양한 채널을 통해 윤석열 검찰을 규탄하고 저주하는 거대한 의식이 펼쳐졌다. 보통 사람이라면 그 시기를 맨정신으로 지나기 어려웠을 것이다. 서초동은 윤석열의 직장이 있는 곳이지만, 멀지 않은 곳에 거주하는 곳도 있었다.

■ 집회의 에너지를
받지 못한 조국

하지만 제사 공동체의 주술은 생각보다 오래 가지 않았다. 2019년 10월 14일, 조국은 법무장관에서 사퇴하기로 전격 선언했다. 그러면서도 그는 '검찰개혁'을 강조했다. 형법학자로서, 진보 지성인으로서 일생 동안의 믿음이 검찰의 직접수사권을 축소하는 것이었다는 뉘앙스였다.

조국 전 장관이 발표한 개혁 안에는 지난날 민정수석으로서 '방조'하다시피 했던 특수수사 비중 축소 정책이 들어갔다. 대학원 제자인 금태섭 의원이 비판의 화살을 날린 원인이기도 했다. 정부와 여당 입장에서는 특수부 출신이 주류인 윤석열 검찰의 힘을 빼기 위해서는 과감한 정리가 필요했다. 서울, 대구, 광주 3개 지역에만 특수부를 남기고, 나머지 지역에서는 아예 없애버리기로 했다. 그 이름도 반부패수사부로 바꾸었다.

검찰이 민감한 사건 피의자를 수사할 때 종종 쓰던 장시간 조사, 심야 조사도 제한하기로 했다. 그리고 피의자를 압박하기 위해 별건 수사를 하던 관행도 금지한다는 방침이 발표되었다. 한마디로 검사가 표범이 사냥하듯이 수사하는 방식은 더 이상 찾아볼 수 없는 옛 이야기가 되어버렸다. 문재인 정권은 윤석열 검사의 덕을 톡톡히 봤지만, 더 이상 윤석열 검사와 같은 존재가 태어나지 않게 할 필요도 있었다.

조국의 때 이른 사퇴는 그가 서초동 집회의 에너지를 정치적으로 승화하지 못했음을 뜻하기도 한다. 그다음 해인 2020년 4월에는 역대급 총선이 예정되어 있었다. 만약 청와대와 정부가 버티기 전략에 들어가며 조국을 감쌌다면, 이듬해 열릴 선거 결과를 장담할 수 없었다. 낮에는 '조국 수호'를 외치는 여당 의원들 사이에서도, 분노한 국민여론을 걱정하는 사람들이 조금씩 나왔다. 국회 법제사법위원회에서 정부의 입장을 대변하다가 야당 의원의 비아냥거림에 화가 난 김종민 의원이 "내가 조국이야?"라고 말실수를 했던 사건은 유명하다. 대단한 유머였다.

조국의 빠른 사퇴는 윤석열에게도 결코 승리라고 볼 수 없었다. 오히려 더 큰 시련과 박해의 시작이었다. 대통령이 가장 친근하게 느끼는 측근을 낙마시킨 검찰총수는 어떻게 해서든 사퇴시켜야 할 사람이 되었다. 그를 가만히 내버려두었다가는 조국 이상의 인물이 위험해질지도 몰랐다. 공교롭게도 2020년 국회 국정감사에서 윤석열은 "대통령으로부터 자리를 잘 지키라는 메시지를 모 인사를 통해 받았다"고 주장했다. 이 내용이 사실이라면 문재인 대통령은 겉과 속이 다른 말을 하는 사람이 된다.

조국은 자신의 비위 논란 이외에도 2018년 지방선거 당시 울산시장 선거에 개입되었다는 의혹, 유재수 전 경제부시장의 감찰을 무마시켜주었다는 의혹의 주인공이었다. 어쩌면 이 일 때문에라도 청와대는 그를 빨리 법무장관에서 사퇴시켜야 했는지도 모른다. 역사상 최다 입건 횟수로 법무부에서 장관이 물러난 선례를 만들어서는 안 되기 때문이었으리라. 열기로 빠져든 공화국은 여러모로 누군가가 나서서 수습하기 힘든 상황으로 갔다. 그때 위기 사령탑이 똑바로 역할을 했다면, 이후에 발생할 민주당의 불행도 막을 수 있지 않았을까.

4

윤석열 극장을
만들어준 여권

2019년 가을, 국회는 '윤석열 극장'의 존재를 확인시킨 계기였다. 그중 가장 절창(絶唱)은 더불어민주당 이철희 의원의 발언이었다. 그는 정치 자체가 부끄럽다는 주장과 함께 "조국팔이 좀 그만하라"고 야당을 질타했다. 조국 사태로 인해 한동안 잊혀졌던 패스트트랙 수사(일명 패트 수사)에 대해서도 환기시켰다. 2019년 봄 무렵, 범여권(민주당, 바른미래당 당권파, 정의당, 민주평화당)과 범야권(자유한국당, 바른미래당 비당권파) 간의 갈등으로 치달은 공수처법, 연동형비례대표제법 강행 처리와 관련된 내용이다. 다수당의 안건 처리를 몸으로 막은 야당 의원들은 국회법 위반으로 조사를 받아야 했다. 엄밀히 말하면 윤석열 검찰의 숙제기도 했다. 이철희는 이 사실을 인지시키기 위해서였는지 윤석열과 다음과 같은 문답을 주고받았다.

"이명박, 박근혜 정부 때와 문재인 정부를 비교하면 어느 정부가 그나마 중립적입니까?"

"이명박 정부 때 중수부 과장과 특수부장으로 대통령 측근과 형을 구속할 때 별 관여가 없었고, 상당히 쿨하게 처리했던 것으로 기억이 나고요. 박근혜 정부 때는 다 아시는 것이고."

"됐습니다."

이철희의 질문은 아마 이후에 예정된 김종민 민주당 의원의 질문과 목적이 같았을 것이다. 김종민은 "문재인 정부 들어서 대통령이 직접 수사 외압을 가한다고 느껴본 적이 있느냐"고 물었다. 윤석열은 "없다"고 대답했다.

민주당을 비롯한 진보 진영에서는 오랫동안 MB 정권 치하의 검찰을 '정치검찰'이라고 비난해왔다. 가장 큰 이유는 BBK와 다스 수사를 미봉책으로 덮은 것이다. 특검까지 동원되어 두 사건을 수사했지만, 별다른 성과 없이 마무리되었다. 정권 교체기에 일어난 사건들이었기에 민주당의 입장에서는 몹시 뼈아픈 일이었다. 그 수사에 참여한 윤석열에게 "어느 정부가 중립적이냐"는 질문은 일종의 사상 검증 같은 것이었다.

부산저축은행 수사는 결코 가벼운 일이 아니었다. 혹자는 검찰이 정권 말에 칼끝을 드러내고, 힘이 다 빠진 청와대가 무장해제당한 결과 일어난 일이라고 폄하한다. 하지만 김두우 전 홍보수석, 은진수 전 감사위원, 김종창 전 금감원장 등을 검찰이 들이치는 것은 결코 쉬운 일이 아니었다. 모두 MB와 개인적으로 가까운 사람들이었다. 부산저축은행의 경영진이 분식회계, 대출사기, 배임을 저질렀다는 사실을 제대로 입증하고 나서야 뇌물을 받은 권력자들을 심판할 수 있었다. 대통령의 형인 이상득 전 의원은 포스텍과 삼성꿈나무장학 재단을 압박해 부실화된 부산저축은행에 1,000억 원을 출자하게 만든 것으로 확인되었다. 이상득은 국가원수의 혈육일 뿐만 아니라 '개국공신'이었다. 선진국민연대를 만든 박영준 전 지식경제부 차관이 그의 보좌관 출신이다. 그런 위인을 영어의 몸으로 만드는 일임에도 불구하고 윤석열을 비롯한 검사들은 별다른 압력을 받지 않았다.

여당 의원들의 사상 검증은 윤석열의 명쾌한 발언으로 끝이 났다. '확실히 우리 편이 아니다'라고 낙인을 찍게 된 것이다.

■ 조국의 다른 의혹

'조국 사태'는 본인의 가정 문제로 끝나지 않았다. 민정수석 재직 시절 유재수 전 부산 경제부시장에 대한 감찰을 무마했다는 의혹이 제기된 것이다. 친문으로부터 완전히 이방인 내지는 반역자로 분류된 윤석열은 이 부분에 대해서도 본격 수사를 할 수밖에 없었다.

우선 유재수는 문재인 대통령과 함께 노무현 정부 시절 청와대에서 근무했던 사람이다. 문 대통령과 이호철 전 민정수석 등을 '형'이라고 부른다고 알려지기도 했다. 그는 일반 관료들처럼 말을 조심하고, 행보를 감추는 스타일이 아니었다. 주장은 거침없고, 움직임은 자유로웠다. 공무원으로 재직하면서도 《다모클레스의 칼》,《세계를 뒤흔든 대통령들》이라는 책을 썼다. 공교롭게도 두 저서는 업체 관계자들에게 강매된 것으로 드러났다. 그나마 대가성은 없어서 김영란법으로 기소되었다.

또한 유재수는 금융위원회 금융정책국장이라는 핵심 보직을 지내며 기업들에게 각종 갑질을 했다는 논란에 휘말렸다. 동생을 대보건설이라는 회사에 취업시켜 2년간 총 1억 원이 넘는 급여를 받게 하는가 하면, 금융사에서 돈을 받고 2017년 금융의 날에 금융위원장 표창을 받게 해주는 난행을 저질렀다. 해당 표창이 있으면 금융사가 제재를 받더라도 벌을 감면해주는 효과가 있다. 어떤 면에서는 공무원이 자기 업무와 관련된 표창을 주면서 대가성 뇌물을 받은 셈으로도 볼 수 있었다. 유재수의 두 아들에게 인턴 기회를 제공한 도미누스인베스트먼트(이하 도미누스)라는 회사도 금융위원장 표창을 받았다. 해당 회사는 부산시가 주최한 '부산블록체인특구'

간담회에도 초청되어 정책적 의견을 전달했다. 공교롭게도 도미누스는 한나라당 의원이었던 정형근 전 건강보험공단 이사장의 아들인 정도현이 대표이사로 있는 업체였다. 조국 사태 당시의 취재 열기로는 도미누스에 대해서도 언론이 들여다볼 법했으나, 다른 이슈로 인해 지나갔다.

조국은 백원우 전 민정비서관, 박형철 전 반부패비서관과의 3인 회동에서 감찰 중단을 결정했다고 말했다. 반면에 박형철은 "감찰을 계속하자고 했으나 조국 전 수석의 지시로 그만두게 된 것"이라고 주장했다. 하지만 이 결정의 배후에는 청와대 총무비서관실의 천경득 전 선임행정관, 김경수 경남지사, 윤건영 전 국정상황실장의 의견이 있었다는 보도가 나왔다.[14] 감찰을 그만두라고 요구받은 사람은 조국, 정경심 부부의 변호인이기도 했던 이인걸 전 청와대 특별감찰반장이었다. 유재수의 텔레그램 메시지에서는 천경득 전 선임행정관이 금융위 고위직을 추천하는 내용도 나왔다. 내천(內遷)된 인물 중에는 변호사 출신으로 금융위 상임위원에 임명된 사람도 있었다. 검찰은 조국의 구속영장을 청구했다. 하지만 2019년 12월 27일 법원은 영장을 기각했다. 그러면서도 "유재수에 대한 감찰 중단으로 우리 사회의 근간인 법치주의를 후퇴시켰다"는 멘트는 남겼다.[15] 묘한 뒤끝이었다.

■ 특감반이 연루된 울산 사건

유재수 감찰 중단 사건의 핵(核)이었던 청와대 특감반은 다른 사건에도 연루되어 있었다. 울산시장 선거에 청와대가 개입했다는 의혹이었다. 2018년 3월, 지방선거를 세 달 앞두고 김기현 울산광역시장의 비서실이 경찰로부터 압수수색을 당했다. 당시 울산지방경찰청장은 황운하 더불어민주당 의원이었다. 압수수색의 원인은 김 시장이 모 건설업체로부터 리베이트를 받았다는 제보 때문이었다. 해당 내용은 송철호 더불어민주당 후보(현 울산시장)의 측근인 송병기 전 경제부시장을 통해 청와대 민정비서관실까지 올라갔다.16) 수사를 받게 된 김기현 측에서는 상당한 악재였다. 그리고 그해 선거에서는 이런저런 변수가 작용해 송철호가 울산시장에 당선되었다.

문제의 핵심은 청와대가 선거 과정에 개입하는 차원에서 '기획수사'를 지시했느냐의 여부였다. 당시 민정수석실에 있었던 박형철은 "김기현 첩보 보고는 백원우 전 비서관으로부터 받았다"고 밝혔다.17) 또 선거를 앞두고 선출직 단체장의 비위가 민정실에 올라오는 것도 매우 드문 일이라고 지적했다. 경찰 수사가 진행되는 과정에서 백원우가 이끄는 청와대 특감반은 울산 현지에까지 내려간 것으로 드러났다. 청와대는 "당시 검경 갈등의 원인으로 지목되는 고래고기 사건 때문에 간 것"이라고 에둘렀으나, 특감반의 업무 범위를 벗어난 것이었다. 검경 갈등을 조정하려고 청와대 민정비서관실이 나선 것이면, 검찰도 방문해야 하는데, '백원우팀'은 경찰만 찾아간 것으로 드러났다. 원래 특감반 인원은 2명가량이었으나, 이때 5~6명까지 늘어난 것으로 밝혀졌다.

청와대 민정비서관실에 대한 수사가 진행되는 동안 윤석열 검찰은 본진인 대통령비서실을 건드렸다. 그리고 백원우를 공식 소환해 조사했다. 이때부터 문재인 정부는 윤석열과의 악연이 어떤 방식으로 끝날 것인지 직감했을 것이다. 둘 중 하나가 정리되어야만 모든 상황이 종료되겠다는 판단을 했을지도 모른다. 제3자 입장에서는 문재인 정부 초기에 박근혜 청와대와 관련된 서류들이 '캐비닛'을 통해 발견되었다는 보도와 묘한 연관성을 느끼게 만드는 사건이기도 했다. 마침 김기현은 2019년 3월 검찰로부터 불기소 처분을 받았다. 울산지검조차 "수사 공정성, 정치적 중립성, 수사권 남용의 논란을 야기했다"고 경찰을 맹렬하게 비판했다. 정작 고발당한 울산지방경찰청장은 21대 총선에서 국회의원으로 당선되었다.

울산 사건 수사 과정에서 윤석열과 개인적으로 가까웠던 수사관이 목숨을 끊는 안타까운 사건이 있었다. 그는 청와대 특감반원 중 1명이었다. 메모지 9장 분량의 유서에는 "윤석열 검찰총장님, 정말 죄송합니다. 면목 없지만 저희 가족 배려 부탁드립니다. 항상 건강하십시오"라는 내용이 담겼다.[18] 사망한 수사관의 아이폰은 오랫동안 잠금장치가 풀리지 않다가 2020년 3월이 되어서야 해제되었다. 하지만 아직까지 어떤 내용이 담겨 있는지는 밝혀지지 않았다.

■ 기획수사 논란이 키운 윤석열의 존재감

여권 인사들은 울산 사건 수사가 윤석열 검찰의 기획에 의한 것이라고 계속해서 공격했다. 2021년 4월 서울중앙지검에서 무혐의 처분을 받은 임종석 전 비서실장은 "언제쯤이나 되어야 검찰의 무고에 의한 인권 침해를 국가기관 폭력이나 권력 남용으로 규정할 수 있겠느냐"고 주장했다. 그는 울산 사건 관련해서 검찰 출석 요구를 받고도 소환에 응하지 않았으나, 민주당의 총선 홍보 영상에는 출연했다. 임종석뿐만 아니라 황운하는 검찰 저격수를 자임했다. 경찰 출신으로 검찰 힘 빼기에 진력할 것으로 예상되는 의원 당선자기도 했다.

공교롭게도 울산 사건의 수사 당위성을 두고 윤석열을 공격하고, 또 다른 사건을 일으켜 그를 압박하는 사이에, 대한민국 정치권에는 '윤석열 극장'이라는 지대가 만들어졌다. 그를 욕하고 망신을 줄수록, 묘하게 문재인 정권을 반대하는 사람들과 무당파 성향의 유권자들에게 관심을 갖게 만드는 역설이 생겼다.

5

윤석열 사단은
실재하는가

윤석열 사단은 과연 실체가 있는 것일까. 한때 문재인 시대 출범과 함께 서슬 퍼런 권력처럼 묘사된 이 엘리트들은, 물불 안 가리고 칼날을 들이대는 공격수였다.

패거리주의는 판사, 검사, 군인과 같이 제복을 걸치는 집단에게서 자주 목격되는 양상이다. 자신의 능력이나 개성을 표출하기 어렵기 때문에, 오히려 소(小) 그룹으로 출세를 목적화하는 처세 방식이다. 과거 육군에서는 하나회가 화제였다. 노무현 정부 시절에는 우리법연구회, 문재인 정부에 들어서는 국제인권법연구회라는 판사 연구 단체가 '진보 엘리트'로 묶였다. 이런 결사체들에 상대화된 표현으로 만들어진 개념이 이른바 윤석열 사단이었다.

하지만 조직이 실재하려면, 공동의 목표와 이익이 확인되어야 한다. 공교롭게도 윤석열 사단의 멤버들 중 여럿은 우병우 사단으로도 분류가 된다. 웃기지 않은가. 한 집단에 소속되면, 다른 서클에 한 발을 걸쳐서는 안 되는 법 아닌가. 호사가들과 언론인들의 편 짓기 방식이 이럴 때는 통하지 않는다. 보통 사내정치 네트워크에서는 얼마든지 적과 동맹자가 엉킬 수 있는 법이다. 이 세상에 남녀 사이나 부부 사이를 제외하고 관계의 속성을 똑 부러지게 정의할 수 있는 사이가 어디 있던가.

▨ 이종의 협력자가 많은
윤석열

우선 '윤석열 사단'의 멤버로 거론되는 사람들의 면면을 보자. 윤대진 법무연수원 연구위원(전 서울중앙지검 2차장)은 운동권 출신이다. 조국의 후배로도 평가되며 아내인 최은주 서울가정법원 부장판사는 진보 성향 판사 공동체인 '국제인권법연구회' 회원이다. 매형은 이용대 전 민노당 정책위의장으로 북한의 핵실험이 자위수단이라고까지 말했던 인물이다. 이런 배경을 가지고 있는 윤대진은 한때 '소윤'으로 불리며 '대윤'이었던 윤석열과 나란히 적폐 청산 검사의 전형으로 손꼽혔다. 하지만 윤석열이 정권을 겨냥한 수사를 거듭하자, 함께 '윤짜장 연좌제'를 적용받아 한직으로 발령받았다.

한동훈 법무연수원 연구위원(전 대검 반부패부장)은 1973년생으로 이른바 '서울 강남 태생'이다. 386의 정서와도 다소 거리가 있고, 산업화 보수 세대와도 이질적인 인물이다. 그는 검찰 내부에서 '강남 8학군 출신, 서울대 법대, 사법시험 소년 급제, 미국 유학, 최고 요직' 등의 엘리트적 특성은 모두 갖춘 인물로 평가받는다. 몇몇 언론보도들은 한동훈이 집단 논리를 추종하기보다는 자기만의 특징이 강한 인물이라고 지적한다. 물론 그는 윤석열 때문에 상당한 인사상의 불이익을 받은 사람이라, '충신' 계열로도 분류할 수 있을 것이다.

박찬호 제주지검장(전 대검 공공수사부장)은 광양과 순천에서 각각 중·고등학교를 나오고 전남대 철학과를 졸업했다. 박찬호 역시도 '오리지날 호남'으로 전통 보수가 쉽게 친연성을 느끼는 배경을 갖고 있지는 않다. 오히려 2019~2020년 2년간 검찰 내에서 문재인 정부와 밀접하다고 평가받는 '순천고' 출신이다.

이처럼 윤대진, 한동훈, 박찬호처럼 업무적으로 활용하던 인재들 이외에도, '내 편'이 아닌 것 같은 친구들이 꽤 있다. 가장 대표적인 사례가 우병우다. 그는 윤석열과 같이 근무한 경험이 있지만, 나중에는 국정농단의 연루자로 분류되어 결국 실형을 살았다. 우병우는 평소에 매우 권위적인 성격인 것으로 알려진다. 검사들끼리 으레 있는, 서울대 법대 선배에 대한 예우에도 냉소적이었던 것으로 전해진다. 하지만 윤석열은 검사로서는 후배였음에도 불구하고 서울대 법대 기수로는 선배였고, 능력도 탁월했다고 인정한 탓인지 '선배'라고 호칭했다고 한다.

또한 대검 수사기획관을 지낸 홍만표는 윤석열에게 노무현 전 대통령의 구속 여부에 대해 의견을 물었던 사람이다. 당시 임채진 검찰총장은 스스로 전직 대통령 구속이라는 엄청난 사건을 감당하기 힘들어 전국 검사장들에게 의견을 구했다고 한다. 조사 대상 중 50%가 넘는 수가 노무현 구속에 반대했다고 한다. 윤석열은 특수부 검사들의 여론이 수렴되는 과정에서 자기 의견을 냈다. "불구속하되 신속한 사건 처리"를 하는 것이 그의 입장이었다.

이런 원칙은 후일 국정농단 특검 당시 박근혜 전 대통령의 불구속을 주장하는 데에도 영향을 미쳤다고 한다. 당시 특검은 박근혜 전 대통령 역시 노 전 대통령의 전례(前例)대로 불구속 기소하는 것이 맞다고 판단했다고 한다. 하지만, 이재용 삼성 부회장이 2017년 2월에 구속되었고, 특검의 활동이 마무리된 후 검찰이 사건을 넘겨받은 상태에서 박 전 대통령을 구속할 수밖에 없었던 것으로 전해진다. 특검과 박 전 대통령 측 사이에서 중간자 역할을 했던 유영하 변호사(전 국가인권위원회 상임위원)는 윤석열과 함께 신림동에서 공부를 한 적도 있는 것으로 알려져 있다.

이런저런 내용을 종합해보면, 윤석열이 학연이나 지연과 같은 인구학적 유사성을 바탕으로 '사단'을 만드는 인물은 아닌 것으로 보인다. 오히려 그는 정치적으로 충돌할 법한 사람들과도 의외로 인간적인 관계를 깊게 맺고 있다. 그리고 때에 따라서는 자신을 비판했던 사람들도 중요한 협력자로 활용하기도 하는 것이다.

■ 비판자를 변호사로
　 선임한 윤석열

윤석열은 2020년 12월에 경험한 징계 정국의 와중에서도 독특한 관계관(觀)을 보였다. 자신에게 매우 비판적이었던 이완규 변호사(법무법인 동인)를 집행정지 신청과 징계취소행정 소송의 법률대리인으로 선임한 것이다. 그는 윤석열이 2017년 서울중앙지검장으로 발탁될 당시 "장관의 제청 없이 대통령이 지검장을 임명하는 것은 법과 제도에 어긋난다"고 맹비판을 하고 검찰을 떠났다. 몇 달 뒤면 자신도 검사장 자리를 받을 수 있는 입장이었다.

이완규는 얼핏 윤석열에게 원망을 품을 수도 있었다. 게다가 논문을 통해 적폐수사에 대해서도 정면 비판을 가했다.

"직권남용의 범위가 지나치게 넓게 해석돼 지난날 권력자들을 어떤 명분으로든 잡아넣을 수 있다."

원래 이완규는 검찰청법과 형사소송법 분야에서 '최고의 이론가이자 전문가'로 알려져 있다.《한국 검찰과 검찰청법》,《검경수사권 조정 법안 긴급 검토》와 같은 저술을 남겼다. 징계 사건의 전말을 아는 법조인들은 이 점이 이완규가 소송대리인으로 선택된 핵심 원인이라고 지적한다. 자신을 비판하고 공격했다고 해서 감정적으로 멀리하지는 않았던 것이다. 사람을 쉽게 미워하지 않는 윤석열의 독특한 인간관이 작동한 면모로도 볼 수 있다.

물론 검찰개혁론자들 중에는 이완규가 노무현 정부 당시 대검 검찰연구관으로서 '검사와의 대화'에 나가 참여정부의 인사방침을 비판한 것을 문제 삼는 경우도 있다. 친문 대상의 수사를 감행하는 윤석열과 친노에게 악감정이 있는 이완규가 듀오로 만났다는 것이다. 하지만 이완규는 이명박 정부 당시 검경수사권 조정안이 발표될 때에도 자신의 소신을 어김없이 드러냈다. "직을 걸고 수사권 조정에 반대해야 한다"며 사표를 던졌다 반려된 것이었다. 이 점을 보면 그 역시도 윤석열 못지않게 정(情)보다는 리(理)를 더욱 중시하는 근대 관료로 볼 수 있다. 철저한 비인격주의자인 것이다.

우리 정치에서는 '패거리즘'이 정말 고질적이었다. 기능과 전문성보다는 지도자와 친밀감이 있는지 여부가 출세를 좌우했다. 조금이라도 이해관계가 없는 사람이면 핵심이 될 수 없는 것이 현실이었다. 친문, 친박, 친이 논쟁도 결국 같은 맥락이다. 리더도 사람인 이상 자기가 만나면 기분 좋은 사람과 함께할 수밖에 없다. 하지만 윤석열은 철저히 일(事) 중심의 관계를 지향하는 점에서 근대주의자로 보인다. 꼰대들의 패거리즘이 청산 대상이 되어가는 시대에 주목할 만한 면모다.

■ 윤석열 인사의 핵심은 '비인격성'과 '무아론'

어떤 면에서 윤석열은 막스 베버가 '관료제론'에서 주장한 '비인격 성'의 가치를 철저히 실현하는 것으로 보인다. 19세기 당시 귀족제가 남아 있던 서구 사회에서는 국가공무원이 여전히 봉건 제도를 기반으로 선발되었다. 대대로 토지를 세습하던 귀족이나 호족들이 왕실과의 관계를 바탕 으로 정부에 진출하는 일이 허다했다. 프랑스에서는 나폴레옹 헌법이 도 입되고 나서야 공채로 공무원을 뽑는 시스템이 실현되었다.

독일의 경우에는 그나마도 선진적인 인사채용 시스템을 가진 국가였다. 프로이센은 바이에른, 메클렌부르크와 같은 독일 지역 국가들뿐만 아니라 오스트리아, 이탈리아 출신의 인재들도 자국의 공무원으로 채용했다. 비스마르크 이후에 총리를 지낸 레오 폰 카프리비Georg Leo Graf von Caprivi는 이탈리아 귀족 가문 출신으로 프로이센 군인이 되었고, 나중에는 정치에까지 입문했다. 정통성보다는 효율성을 중시하는 프로이센의 채용 방식은 1870년 보불전쟁의 승리와 독일 제국의 출범으로까지 이어졌다. 베버는 조국에서 확인한 '비인격성'의 우월성을 조직 이론으로 남긴 것이다.

윤석열 인사의 또 다른 특징은 무아론(無我論)이다. 이 개념은 불교 철학에서 나온 것이다. 무아 사상은 아(我)와 비아(非我)를 구분하는 획일주의를 반대한다. 인간의 존재와 의식은 여러 타자와의 연결을 통해 후천적으로 만들어지는 것이기에, 자타가 다르지 않다고 주장한다.

정치에서 무아론은 "일단 내 품 안으로 들어오면 과거를 따지지 않고 내 편으로 분류한다"는 의식과 통한다. 중국의 북위(北魏) 제국이나 로마 제국이 사람을 썼던 방식과 유사하다. 북위 왕조의 지배층들은 유목민인 선비족 출신이었음에도 불구하고 한인(漢人)들을 엘리트 계층에 폭넓게 유입시켰다. 로마는 적국을 식민지로 병합하는 수준을 넘어서서 속주 출신의 황제까지 옹립했다. 자신을 비판하던 인물을 변호사로 쓰는 면모, 달걀을 던지려던 반대 운동가를 팬클럽 회장으로 인정하는 면모 등은 윤석열의 무아론적 처세로 볼 수 있다.

6

보수 야당의
정신적 위기

2019년 조국 사태의 핵심 수혜자는 보수 야당이라고 볼 수 있었다. 황교안 자유한국당 대표는 어느새 투사로 변신해 있었다. 탄핵 당시 정체가 모호하던 대통령권한대행의 이미지는 어느새 사라졌다. 사실 그의 당대표 생활은 험난하기 그지없었다. 공수처법과 연동형비례대표제법의 패스트트랙 처리를 막기 위한 투쟁은 보기 좋게 범여 4당(민주, 바른미래 당권파, 정의, 민주평화)에게 격파당했다. 황교안 본인과 나경원 원내대표는 국회법 위반으로 기소되는 신세로까지 몰렸다. 낮은 인기도 문제였다. 문재인 정부의 이낙연 총리와 황교안의 지지율 차이는 늘 20%대 안팎이었다. 국민들은 안정적이고 보수적으로 보이는 두 사람 중 좀 더 정치적으로 경험이 많은 사람에게 박수를 보냈다. 탄핵 이후 좀처럼 능동적으로 일어설 기미가 없어 보이던 야당, 스스로는 이슈를 만들지 못하던 야당이 조국 사태를 계기로 반전을 모색할 기회를 잡았다. 하지만 자유한국당은 원내(院內)에서 여당 측의 비위를 밝히고 폭로하는 데 집중하지 않고, 좀 더 편한 방법을 선택했다. 2016년 말부터 2017년 초까지 이어진 촛불집회와 태극기집회를 모방한 광화문 집회를 정치적 공론장으로 삼은 것이다.

■ 콘텐츠 부재의
  장외 집회

집회는 기본적으로 축제나 제례의 감성을 닮았다. 서초동 검찰개혁

집회 군중이 제사 공동체라는 점은 이미 이야기한 대로다. 공화민주주의 시대의 대중 집회는 신(神)에게 바치는 희생 제물이나 신분이 높은 사제 등이 이끌어가지 않는다. 중요한 의제를 선점하고 있는 운동가나 정치인, 엔터테인먼트 역량이 있는 문화예술인, 가수 등이 집회의 스토리를 기획하고 실행한다. 그런데 자유한국당을 비롯한 보수 진영은 대중들이 즐겁게 소비할 수 있는 콘텐츠를 고민하지 않았다. 나치나 파시스트의 선동성 집회에서 볼 수 있는 장엄미에 대한 연구도 없었다. 2019년 4월 국회의 패스트트랙 처리에 반대하던 자유한국당 의원들은 회의장 안팎에서 애국가를 불렀다. 진보 진영처럼 〈임을 위한 행진곡〉, 〈상록수〉 같은 민중가요 창작의 역사가 없다 보니, 그나마도 모두가 아는 〈애국가〉만 부르는 것이다.

하지만 조국 사태 국면에서는 광장으로 나온 국민들에게 〈애국가〉만으로 감동을 줄 수 없었다. 그래서 황교안과 자유한국당 간부들은 기독교부흥회의 패턴을 따라갔다. 가장 강력한 우파 성직자 중 한 명으로 분류되는 전광훈 사랑제일교회 담임목사의 기획에 각종 정치 구호를 싣는 방식으로 집회가 이루어졌다. 보수 야당은 쇼맨십 측면에서도, 구체성 측면에서도 깊은 고려 없이 주어진 상황을 따라가려고만 했다.

게다가 야당은 조민 사태에 분노하는 청년층을 핵심 스피커와 참여자로 이끌어내는 데에도 실패했다. 젊은이들은 문재인 정부의 진보 이념에 분개하거나, 기존 정부들의 상식을 벗어난 남북 평화 노선에 화가 난 것이 아니었다. 정의를 강조하던 정권이 오히려 적폐들을 닮아가고 있다는 모순에 짜증이 났던 것뿐이다. 게다가 자유한국당은 조국 사태의 핵심 문제가 계층 이동 가능성이 거의 사라져 가는 세습자본주의에 있음을 자각하지 못했다. 그저 친북 좌파 정권 타도, 박근혜 전 대통령의 석방, 문재인 대통령 사퇴와 같은 고루한 우파들의 슬로건만 답습할 뿐이었다. 광장 정치는 지루해서는 안 된다. '지금, 여기'의 문제들을 직접적으로 언급해주고 대중들의 가슴을 끓어오르게 할 만한 이야기를 해야 한다. 하지만 자유한국당과 광화문 보수 세력은 60대 이상 유권자들의 가려운 곳만 긁어주는 방식으로 집회 정국을 이끌어가려고 했다. 전광훈 목사는 예배 형태의 모임을 집례하며 군중들의 헌금을 독려하다가 물의를 빚기도 했다.

■ 허를 찔린
공수처법 통과

2020년 봄에 상정된 패스트트랙은 그해 연말에 본회의 처리를 앞두고 있었다. 자유한국당은 광화문에서 장외 투쟁을 하는 것이 생각보다 효과적이지 않음을 어느 시점부터 깨달았다. 일단 대항 집회가 서초동에서 가열차게 진행되고 있는 데다가, 나라를 뒤흔들 만한 이슈가 대부분 검찰발로 나왔기 때문이다. 그나마도 조국 사태 초기에 사모펀드 관련 보도가 나오는 데 일부 야당 의원들이 역할을 했지만, 폭로가 계속되지는 않았다. 울산시장 선거 개입 논란, 유재수 감찰 무마 논란 등은 야당이 자체적으로 개발한 의제라고 보기 어려웠다. 아무리 검찰이 살아 있는 권력을 건드린다 하더라도 그들은 엄연히 문재인 정부 치하의 공무원들이었다.

또 야당은 다음 해 치러질 총선도 염려해야 했다. 조국 사퇴를 주장하는 국민들이 많았지만 더불어민주당은 여전히 지지율 1위를 달리고 있었다. 국면 전환을 위해서는 황교안이 조기에 사퇴하거나, 혁신위원회 체제를 통해 당력을 쇄신할 필요가 있다는 주장이 자유한국당 내부에서 나왔다. 친박계 출신 의원들 사이에서도 새로운 리더십에 대한 논의가 피어오르기 시작했다. 하지만 황교안은 여전히 잠재 대선주자였고, 총선 지휘도 포기할 수 없는 입장이었다. 그가 가장 효과적으로 선택한 돌파구는 단식이었다. 종교인다운 결정이었다. 명분은 한·일 군사정보보호협정GSOMIA 연장, 공수처법·연동형비례대표제법 강행 반대였다.

추운 날 당대표가 청와대 앞에 천막을 치고 식음을 전폐하는 모습은 처량함 그 자체였다. 하지만 단식 일수가 점점 길어지면서, "황교안이 수명까지 단축해가며 강경 투쟁을 하고 있다"는 인식이 확산되었다. 그를 반대했던 김세연 의원을 비롯해 대선후보였던 홍준표 전 대표 그리고 김무성 전 새누리당 대표까지 천막을 방문해 위로와 격려를 하기 시작했다. 이들은 황교안 체제를 흔들었거나 냉소적인 입장을 취하던 사람들이었다. 결국 당대표가 병원으로 실려 가고, 국민들에게 짙은 인상을 남기면서 단식은 꽤 정치적 효과가 있는 것처럼 보였다.

하지만 여당은 황교안의 장외 투쟁에 아랑곳하지 않았다. 원내에서 힘을 쓰는 것이, 원외에서 설득하는 것보다 배는 효율적이라는 것을 알고 있었다. 총선에서 명맥을 유지하고자 했던 범여권 정당들은 더불어민주당의 선택에 속박을 당한 것이나 마찬가지였다. 모름지기 권력은 주기적으로 행사되어야 더욱 커지는 법이다. 이해찬 더불어민주당 대표는 힘을 자신 있게

휘둘러 상대로 하여금 인정하게 만드는 데 능숙한 사람이었다. 결국 공수처법과 연동형비례대표제법은 2019년 12월 중순에 그대로 통과되었다.

조국 사태라는 초유의 정권 위기 앞에서도 야당이 힘을 발휘하지 못한 근본적 원인은 무엇이었을까. 나는 보수 진영의 '정신적 위기'가 이유라고 본다. 일본의 역사 작가 시오노 나나미는 조직이 쇠퇴기를 맞이했을 때 위기를 맞이하게 되면, 아무리 허들을 뛰어넘으려고 해도 좀처럼 성공하지 못한다고 진단했다. 그리스와 로마가 실제로 그랬다. 성장기와 부흥기에는 위기가 닥쳐도 회복탄력성이 있다. 하지만 쇠퇴기에는 작은 상처만 입어도 많은 출혈과 갖가지 합병증에 시달린다. 그리고 위기가 더욱 심한 충격으로 작동하게 만드는 이유는 '정신적 위기'에 있다. 자유한국당이 직면한 정신적 위기는 크게 세 가지로 볼 수 있다.

첫째, 스스로 이슈를 만들지 못하고 문재인 정부의 정책과 입법에 반대만 하는 방식으로 투쟁했다. 결과적으로 남의 전장(前場)에서 싸우는 신세가 되었다.

둘째, 상대는 혁명 전술을 구사하는 집단이라는 사실을 자각하지 못했다. 보수 세력은 늘 눈치를 보고 줄서는 습성이 있다 보니 장기전에 능하지 못하다. 반면에 진보 세력은 큰 타격을 입어도 포기하지 않는다. 자신들의 가치와 이익을 실현할 만한 타이밍을 귀신 같이 찾아내고 집중 공략한다. 프랑스 혁명 이후 오래된 공격과 전복의 역사를 통해 가치가 확인된 전술이다.

셋째, 정치 집단을 유지하게 하는 가치나 원칙이 부재하다. 힘센 사람에게 복종하는 습관에 젖어 있다. 그렇다 보니 자신들보다 강한 상대 정당에도 약한 모습을 노출한다. 국회의 예산 정국이 대표적이다.

사정이 이러니 황교안 체제는 끊임없이 흔들리다가 2021년 초에 총선 공천관리위원장을 정하면서 갈등이 봉합되는 듯했다. 그리고 황교안은 자유한국당과 새로운 보수당이 통합한 후 출범한 미래통합당의 대표를 지냈다.

■ 보수의 총선 패배로 출범한 윤석열 야당

2020년 4월 총선에서 보수 야당은 무참하게 패했다. 더불어민주당과 비례정당인 더불어시민당의 의석수를 합쳐 180석이 되었다. 여당은 어떤 법안이든지 마음껏 통과시킬 수 있는 세력이 되었다. 보수당이 직면한 정신적 위기는 궤멸적 패배를 불러왔다.

정치는 투입과 결과가 같을 수 없는 게임이다. 언제나 불확실성이 존재하기 때문이다. 하지만 갖가지 위험이 도사리는 권력투쟁의 장(場)을 돌파할 수 있는 유일한 방법이 있다. 원칙과 일관성이다. 언제나 상황에 적응할 줄만 알고, 자기 스스로 상황을 만들 줄 모르는 개인이나 집단에게는 기대하기 힘든 덕목이기도 하다.

보수당의 패배는 본의 아니게 윤석열을 유일 야당으로 만드는 형국이 되었다. 검찰수사가 아니면 여권 중심으로 기울어져 있는 정국에 브레이크를 걸 방법이 없었다. 약체화된 야당이나 언론이나 공히 윤석열을 쳐다보는 신세가 되었다. 전통적으로 보수 정당은 대권주자형 리더 없이 존재한 전례가 없었다. 하지만 황교안의 낙선과 실각으로 스스로 대선후보를 창출하기 힘든 지경에 놓이자, 다시 외부에서 누군가 등장해주기를 바라는 분위기가 되었다.

자유한국당은 원래 율사 출신이 많은 집단이었다. 그만큼 법과 이론에 강한 사람들이 포진해 있다는 뜻이다. 그런데 보수 정당에 들어가자마자 대부분의 인재들이 대세추종형 인간으로 변질해 버렸다. 정치인으로서 스스로 질문을 제기하고 답하는 것이 아니라, 남의 질문을 그대로 베껴 오거나, 질문과 대답마저도 외주화해 버렸다. 더불어민주당에는 자신들의 이념과 직결될 만한 정책 아젠다가 많지만, 자유한국당에는 거의 없었다. 그리고 설사 정책을 논한다 하더라도 어떻게 실행할 것인가에 대한 고민은 없었다.

민주주의 정치는 유권자의 효능감을 필요로 한다. 내가 표를 던진 지도자가 충분히 실행력과 진정성을 보여주기를 원하는 것이다. 연거푸 선거에 실패하기만 하는 야당 지도자는 사람들을 만족시키지 못했다. 표 값을 정산받지 못한 사람들에게는 살아 있는 권력에 직격탄을 날리는 현직 검찰총장에게 오히려 매력을 느꼈다.

4장

목적은 수단을 정당화하지 못한다

1

'추-윤 갈등'이라는
프레임

동맹자가 누구인가에 못지않게 적이 누구인가도 중요하다. 동맹은 서로 힘의 크기가 다른 사람들끼리도 맺어질 수 있다. 하지만 적대관계는 주로 비슷한 사람들 간의 경쟁이다. 그래서 함부로 적을 만들면 곤란하다. 싸움은 싸움대로 하면서, 비웃음은 비웃음대로 살 수 있기 때문이다.

"꼭 같은 것들끼리 싸운다."

2020년 벽두부터 등장한 고질적 프레임이 있다. '추-윤 갈등'이라는 말이다. 마치 법무장관의 지휘와 감독을 받는 검찰총장이 하극상을 한 것처럼 느껴지는 단어다. 보통 갈등은 서로 감정 충돌을 하는 관계를 뜻한다. 심지어 추-윤 갈등이라는 말 속에는 항명자, 저항자의 존재를 암시하는 요소까지 숨어 있다. 이 프레임이 존재하는 한, 윤석열이 아무리 원칙 있는 승부를 했다 하더라도 그저 윗사람에게 대든 인물 수준이 된다.

■ 학살 인사가
   본질

추미애는 장관에 취임하자마자 검찰개혁의 기세를 상징적으로 보여줄 만한 이벤트를 몇 가지 구상한 것으로 보인다. 그중 하나가 2020년 1월의 '학살 인사'다. 당시 윤석열 사단으로 불리던 배성범 서울중앙지검장, 한동훈 대검 반부패강력부장 등이 대거 좌천 발령을 당했다. 그리고 친(親)정부 성향이 있는 것으로 분류되는 검사들을 대거 핵심 보직으로 영전시켰다.

문제는 장관과 총장이 인사와 관련된 의견을 주고받는 과정이다. 장관은 인사권과 유사시 지휘권을 가지고 있지만, 검사들을 직접 관리하는 입장은 아니다. 반면에 총장은 2020년 초까지만 해도 개별 사건에 대한 지휘권을 가지고 있었다. 아무리 장관이 규정상 총장에 대한 지휘, 감독권을 가지고 있다 하더라도 모종의 협의를 거치는 것이 관례였다. 하지만 추미애는 그 '관례'를 과감하게 깨는 것에서부터 검찰개혁을 시작하고 싶어 했다.

　일단 법무장관과 검찰총장은 인사안을 가지고 제3의 장소에서 만나 논의를 하는 것이 일반적이었는데, 추미애는 총장의 법무부 방문을 요구했다. 어떤 사람들은 이 사건을 추미애의 단순한 자존심 피력 정도로 해석하지만, 모름지기 정치인들은 자신의 말과 행동이 어떤 효과를 낳을지 계산하고 움직이는 법이다. 따라서 윤석열더러 장관 집무실을 방문하라고 하는 것은 엄연한 권력의 위계를 대내외적으로 확인하려는 시도였던 것이다. 하지만 그 행간을 읽을 줄 알았던 윤석열에게는 통하지 않는 수법이었다.

　두 번째 시도는 시간 압박이었다. 추미애는 인사위원회 전날까지 뚜렷한 인사안을 윤석열에게 보내주지 않았다. 외려 법무부는 대검 측에 "먼저 인사안을 만들어 보내달라"는 입장이었다. 인사의 방향, 범위, 시기 등과 관련해 부처의 특별한 가이드 없이 검찰이 내용을 만들게 될 경우 문제가 생길 수 있었다. 대검으로부터 원하는 대답을 듣지 못하자 법무부는 2020년 1월 7일 저녁 7시 반경에 "8일 오전까지 인사안을 검찰과장을 통해 전달하겠다"고 통보했다. 하지만 그마저도 어기고 8일 밤 9시가 다 되어서 인사위원회 개최 사실을 고지했다. 윤석열은 다음 날 인사위원회 30분 전에 '총장 호출' 통지를 받았다.[1] 그는 구체적인 인사 내용에 대한 정보 공유 없이 법무부에 가는 것은 별로 의미가 없는 일이라고 보았다. 하지만 추미애에게는 총장이 의미 없는 일을 얼마나 흔쾌히 해내느냐도 중요한 평가 잣대였을 것이다. 검찰개혁의 핵심은, 총장이 힘이 빠져 가는 과정을 받아들이는 데에 있었다.

■ 거역 논쟁과
반헌법 논쟁

법무부와 검찰 사이에 인사를 앞두고 잡음이 나자, 정치권은 금세 탐문에 들어갔다. 여당 의원들은 윤석열이 변화에 저항했기 때문에 일이 생겼다고 힐난하려 했다. 시대가 바뀌었음을 받아들이지 못하는 총장, 면담의 형식으로 몽니를 부리는 총장이라는 식의 비난이 가능할 법했다. 반면에 대검에서는 정치인 장관의 불도저 같은 행동에 분노했다. 좌천 인사는 추미애의 정치적 숙제였다 치고, 검사들을 부품처럼 다루는 듯한 자세에 화가 났던 것이다.

국회 법제사법위원회는 추미애에게 사태의 본질에 대해 물었다. 그는 한마디로 규정했다.

"윤석열 총장이 내 명(命)을 거역했다."

그야말로 왕조 시대에나 들을 수 있을 법한 표현이었다.

법무부와 검찰의 충돌이 일방적 언어 규정으로 끝나려던 찰나, 법원에서 또 다른 신호탄이 피어올랐다. 김동진 서울중앙지법 부장판사가 페이스북에서 추미애를 비판한 것이다.

"어떤 한 개인에게 충성을 다하는 맹신적 사고방식은 시민의식에 입각한 민주주의 정신에 어긋난다."[2]

만약 보수 성향의 법관이 이런 의견을 냈다면 가볍게 무시당했을지도 모른다. 하지만 김동진은 국제인권법연구회 소속 판사였다. 국제인권법연구회는 진보 성향의 법원 내 연구조직이다. 그는 박근혜 정부 당시 블랙리스트에도 오른 사람이었다. 2014년 당시 원세훈 전 국정원장이 댓글 조작에 대해 "선거법 위반 혐의 무죄" 판결을 받자 "법치주의는 죽었다"고 했던 인물이기도 했다. 이 사건 이후로 김동진은 직무에서 배제해야 할 판사 취급을 받았고, 김기춘 비서실장과 김영한 민정수석 간의 회의 기록에서도 요주의 인물로 분류되었다. 사법농단 사건이 화제가 되었을 때는 "대다수 법관이 동조자"라고 날선 비판을 하기도 했다. 이토록 소신이 강한 인물이 추미애표 검찰 인사를 힐난한 것은 매우 상징적인 사건이었다. 김동진 이외에도 법관들의 우회적 비판이 가스처럼 새어나왔다.

청와대는 학살 인사를 100% 부정하지 않았다. 배성범, 윤대진, 한동훈의 좌천은 '인권수사를 위한 결정'이라고 했다. 주류와 비주류를 교체하는 방식의 간부 인사를 두고도 균형 인사라고 주장했다. 누군가는 물었을 것이다. "인권보호 대상이 조국의 가족"이냐고. 또는 성경의 어느 구절을 떠올리는 사람도 있었을 것이다.

"관을 제거하며 왕관을 벗길지라. 그대로 두지 못하리니 낮은 자를 높이고 높은 자를 낮출 것이니라(에스겔 21 : 26)."

헌법 정신으로 박근혜 탄핵을 주동했던 추미애가 헌법의 이름으로 규탄당하는 상황이었다. 하지만 그는 굴하지 않았다. 법무부는 설 연휴를 앞둔 2020년 1월 23일, 지청장, 차장검사, 부장검사 등 257명과 평검사 502명에 대한 전보 조치를 단행했다. 유재수 감찰 무마 의혹, 울산 관련 하명 수사 의혹 등을 다루던 수사검사들을 대거 이동시킨 셈이었다. 청와대는 권력형 비리수사팀을 해체할 목적은 아니라고 해명했다. 하지만 다섯 달 뒤 추미애가 "문책성 인사가 맞다"고 주장하며 청와대의 말을 무색하게 했다. 정작 반(反)헌법 논쟁에 대해서는 제대로 된 반박도 없었다. 의외로 검찰개혁에 대한 추미애의 종교적 믿음은 별로 강하지 않았을지도 모른다. 폭풍 인사의 와중에 검찰을 관두고 나간 김웅 미래통합당 의원은 "봉건적인 명은 거역하라"고 추미애를 비판했다. 그는 검경수사권 조정안에 공개적으로 반대 의사를 표명했다가 법무연수원 교수로 좌천된 경험을 가지고 있었다. '검사내전'의 저자로 JTBC 드라마 원작자로까지 활약하며 '신세대 검사'로 이미지가 각인되어 있었던 김웅이 검찰을 차고 나간 사건은 꽤 울림이 있었다.

■ 금융범죄 수사 조직의 해체

추미애 치하 법무부가 개혁을 주장하며 거침없이 해낸 일이 또 있다. 바로 증권범죄합동수사단을 해체해 버린 것이다. 권력형 비리수사를 막기 위해 해체한다고 말할 수는 없으므로 새로운 프레임이 짜여졌다.

"거액의 금융 사건을 직접 수사함으로써 검사와 검찰수사관, 전관 변호사 등이 서로 유착했다는 논란이 있어왔다."

증권합수단이 가지고 있는 기능적인 한계, 부족한 성과 등에 대해서는 일언반구도 없었다. 금융범죄는 일반 범죄와 달리 이해관계가 복잡하고 진위를 가리는 작업도 매우 어렵다. 사람의 흐름을 따라가야 할 뿐만 아니라 돈의 흐름을 따라가야 하기 때문이다. 또 대부분의 금융산업 종사자는 여야(與野)를 가리지 않고 자신에게 필요한 이슈 중심으로 로비하는 성향이 있다. 수사를 하다 보면 현 정권의 실세나 야당의 중진이 모두 튀어나올 수 있는 것이다. 전문가가 참여하지 않으면 악(惡)의 줄기를 따라가서 열매에까지 이르는 과정이 매우 어렵다. 그럼에도 법무부는 아무런 대안 없이 서울남부지검에 소속된 증권합수단을 정리해 버렸다. 그 이후부터 검찰의 증권범죄처리율은 급격히 떨어졌다. 2020년 기준으로 58건 중 정식으로 기소된 사건은 3건에 지나지 않았다.

공교롭게도 증권합수단 폐지 소식 이후 코링크 펀드와 관련이 있었던 상상인저축은행과 유시민 관련주로 인지도를 얻은 신라젠의 주가가 급등했다. 추미애는 "증권합수단이 사라지더라도 남부지검 산하에 금융조사 1·2부가 있어서 문제가 안 된다"는 입장을 내놓았다. 검찰이 거악을 직접 수사하기에 생겨나는 부패가 문제라면, 금융조사 부서도 없애는 것이 맞지 않았을까. 역설적으로 증권합수단이 없어지면서 주가 조작과 무자본 인수로 돈 버는 세력이 커졌다는 소식도 전해졌다.[3]

■ 검찰수사권 박탈이라는 신화

'추-윤 갈등'이라는 불화 프레임 속에서 정부와 여당이 진짜로 추구하고자 했던 것은 검찰의 수사권 박탈이었다. 그 실마리는 추미애가 공개 간담회에서 일본의 '총괄심사검찰관' 제도를 언급한 것이었다. 2020년 2월에 추미애는 일본 검찰을 모범 사례로 들며 수사검사와 기소검사를 분리해야 한다고 주장했다. 수사검사들이 무리하게 소송까지 끌고 가려는 고집을 발휘하는 바람에 검찰이 기소한 사건의 상당수가 무죄 처리되는 현실을 막자는 것이었다. 추미애는 수사검사와 기소검사를 분리함으로써 검찰개혁을 해내자는 아이디어를 던졌다.

검찰은 그의 주장을 격파하기 위해서 일본 법무성에 질의서를 보냈다. 그러자 의외의 답이 왔다.

"총괄심사검찰관 제도는 특수부에서 기소 의견을 제시하는 몇 가지 사건에 대해 자문을 해주는 것일 뿐, 기소 여부를 정하지는 않는다."

특정한 사건에 대해 증거를 보완하도록 권하거나 다른 각도로 사건을 볼 수 있도록 조언할 뿐, 의사결정권을 갖지 않는 것이 정체였다. 결국 법무장관이 잘못된 사실을 유포한 셈이 되었다. 하지만 추미애는 굴하지 않았다. 그에게는 사명이 있었다. 검경수사권 조정에 이은 검찰개혁의 대미는 수사권 완전 박탈의 길을 여는 것이었다. 세계적으로 유례를 찾아볼 수 없는 대대적인 권한 파괴이자 사법행정의 구조조정이었다. 그것은 조국 수호 집회의 캐치프레이즈기도 했다. 신화를 만들고자 하는 추미애와 그에 반대하는 윤석열은 애초부터 함께할 수 없는 사이였는지도 모른다.

2

싸움의 기술을
구사하는 여당

원래 정치는 싸움의 기술이다. 한국의 진보 진영은 오랫동안 '진지전'을 구사해왔다. 정치, 경제, 문화 등 모든 분야에서 자기만의 진지를 구축해서 주류와 싸우는 방식이다. 그런데 진지전을 수행하는 데에는 나름의 대가가 필요하다. 많은 시간을 들여야 하고, 희생적일 정도의 노력이 요구된다.

진지전의 대표적인 기술은 게릴라 전투다. A라는 방식으로 싸움을 걸다가 불리해지면 다시 B라는 방식으로 접근법을 바꾼다. 그러다 전선(戰線)이 잘 만들어졌다 싶으면 다시 A라는 방식으로 싸움을 한다. 진지전과 게릴라 전법은 무기 없이 언어로 싸우는 '사회 혁명social revolution' 과정에서도 필수적이다. 갖가지 프레임과 화제 전환 기술을 이용해 대중의 인식을 좌우하는 것이다. 요즘은 정치뿐만 아니라 혁신적인 제품을 전파하려고 하는 기업, 새로운 사고방식을 정착시키려는 시민단체 등도 진지전과 게릴라 전법을 종종 쓴다.

■ 추미애의 위기,
아들 문제

추미애의 법무장관 임명은 그 자체로 어마어마한 싸움의 전략이었다. 그는 윤석열과 정면 승부를 걸 수 있는 몇 안 되는 여권 지도자였다. 집요함과 예리함으로 검찰이라는 크렘린을 강타할 최적의 사령관이었다. 그런데 그에게 2020년 1월에 거대한 위기가 닥쳤다. 당대표로 재직하던

2017년 6월경, 군대에 있는 아들이 휴가가 끝나도 복귀하지 않은 건을 무마하기 위해 전화를 걸었다는 보도가 나온 것이다. 정치 생명을 끊어 놓을 만한 사건이었다.

당시 부대 당직병이었던 현 모 병장은 추미애의 아들 서 모 씨에게 "복귀하라"고 수차례 이야기했다고 한다. 하지만 모처럼의 휴가 중에 있었던 아들은 말을 듣지 않았다. 나중에야 몸이 좋지 않아서 휴가를 계속 연장할 수밖에 없었다는 해명이 나왔지만, 당시에는 권력자의 아들이 군복무 규칙까지 어기는 것처럼 상황이 만들어졌다. 추미애의 아들은 중대지원반장에게 휴가 2일을 더 추가해줄 것을 요구했지만 거부당하고 말았다. 엄밀히 말하면 탈영 처리도 될 수 있는 상황이었다. 〈일요신문〉의 단독보도 이후 나온 언론들의 후속 기사들은 여당 권력 추미애가 아들의 문제를 덮어주기 위해 군에 전화를 걸고, 휴가 연장까지 요청했다는 의혹으로 도배되었다. 육군본부 산하 인사사령부에서 어느 대위가 나와서, '들은 대로 처리하라'고 중대지원반장과 당직사병에게 지시했다는 이야기까지 흘러나왔다.

한국 사회에서 남자의 군복무는 거의 성역이나 다름없다. 육군본부가 권력자의 전화 한 통 때문에 규정까지 어기고, 일선 부대에 방침 변경을 지시하기까지 하는 일사불란함은 충분히 시빗거리가 될 만했다. 야당과 언론은 장관 임명 직후의 추미애를 거세게 몰아붙였다. 세 달 뒤 4.13 총선의 큰 프레임으로 삼을 만한 사건이기도 했다. 만약 그가 실각한다면, 문재인 정권의 검찰개혁도 좌초할 만한 상황이었다. 공교롭게도 이런저런 정치 변수가 겹쳐 야당은 총선에 참패했다. 하지만 추미애와 아들을 둘러싼 논란은 여러 제보와 수사가 뒤이으면서 2020년 가을까지 논쟁이 이어지고 말았다.

추미애의 의원실 보좌관까지 나서서 일선 부대에 전화를 걸었다는 의혹이 나왔고, 아들이 용산의 카투사 부대에서 근무할 수 있도록 청탁했다는 문제제기도 있었다. 2018년 평창 동계올림픽 당시 통역병으로 파견해달라고 요청했다는 보도도 나왔다. 아들 서 모 씨의 문자 내용이 빌미가 되었다.

"아무리 생각해도 평창을 내가 갔어야 됐는데 XXXX만 꿀 빨았다."4)

추미애가 해명한다고 해서 수습될 수 있는 상황은 아니었다. 정의와 공정을 책임져야 할 법무장관이 아들의 군복무 문제로 시빗거리가 되는 것은 정권 차원의 위기였다. 친(親)법무부 라인으로 분류되던 김관정 검사장이 이끄는 서울동부지검은 2020년 9월 말에 "아들의 미복귀" 건을 무혐의 처리했다. 그러자 여론은 더욱 들끓었다. 정부의 시선을 신경 쓸 수밖에 없는 KBS 여론조사까지 좋지 않게 나왔다. 2020년 9월 30일 발표된 결과에 따르면, 추미애의 아들이 특혜를 받았다고 생각하는 응답자가 61.7%나 되는 것으로 나왔다.5) 평소 민주당을 지지하는 사람들조차 문제를 심각하게 느끼고 있음을 방증하는 것이었다. 이대로만 가면 문재인 정부의 국정운영에도 심각한 혼란이 올 법했다. 어떤 형태로든 수습이 필요했다.

▣　한동훈과 기자의
　　유착 의혹

추미애와 여권이 심각한 타격을 입는 사이에 또 다른 곳에서 싸움이 벌어졌다. 2020년 3월, 유명한 검찰과 언론의 유착(소위 '검언유착') 관련 보도가 'MBC 뉴스데스크'를 통해 흘러나왔다. 주인공은 한동훈 검사장과 채널A의 이동재 기자였다. 두 사람이 만나서 VIK 사태와 유시민의 관계에 대해 이야기한 것이 문제의 발단이 되었다. 이동재는 마음속에 여권 실세 유시민이 VIK 금융사기에 연루되지 않았을까, 하는 의혹을 가지고 있었고, 2015년에 그 회사의 사무실에서 강연이 있었던 것을 일종의 실마리로 보았다. 그리고 한동훈에게서 모종의 진술을 이끌어내려고 했다. VIK 사태는 무려 1조 5,000억 원가량의 다단계 투자로 사회적 피해를 일으킨 사건이었다. 권력자가 엮여 있다면 정권이 무너질 만한 일이었다. 하지만 윤석열 검찰의 행동과 의도를 불순하게 여기는 사람들에게는, 이동재의 접근법 역시 불순하게 느껴지기에 충분했다.

'1차 공격'은 감옥에 있던 이철 VIK 대표의 이야기에서 시작되었다. 이동재가 그에게 접근해 윤석열 검찰과 중재를 해줄 수 있다는 듯 말한 정황이 나온 것이다. 언론인으로서 뿐만 아니라, 일반인으로서도 하면 안 되는 일이었다. 'MBC 뉴스데스크'에 이 사건을 제보했던 지현진은 이동재에게 "검찰과 교감이 있느냐"고 물었다.6)

만약 한동훈과 이동재가 유시민과 이철의 관계에 대해 많은 이야기를 나누었다면, 검찰과 언론의 유착 관계는 확실해졌을 것이다. 하지만 한동훈은 유시민에 대해 별로 관심 없다고 잘랐다. 하지만 친문의 핵심 오피니언 리더가 불온한 사건의 잠재적 주인공이 되었다는 것만으로도 내사가 시작되기에 충분했다. 서울중앙지검은 한동훈을 압수수색했다. 그 과정에서 다른 검사와 육탄전이 벌어져 '독직 폭행' 건이 또 다른 법적 사건이 되는 해프닝도 벌어진다. 채널A 역시 언론사가 압수수색의 대상이 되는 초유의 사태에 몰린다. 이동재는 법적 책임을 지고 구속되어야 했다. 그때까지 그의 손으로 썼던 기사 전체의 신뢰성을 의심받는 지경에 이르고 해직될 수밖에 없었다. 문재인 정부를 지켜야만 했던 사람들에게는 검언유착의 본진으로 쳐들어가는 중요한 절차였다. 이 일로 인해 추미애가 아들 의혹으로 곤경을 겪던 상황도 대략 덧칠되는 듯했다.

하지만 1차 공격만으로는 소기의 목적을 달성했다고 볼 수 없었다. 윤석열 본인에게까지 영향이 미쳐야만 싸움의 의미가 있었다. 곧장 '2차 공격'이 시작되었다. 추미애 장관은 한동훈을 진천에 있는 법무연수원의 연구위원으로 발령냈다. 엘리트 검사를 한직으로 내몰아 자연스럽게 퇴직하게 하는 수순이었다. 소위 '윤석열 사단'을 과감하게 솎아 내는 차원이기도 했다. 검언유착 본건 수사가 진행되면서 한동훈은 별로 관련이 없다는 사실이 드러났고, 이동재 역시 개인적 일탈에 불과하다는 점이 밝혀졌지만, 싸움은 그치지 않았다. 우선 미디어의 반복 학습 기능을 통해 대중들의 뇌리에 검언유착이라는 단어가 확실히 심어졌다. 그다음은 한동훈의 의혹을 윤석열의 의혹으로 비화하는 것이었다. 이성윤이 이끄는 서울중앙지검은 수사 보안 유지를 명분으로 대검찰청의 포렌식 부서를 '바이패스'해버렸다. 자신들의 일이 총장에게 새어 나가지 않도록 하겠다는 방침을 표명한 것이다. 그리고 한동훈, 윤석열, 김건희의 통화내역이 나오면서 총장의 의혹이 제기되기 시작했다. 모든 사건을 뒤에서 살피고 조종하는 인물이 윤석열이라는 투였다. 친문 정치인들에게는 분노할 만한 사유였다.

검찰을 그대로 두어서는 안 되었다. 사령탑인 법무장관이 총장의 손발을 묶어 두어야만 했다. 추미애는 2020년 7월 검언유착 사건에 대한 수사지휘권을 발동했다. '3차 공격'이었다. 윤석열은 아무것도 하지 말고 있으라는 맥락이었다. 검찰 쪽에서는 전국 고검장, 지검장 회의가 소집되어 과연 총장이 장관의 수사지휘권을 받아들여야 하는지 묻는 일이 벌어졌다. 그러나 추미애는 물러서지 않았다. 현직 검사장의 범죄 혐의는 장관이 직접 나서서 정리 정돈해야 한다는 것이었다. 서울중앙지검이 대검의 간섭을 받지 않고 독립적으로 수사하게끔 하는 조치가 이루어졌다. 수사지휘권의 정당성을 논쟁거리로 삼으며 대검과 법무부가 수사 전담 기관에 대해 물밑 교섭을 하기도 했지만, 장관은 모두 무시했다. 독직 폭행 논란만으로도 중앙지검의 수사전담 건은 중립성 논란을 낳을 수 있었다. 하지만 추미애는 물러서지 않고 윤석열에게 일장 훈계를 남겼다.

"국정원 사건 수사팀장 당시에 윤 총장이 느꼈던 심정이, 이 사건 수사팀이 느끼는 심정과 다르지 않다고 총장이 깨달았다면, 수사의 독립과 공정성을 훼손하지 않도록 함이 마땅하다."

◼ 옵티머스-라임이라는
또 다른 싸움

하지만 추미애 관련 사건 이외에도 경천동지할 만한 일이 또 있었다. 국민적 피해를 낳은 금융사기 때문이다. 심지어 서로 다른 펀드 사기가 쌍둥이 사건처럼 전개되었다. 투자 자금을 모집한 운용사들이 여당 권력자들에게 로비를 한 정황도 흘러나왔다. 옵티머스 사태와 라임 사태가 동시에 터지며 드러난 것들이었다.

옵티머스자산운용은 한양대 출신의 금융인들이 모여 만든 회사로, 문재인 정부 출범 이후 규모가 커진 회사였다. 초기 설립자 중 한 명인 이혁진 전 대표는 2006년 임종석과 함께 북한에 다녀온 사실이 알려지면서 여권 핵심 인사가 아니냐는 논란을 낳았다. 2012년 대선 경선 당시 이혁진이 문재인 대통령과 찍은 사진, 같은 해 총선에 출마했을 때 조국과 찍은 사진 등도 화제가 되었다. 이혁진은 대통령에게 귓속말로 이야기할 수 있을 만큼 친근한 사이라는 단정적 보도가 곳곳에서 나왔다. 옵티머스는 2017년 12월부터 국내 주요 증권사들을 통해 금융 상품을 판매했다. 투자 대상은 공공기관 매출채권이며 연 3%가량의 이자율을 기대할 수 있다는 식이었다. 증권사의 설명을 믿었던 고객들은 5,151억 원이나 옵티머스에 돈을 넣었다. 하지만 자산운용사는 철저히 고객을 속였다. 조직폭력배였던 2대 주주가 대표이사로 등기된 회사들의 사모사채를 샀고, 다시 그 돈은 부동산 개발이나 비상장 주식 등에 폭넓게 뿌려졌다. 공공기관 매출채권과는 거리가 먼 위험성 자산이었다. 그리고 대표이사였던 김재현이 수백억 원을 횡령한 사실까지 드러났다.[7]

옵티머스가 사업을 불려가며 동원한 인맥이 노출되며 의혹은 더욱 커졌다. 이헌재 전 경제부총리, 채동욱 전 검찰총장, 양호 전 나라은행장과 같은 거물급 자문단의 '위용'이 언론에 드러났다. 채동욱과 이재명 경기도지사가 면담한 이후 옵티머스가 투자했던 경기도 내 물류단지 사업이 본격화되었다는 보도까지 나왔다. 이 흐름대로라면, 옵티머스 사태는 정권 차원에서 저질러진 게이트로 진화할 위험이 충분했다. 가장 결정적인 의혹은 청와대 민정수석실 행정관이었던 이진아 변호사가 옵티머스가 투자한 회사들의 이사로 재직했다는 것이다. 이진아는 2012년 대선 당시 문재인 캠프의 외곽조직 중 하나였던 한반도 희망포럼 멤버였다. 그 포럼에는 문재인 대통령과 직·간접적으로 연관이 있는 사람들이 다수 이름을 올렸다. 도대체 권력이 어디까지 개입한 것일까. 어마어마한 금융사기를 둘러싼 힘의 지형을 가늠하는 스토리가 곳곳에서 제기되기 시작했다.

보통 사건의 스토리가 한 가지뿐이라면, 적당히 다른 사건에 의해 덮이거나 효과가 반감되게 마련이다. 하지만 유사한 성격의 스토리가 또 터지면, 대중의 의심은 확신으로 변한다. 옵티머스 사태에 더해 라임 사태까지 터지면서, 충격은 더욱 커졌다. 라임자산운용 역시 1조 원대의 국민적 피해를 냈다. 그들은 '레버리지(대출) 2배 투자'를 운운하며 수익률을 극대화하겠다고 고객들을 속였고, 대신증권을 통해 상품을 팔았다. 몇몇 상품은 손실이 -100%까지 나는 일도 있었다. 옵티머스와 마찬가지로 정관계 인맥이 화려했던 라임 사건의 주역들은 자금 세탁과 빼돌리기 실력이 탁월했다. 역시나 제주도 부동산 개발(메트로폴리탄), 전기이륜차 사업(스타모빌리티), 기업 M&A와 같은 위험성 투자에 돈이 들어갔다. 잠재 손실이 은행이자보다 낫다고 해서 돈을 넣은 사람들은 호되게 뒤통수를 맞았다. 또한 라임 사태의 주역들이 금융감독원 검사역뿐만 아니라 여권 정치인들에게까지 손을 뻗은 정황이 보도로 제기되었다. 이것마저도 옵티머스 사태와 스토리의 구조가 비슷했다. 당사자들은 아니라고 반박했으나, 모 의원이 양복을 선물로 받았다는 의혹에서부터 라임 관련사인 스타모빌리티의 대표로부터 청와대 핵심 인사가 돈을 받았다는 내용의 기사까지 흘러나왔다.

결국 여권 입장에서는 새로운 방식의 싸움이 필요했다. 추미애의 위기와 검언유착이라는 각각의 전장과 별개로 권력형 금융사기라는 또 다른 전장에서 살아남기 위한 전법이 필요해졌다. 금융 사건은 돈이 오가는 과정이 매우 복잡해서 일반인 수준으로는 그 구조를 알아차리기 힘든 경우가 많다. 옵티머스와 라임 사태는 권력들이 누군가에게 돈을 받았다는 스토리와 투자에 개입했다는 스토리가 얽히고설켜 있었다. 따라서 윤석열과의 싸움을 위해서는 당사자를 직격하면서 판을 흔들 수 있는 또 다른 프레임이 필요했다. 그런데 그 시도가 오히려 윤석열이 본격적으로 몸을 일으키게 만드는 빌미를 제공한다.

3

루비콘 강이 된
국정감사

더불어민주당이 옵티머스·라임 사태를 정면 돌파할 수 있는 방도는 없었다. 누가 어느 정도까지 관련되어 있는지 파악할 수 없었기 때문이다. 보통 권력형 비리는 연루된 인물의 영향력과 수사 이후의 정치적 파급 효과가 중요한 판단 기준이다. 무오류를 주장하던 민주당 입장에서 옵티머스·라임 비리는 핵심 인사가 걸려드는 메가톤급 사건이 될 수 있었다. 차라리 대중의 관심을 돌려놓을 만한 역(逆)프레임 전술이 절실했다. 그래서 사건에 직·간접적으로 연루된 검찰 출신 인사들을 찾아내기 시작했다. 대부분의 금융인들은 여야 모두 얽혀 있게 마련이기 때문에 어떻게든 보수 야당 출신이나 검찰 출신을 찾아낼 수는 있었을 것이다.

라임 사태 관련자 명단에서 윤갑근 전 대구고검장의 이름이 나온 것은 나름 '반격'의 기회였다. 조국 사태 때와 마찬가지로 "본질은 검찰 출신 인사들의 수뢰 사건"이라고 둘러치기 좋은 대목이었다. 윤갑근은 국민의힘 충북도당위원장을 지냈고, 21대 총선에 출마한 인물이기도 했다. 그에게는 라임을 위해 우리은행에 상품 재판매 로비를 해주는 명목으로 2억 원을 받았다는 혐의가 적용되었다. 라임 사태를 수사하던 전직 서울남부지검장이 옵티머스 사건 연루자를 변호하는 해프닝도 벌어졌다. 송삼현 전 지검장의 이야기다. 그는 라임 측에 돈을 요구했던 미키루크 이상호를 수사하던 입장이었다. 송 전 지검장은 여당 출신 인사들의 비리는 상부에 알리고, 야당 출신들에 대해서는 은폐했다는 의혹을 받았다. 결과적으로 윤갑근, 송삼현 등 모두 윤석열에게는 치명타를 안기기 좋은 사례였다. 검찰끼리 덮어주다가 사건의 본질을 은폐했다는 문제제기가 가능했기 때문이다. 검찰개혁의 성전을 촉구하기에도 썩 괜찮은 명분을 제공하는 일이었다.

◼ 윤석열은
검찰 식구를 감싼 것일까

공교롭게도 송삼현은 윤갑근의 비리 의혹을 윤석열에게 보고하는 입장이었다. 그는 남부지검장 당시 이종필 라임 전 부사장의 진술을 받았다. 그리고 2020년 5월에 총장 주례 보고를 통해 사실을 알렸다. 당시 윤석열의 지시 내용은 다음과 같았다.

"철저하게 수사하라. 검사 출신인 윤 변호사 수사를 제대로 하지 않으면 제 식구 감싸기라는 비판을 받을 수 있다."

하지만 법무부 측은 지검장이었던 송삼현이 대검 반부패부를 스쳐지나 갔다는 점에 착안해 제동을 걸었다. 대형 비리 때마다 종종 이루어지던 '총장 직보'가 일종의 반칙처럼 된 셈이다. 반부패부장이었던 심재철 검사는 후에 추미애의 핵심 참모인 법무부 검찰국장직으로 이동했다.

윤석열 검찰의 옵티머스·라임 수사가 공정하지 않다는 주장은 라임 사태 피의자를 통해서도 나왔다. 출처는 메트로폴리탄이라는 부동산 개발사의 김영홍 전 회장이었다. 그는 라임으로부터 자금을 투자받아 제주도의 개발 사업에 투자했다는 의혹을 받는다. 김영홍은 야당 정치인의 비리와 관련된 내용을 검찰 조사 과정에서 진술했다고 주장했다. 결국 윤석열을 비롯한 검찰 지도부들이 의도적으로 야권의 잘못을 감추었다는 프레임이 제기되었다.[8]

법무부는 2020년 10월 19일 기습 공격을 했다. 윤석열 검찰이 의도적으로 김봉현의 진술을 무시하고, 야권 인사들에 대한 수사를 소홀히 했다는 지적이었다. 엄정해야 할 검찰수사가 스토리를 끼워 맞추는 식으로 진행되었다는 이야기였다. 대검찰청은 "총장에 대한 중상모략"이라고 맞받았지만, 수세(守勢)가 바뀌지는 않았다.

사실 2020년 봄과 그해 가을은 상황이 완전히 달랐다. 그해 봄의 경우 '학살 인사'가 일어나 윤석열의 참모가 대거 흩어졌다. 하지만 수사의 기본은 할 수 있지 않겠느냐는 기대가 있었다. 하지만 추미애가 검언유착 사건에 대해 지휘권을 행사한 이후부터는 검찰 스스로 수사의 방향을 결정할 수 있는 힘을 잃어가고 있었다. 2020년 7월 법무검찰개혁위원회는 검찰총장의 수사지휘권을 아예 없애고, 인사권도 제한해야 한다는 '개혁안'을 내놓았다. 사실상 검찰총장 제도를 없애겠다는 것이나 마찬가지였다. 그럼에도 불구하고 수치를 견디고 끝까지 임기를 수행하느냐, 아니면 중간에 항거를 하며 직을 던지느냐, 윤석열의 선택지는 두 가지밖에 없었다. 그는 어느 정도 현실에 적응하는 선에서 일을 매듭지으려고 했던 것 같다. 다음 해인 2021년 7월이면 총장으로서의 임기가 다 끝난다는 점도 작용했을 것이다.

우선 정기 간부회의를 폐지했다. 서울중앙지검장을 비롯한 핵심 보직자 대부분이 '추미애 라인'이었으므로, 총장이 간부들을 모아놓고 할 일이 많지 않았다. 서울중앙지검장이 정기적으로 하던 보고 순서도 없앴다. 대신에 검찰연구관 제도를 완비했다. 언론이 '집현전'이라고 부른 사람들이다. 박기동 부장검사(형사정책담당관)를 중심으로 10명의 조직원이 윤석열표 검찰개혁의 내용과 방향에 대해 연구했다. 윤석열 본인이 연구관으로 일한 적이 있기 때문에, 이들에 대한 애정도 강했다.

권한을 내려놓는 일은 쉽지 않다. 하지만 권한 이상으로 지켜야 할 원칙이 있다면 포기하기도 하는 것이 리더의 처세술이다. 특권을 가진 검찰이 금융사기 수사를 소홀히 했다는 여권의 주장을 불식시키기 위해서라도, 살을 주고 뼈를 취하는 전략이 필요했다. 어쩌면 과감하게 내줘버리는 것이 나을지도 모르는 일이었다.

■ 루비콘 강을 건넌 윤석열

여당은 2020년 국정감사를 통해 윤석열을 향한 맹(孟) 포위를 하려고 했다. 미디어에 직접 메시지를 발산할 기회가 없는 검찰총장을 공개적으로 단죄할 수 있는 유일한 기회였다. 윤석열이 국정감사장에서 실수로 걸려들 가능성이 많았다. 더불어민주당은 이미 힘이 빠진 총장을 업무 의지가 없는 총장 또는 편파적인 총장으로 바꾸는 데 진력했다. 법무부가 만든 부실 수사 프레임을 입증하기 위해서라도 꼭 필요한 일이었다.

과연 윤석열은 어떻게 싸움에 응해야 했을까. 그는 임명직 공직자였기에 절제가 필요한 입장에 있었다. 그러자면 말을 줄이고 아껴야 한다. 하지만 추-윤 갈등이라는 소모적 투쟁의 한가운데 있다는 시선을 불식시키려면 과감하게 치고 나갈 필요도 있었다. 보통 국회에서는 무한정 질의권을 행사할 수 있는 국회의원보다 말을 줄여야 하는 공무원이 절대적으로 불리하다. 하지만 두 차례나 법무장관의 수사지휘권이 발동된 이상, 윤석열에게는 직(職)을 건 한마디가 필요했다.

"검찰총장은 법무장관의 부하가 아니다. (만약 부하가 맞다면) 총장 제도가 필요 없다."

이 작심 발언으로 윤석열은 루비콘 강을 건넜다. 개혁과 싸움은 과감해야 하는 법이다. 하지만 전장에 뛰어드는 과정에서 내 몸에 생채기가 어느 정도 날지는 가늠하고 행동해야 한다. 윤석열은 추미애의 구체적 사건 개입이 위법하고 부당한 일이라고 강조했다. 사기꾼들 말만 믿고 검찰총장의 지휘권을 뺏는 것도 문제라는 입장이었다. 기득권의 정점에 있는 검찰총수가 할 수 있는 말이 아니다. 잃을 게 없는 사람이나 할 법한 발언이었다.

이 시점부터 더불어민주당 의원들은 윤석열을 역적 취급했다. 검찰개혁의 상징인 추미애를 향해 상관으로서 지시하지 말라는 주장을 했기 때문이다. 게다가 윤석열은 네 차례의 검찰 인사도 협의가 아닌 통보로 이루어졌다고 폭로했다.

물론 방어 포지션도 취했다. 여당은 서울중앙지검장 시절 〈중앙일보〉 사주와의 만남이 부적절하다고 주장했다. 삼성 사건이 전개되고 있는데 그 일가인 〈중앙일보〉 사주가 늦은 밤 검찰총장과 술을 마시는 모습은 '거래'를 의심할 만한 정황이라는 뉘앙스였다. 윤석열은 만남 자체는 부정하지 않고 "상대가 있어 답을 할 수 없다"는 입장을 내놓았다. 이후 법무장관이 되는 박범계 의원은 "윤석열의 정의는 선택적 정의"라고 했다. 지난날 그를 형이라고 부르던 모습과 정반대 방향의 발언이었다. 거기에 대해서는 "선택적 의심 아니냐"고 맞받아쳤다.

'공개 재판'의 정점은 인생 2모작 계획에 대한 질문과 대답이었다. 야당

의원이 검찰총장의 퇴직 후 진로에 대해 물었다. 이미 대선후보 여론조사에 지지율이 잡히고 있는 입장인데, 본격적으로 정치를 해보지 않겠느냐는 뉘앙스가 담긴 질문이었다. 이미 국정감사 질의가 자정을 넘겨 그다음 날까지 이어지는 시점에 벌어진 일이었다.

"퇴임하고 나면 우리 사회와 국민을 위해서 어떻게 봉사할지 방법을 천천히 생각해보겠다."

혹자는 이 발언을 계기로 윤석열을 향한 여권의 입장이 정리된 것 아니냐고 해석하기도 한다. 임기가 끝나면 현실정치에 뛰어들 가능성도 배제하지 않았기 때문이다. 몇몇 여권 인사들은 윤석열이 임기 중에는 정치 생각을 하지 않는다고 분명하게 말했어야 한다고 비판했다. 그렇지 않으면 모든 검찰수사가 정치적 행위가 된다는 지적도 덧붙였다.

하지만 언론이 규정한 윤석열의 '국감 정치'는 단순히 어떤 말을 했는지 아닌지 여부로 판가름 나는 것이 아니었다. 일찍이 박근혜가 강조했던 '전체적인 분위기'의 문제였다. 검찰 관료가 기세등등한 여당 의원들의 말에 눌리지 않고 꼬박꼬박 반박할 때부터, 이미 그는 위험한 존재였다. 정치인은 당장 닥친 일보다도, 이후에 일어날 사건의 불확실성을 더 깊이 염려하는 법이다. 윤석열을 눌러야 한다는 여당 의원들의 심리는 장래를 염려하는 과정에서 더욱 깊어질 수밖에 없었다. 추미애는 루비콘 강을 건너는 윤석열에게 페이스북을 통해 메시지를 보냈다.

"검찰총장은 법상 법무부 장관의 지휘, 감독을 받는 공무원이다."9)

■ 퇴로 없는 싸움

윤석열과 추미애의 악연은 연초에 '거역'이라는 말이 나올 때부터 파국이 예상되어 있었다. 부하가 아니라는 발언이 나온 이상 더 이상 퇴로는 없었다. 추미애는 국정감사 5일 뒤인 10월 27일에 윤석열을 대상으로 감찰을 지시했다. 명분은 서울중앙지검장 시절 옵티머스 사건을 무혐의 처분한 데에 대한 정밀조사였다. 2018년 당시 전파진흥원은 옵티머스에 투자한 펀드가 정작 성지건설의 무자본 인수에 쓰였다는 사실을 알게 되었다. 그리고 옵티머스 경영진을 횡령 혐의로 고발했다. 그러나 서울중앙지검은 옵티머스 측이 투자계획서대로 자금을 집행했고, 나중에 전파진흥원이 투자금을 모두 회수했기 때문에 실질적 피해는 없다고 보았다. 무혐의는 이런 사정을 살핀 데서 나온 처분이었다. 하지만 추미애는 윤석열이 애초에 옵티머스에 대해 봐주기 수사를 했다는 프레임을 걸었다.

이제 싸움은 둘 중 하나가 쓰러져야만 끝나는 국면으로 치달았다.

4

징계 정국과
정면 돌파

루비콘 강을 건넌 국정감사로부터 한 달이 지났을 때의 일이다. 대부분의 사람들은 추미애가 윤석열을 상대로 감찰을 진행한 사실을 까맣게 잊고 있었다. 아마도 상당수가 별일 없을 것이라고 여겼을지도 모른다. 하지만 추미애는 11월 24일 서울고검 기자실을 찾아 '윤석열 검찰총장 징계 및 직무 배제'를 발표했다. 이는 한마디로 기습공격이었다.

징계 이유는 여섯 가지다.

첫째, 서울중앙지검장 시절 JTBC의 오너인 홍석현을 만난 것이다. 당시 삼성 관련 재판이 진행되고 있었음에도 홍석현을 만난 것은 수사공정성 침해 우려가 있다는 것이 추미애의 논리였다. 하지만 이 발표 이후로 중앙 미디어그룹은 문재인 정부를 강하게 비판하는 논조를 가지게 되었다고 해도 과언이 아니다.

둘째, 판사 사찰 혐의다. 검찰 내에서 주요 사건에 대한 공소 유지를 위해 판사들의 성향을 파악해 총장에게 보고한 문건이 문제시되었다. 나중에 법원에서 이 사실에 대해 비판적인 언급을 하긴 했지만, 사건 당사자 입장에서는 판사들의 의사결정을 예측하기 위해서라도 정보 파악이 중요하다는 반박이 가능할 법하다.

셋째, 채널A 사건과 한명숙 총리 사건의 감찰 방해다. 한동훈에 대한 감찰을 총장이 방해하며 감찰부장의 직무에 간섭했고, 지휘권을 남용했다는 것이 채널A 감찰 방해 혐의의 골자다. 그런데 이 사건은 이미 추미애가 장관으로서 수사지휘권을 행사해서 윤석열의 영(令)이 서지 않는 상태였다. 한명숙 총리 사건도 추미애가 직접 나선 케이스였다.

넷째, 채널A 사건 감찰 정보를 밖으로 유출한 혐의다. 총장이 감찰부장으로부터 보고를 받은 뒤 언론에 관련 보도가 나가게끔 이야기를 흘렸다는 것이다. 추미애는 윤석열이 성명 불상자에게 "감찰 소식을 문자로 통보받았다"고 공유했음을 지적했다. 그런데 불상자라는 말에서부터 이미 징계 청구자의 자신 없음이 느껴진다.

다섯째와 여섯째, 일종의 괘씸죄다. 10월 국정감사 당시 윤석열의 발언이 문제시되었다. 퇴임 이후 사회를 위해 봉사할 방법을 생각해보겠다고 한 말이 죄가 되었다. 보수 야권의 유력 후보로 여론조사에 등장하는 것을 바로잡지 않았다는 것도 문제시되었다. 그리고 감찰에 성의껏 응하지 않았다는 지적도 있었다.

■ 징계는 위기인가 아니면 기회인가

사실 2020년 초부터 윤석열의 입지는 매우 불안했다. 정권 핵심을 과감하게 파고드는 검찰총장이 임기를 지키는 일은 쉽지 않았다. 게다가 2020년 4.13 총선이 야당의 참패로 끝나면서, 정권과 맞서는 총장이 운신할 수 있는 폭도 많이 줄어들었다. 추미애 치하의 법무부가 대검에 총공세를 펼치는 모습도 윤석열로서는 견디기 힘든 일이었을 것이다. 차라리 검찰을 살리기 위해 과감하게 사표를 내는 방법도 고민했을 것이다.

하지만 윤석열과 가까운 법조계 원로들은 "잘리는 한이 있더라도 스스로 그만두어서는 안 된다"고 조언했다. 총장이 스스로 자리를 내놓음으로

써 사태가 마무리된다고 하더라도 검찰이 위신을 회복한다는 보장이 없었다. 오히려 윤석열의 사직 이후 검찰은 정권이 훨씬 다루기 편한 총장에 의해 좌우될 가능성이 있었다. 그 사태를 막기 위해서라도 현직에 있는 검찰 총수가 자리를 지키고 있어야 한다는 것이 '사퇴 불가론'의 핵심 근거였다.

그렇다면 윤석열은 징계로 인해 위험에 처한 것일까, 아니면 또 다른 기회를 얻은 것일까. 만약 정권 차원에서 검찰총장을 탄압했다는 요지만 확실하다면, 더 이상의 정치적 명분도 없을 것이었다. 임기 중에는 충분히 정치적 중립을 위해 애썼지만, 총장을 몰아내고자 하는 정부와 여당의 권력자들 때문에 어쩔 수 없이 정치로 나서게 되었다는 입장 정리도 가능하다. 검찰 파괴를 저지하기 위해서라도 선거 출마가 절실했다는 해석이 있을 법도 하다. 하지만 총장 해임 이후 무슨 기상천외한 일이 벌어질지 예측이 되지 않는 것도 사실이었다. 윤석열의 징계를 예측할 수 없었던 것처럼, 윤석열의 해임이나 사퇴 이후 법무·검찰이 어떤 국면으로 접어들지도 가늠하기 힘든 국면이었다.

징계 발의 후 보름을 넘긴 12월 13일 무렵, 아주 독특한 법안이 국회에 제출되었다. 소위 '최강욱법'이라고 불리는 법안이다. 관련 내용에 따르면 검사나 법관은 사직한 지 1년 내에 선거에 출마할 수 없도록 되어 있다. 최강욱 열린민주당 의원은 2018년경 전두환 전 대통령의 사자명예훼손 소송을 맡았던 장동혁 전 판사의 사례를 들었다. 장동혁은 2020년에 미래통합당 후보로 총선에 출마했던 인물이다. 하지만 같은 판사 출신으로 경기도 용인에 출마해 당선된 이탄희 더불어민주당 의원의 사례도 있다. 그는 사법농단 사태를 비롯해 문재인 정부가 중요시하는 사건의 길목마다 공개

발언을 했던 대중적 인물이었다. 또한 검사나 법관 출신은 아니지만 황운하 전 울산지방경찰청장은 재판 때문에 의원직을 그만두지도 못한 상태에서 국회의원 선거에 출마해 당선되었다. 결국 이런저런 전례로 미루어보아 최강욱법은 다분히 윤석열을 겨냥한 법안이라는 추론이 가능했다. 그의 2022년 대선 출마를 막기 위한 시도라는 것이다.

윤석열의 지인들 중 일부는 징계 정국 와중에 "부당하게 해임당하는 그림이 만들어졌으니, 적절한 시기에 그만두는 게 낫겠다"고 조언했다고 한다. 하지만 윤석열은 조언에 따르기를 거부했다. 그는 징계 자체가 위법하고 부당한 행위라는 소신을 가지고 있었다. 전략적 판단의 여지가 있는 상황이 아니라는 입장이었다. 결국 정면승부를 위한 특별 변호인 선임이 이루어졌다. 윤석열은 법무장관인 추미애뿐만 아니라 문재인 대통령과도 법적으로 갈등할 수 있는 입장에 놓였다. 만약 법무부가 징계를 확정하고, 대통령이 재가할 경우 윤석열은 국가원수와 직접 송사로 다투는 입장이 될 수도 있었다. 과거 정연주 KBS 사장이 이명박 정부 당시 같은 방식의 행정소송을 해 승소한 적이 있었다.

윤석열이 선임한 변호인 중 한 명인 이완규 변호사는 "대통령을 상대로 한 소송이 맞다"고 했다가 청와대의 비판을 받고 입장을 수정하기도 했다. 만약 법무부의 처분이 확정되면, 대통령은 재량권 없이 집행만 할 뿐이라는 청와대 측 입장을 듣고 한 말이었다. 이완규가 윤석열 대 문재인의 구도를 언급하자, 청와대 관계자는 "이런 게 바로 정치적 행위"라고 맞받았다.[10] 여러모로 징계 정국은 첩첩산중이었다.

■ 논리 무장에 실패한
징계위원회

공은 법무부 검사징계위원회와 법원으로 넘어갔다. 징계위원회가 윤석열에게 친화적인 인물로 구성될 가능성은 거의 없었다. 법무부는 변호인단이 제시한 기피 사유를 대부분 기각했다. 판사 사찰 문건의 제보자였던 심재철 검찰국장은 위원직을 사퇴하지 않고, 의결에 참여하는 것만 피하는 방식으로 상황에 임했다. 중립성 논란을 피하면서 의결정족수를 채우지 못하는 일도 막는, 교묘한 대처였다. 조국은 페이스북에 판례를 공유하며 징계위 관련 논란에 대해 간접적으로 의견을 냈다. 여러모로 윤석열에게는 쉽지 않은 상황이었다.

징계위원회는 12월 16일 '정직 2개월' 처분을 내렸다. 추미애가 제시한 여섯 가지 징계 사유 중 네 가지를 인정한 결과였다. 홍석현 JTBC 오너를 만난 일과 감찰에 불응한 일은 징계를 내리기 어려운 문제로 분류되었다. 한명숙 전 총리 사건에 대한 감찰 논란과 채널A 감찰 정보 유출 논란은 무혐의 처리되었다. 반면에 판사 사찰 의혹이나 2020년 국정감사 당시의 '퇴임 후 사회봉사 발언' 등의 네 가지 혐의는 징계 사유로 처리되었다.[11]

검사징계위원회의 결정은 다분히 정치적인 의미를 가졌다고 볼 수 있었다. 만약 윤석열이 해임처분을 당하면 그를 동정하는 시선이 2021년 4월 7일 재보선 때까지 이어질 수 있었다. 쫓겨난 검찰총장이 열사로 대우받는 것은 청와대와 더불어민주당에게 큰 부담이었다. 반면에 경고나 견책 수준의 징계가 이루어진다면, 추미애는 하나마나한 일을 벌인 게 된다. 법무부산하 위원회가 장관을 들이받는 모양새가 만들어진다. 따라서 검사징계위원회는 일종의 타협안으로 정직 2개월을 택한 셈이다. 대통령이 12월 중순이후 재가한다는 것을 전제한다면 윤석열은 봄까지 있으나마나 한 총장 신세가 된다. 자연히 그 뒤에도 거취를 위협받을 가능성이 더욱 커진다. 여권일각에서는 윤석열이 언제든 스스로 물러나야 한다며 '총장 탄핵'을 거론하는 극단파들의 목소리가 높아져 가고 있었다. 검사징계위원회는 논리적 무장에는 실패했으되, 정치적으로는 충분히 실효성이 있는 처분을 내놓은 셈이었다. 문재인 대통령은 법무장관이 제청한 징계안을 그날 바로 재가했다. 그리고 윤석열은 정면 대응했다. 대통령의 통치 행위에 대해 가처분과 행정소송을 제기한 것이다. 8일간의 피 말리는 기 싸움이 시작되었다.

■ 사실의 싸움을 택한 윤석열

법은 사실의 싸움을 지향한다. 반면에 정치는 정서의 싸움을 유도하는 경향이 있다. 문제는 법정 다툼에 정치적 맥락이 끼어들 때다. 끝까지 사실을 추구하기 위한 투쟁을 할지, 아니면 대중의 지지를 얻고 적당한 선에서 물러날지 고민하게 되는 순간이다. 실제로 징계 정국 와중에는 "윤석열이 부당한 처분을 받았다는 사실만 인식되면 성공한 것"이라는 인식을 하는 사람들이 보수 지지층 중에도 있었다. 계속해서 재판을 걸고 뉴스로 보도되는 과정이 일종의 공해처럼 여겨진다는 취지였다. 더러는 "빨리 잘리고 2021년 4.7 재보선 정국에서 역할을 하는 것이 대선주자로 가는 길"이라고 주장하는 사람도 있었다. 하지만 윤석열은 사실 추구의 길을 택했다. 어디까지나 검찰총장의 직무는 정치 논리가 아니라 법의 논리로 수행하는 것이었기 때문이다. 대통령에게 직접 싸움을 거는 상황을 마다하지 않는 것도 같은 이유였다. 위법한 상관의 지시는 따를 수 없다는 것이 윤석열의 인생에서 일관된 신념이었다.

12월 24일 법원은 대통령의 재가에 대한 집행정지 신청을 인용했다. 결과적으로 정면 돌파 전략을 통한 성과였다. 정치적인 접근 방식으로는 얻을 수 없었던 '사실의 승리'였다. 물론 정면 돌파가 아무에게나 통하는 방법은 아니다. 카르타고의 한니발과 싸워 이겼던 로마의 스키피오처럼, 철저한 계획과 담력이 있어야 한다. 우선 절대로 타협하지 않을 강한 원칙이 필요하다. 윤석열에게는 위법한 지시는 따르지 않는다는 신념이었다. 그 다음으로 집요할 만큼 집중된 공격의 기술이 필요하다. 윤석열은 징계위원회 구성부터 철저히 문제 삼았고, 처분의 내용뿐만 아니라 위원들의 자격 문제도 논쟁의 장으로 끌어들였다. 마지막으로 함부로 직접 전장에 나서지 않았다. 싸움이 시작된 후에는 철저히 변호사에게 역할을 일임하고, 자신은 보이지 않는 곳에서 상대의 수를 읽으려고 노력했다. 징계 정국을 극복해 나가는 윤석열의 전략은 이렇게 짜임새 있는 싸움 방식을 통해 가치를 발휘했다.

5

목적은 수단을
정당화할 수 있나

이성윤 서울중앙지검장이 자신의 기관에서 다루는 사건을 변호하는 사람에게 차량 지원을 받았다. 또 무상으로 운전기사까지 제공받았다. 차를 준 변호사는 조국 사건 등을 취급하는 사람이었다. 국민권익위원회는 국회에 "뇌물수수와 김영란법 위반 소지가 다분하다"고 의견을 보냈다. 한 편의 블랙코미디가 아닐 수 없었다. 윤석열의 부인이 전시를 기획하며 기업으로부터 대가성 지원을 받은 것 아니냐는 의심으로부터 수사를 한 인물이 이성윤이었으니까.

문제의 발단은 서울중앙지검장이 공수처 조사를 받게 되면서부터 비롯되었다. 2021년 3월 당시 이성윤은 정부과천청사의 공수처 사무실 인근까지 변호사의 차를 타고 갔다. 그러고 나서 김진욱 공수처장이 에스코트하는 관용차로 갈아탔다. 이토록 공수처가 서울중앙지검장을 '뫼시고' 조사를 벌인 사건은 다름 아닌 '김학의 불법 출금' 의혹이었다. 이성윤은 2019년 6월 수원지검 안양지청이 불법 출금 수사를 하지 못하도록 압력을 가했다는 혐의를 받고 있었다. 과연 김학의가 어떤 인물이기에 엽기적인 사건들이 줄지어 일어난 것일까. 도대체 법무부와 검찰은 그의 출국을 막기 위해 무슨 일을 한 것인가.

■ 나쁜 놈을 잡기 위한 범법

김학의는 유명한 별장 성 접대 논란 동영상의 주인공이다. 박근혜 정부 당시 대통령은 "본인이 아니라는데 왜 논란이 되는가"라는 식의 발언을 해 화제가 되기도 했다. 김학의가 그 정도로 총애를 받은 인물이었던 셈이다. 문재인 정부가 들어서면서 그의 사건은 재수사 대상이 되었다. 대통령 공식 담화까지 이루어졌다. 그리고 언론에 제보된 검찰관계자의 공익신고서에 따르면 법무부가 대통령의 메시지(2019년 3월 18일)가 있던 다음 날부터 무려 177번이나 김학의의 개인정보를 들여다보았다고 한다. 여기에는 박상기 전 장관도 연루되었다는 내용이 신고서에 적혀 있었다. 김학의라는 '나쁜 놈'을 잡기 위해 범법까지 저지른 것이다. 개인 사찰이 이루어지던 당시에는 피의자 신분이 아니었기에 김학의의 출입국 정보 열람은 엄연히 불법이었다.

한술 더 떠서 공문서 위조 사건까지 벌어진다. 김학의 사건을 들여다보던 대검 과거사진상조사단 소속 이규원 검사가 가짜 내사번호가 적힌 '긴급출금승인서'를 출입국관리본부에 보낸 것이다. 과거사진상조사단은 수사권을 가진 기구가 아니기에 승인서를 제출할 수 없는 입장이었다. 그리고 문건에 적힌 내사번호는 해당 사건과 관련된 데이터가 아니라 서울동부지검이 조사하던 입찰 비리 사건 번호였다. 게다가 김학의가 공식 피의자로 처리되어야만 긴급 출금 조치도 가능했다. 하지만 법무·검찰 당국은 그 사실을 무시하고 김학의를 공항에서 끌고 오는 것 자체에만 주력했다. 월권행위까지 저지른 셈이었다.

당시 대검 반부패강력부장이었던 이성윤은 대담하게 상황을 덮으려고 했다. 우선 서울동부지검장에게 전화해 "승인한 것으로 해달라"고 거짓말을 종용했다. 세 달 뒤 불법 출금 사건을 조사하던 안양지청에 압력을 가한 것은 당연한 흐름이었다. 2020년 연말 공익 제보에 의해 일이 터지자 불법 출금 사건 당사자들은 자신은 범죄에 가담하지 않았다며 발뺌하거나, "김학의라는 나쁜 놈이 해외로 빠져나가는 것을 보고 있어야만 하느냐"며 역으로 비난했다. 네티즌들은 검찰을 공격했다. 김학의를 봐주기 위해 박상기와 이성윤을 건드리는 공작이라느니, 검사들이 관행적으로 내사번호를 '임시로' 만들었다가 나중에 새로 번호를 생성한다느니 하는 이야기들이 넘쳐 났다. '본질은 검찰개혁'이라며 핏대를 세우는 사람도 있었다.

■ 대통령 정책 목표 부응을 위한 불법

문재인 대통령의 탈원전 정책 목표를 달성하고자 저질러진 불법 행위도 있었다. 청와대 비서관, 산업통상자원부 장관 그리고 관료들까지 개입한 문서 위조 행위였다. 원자력발전소의 경제성을 평가하기 위한 연구용역 내용에 정부 고위자들이 간섭해 그럴듯한 숫자가 나올 때까지 '데이터 마사지'를 강요한 것이었다.

채희봉은 청와대 산업정책비서관으로 재직하면서 산업부 국장급 원전산업정책관, 담당 과장, 사무관을 불러 "계수(경제성 평가 모델을 통해 도출된 상관계수)를 조작하라. 한국수력원자력에 압력을 가하라"고 지시했다고 한다. 원전의 경제성이 낮다는 논리를 이끌어내기 위해 전력 판매단가와 이용률을 확 낮춘 결과를 내놓으라고 요구한 것이다. 연구용역사는 원전의 가동편익 수치를 '획기적으로' 바꾸었다. 처음에는 3,407억 원에 이르는 가동편익이 4일 만에 1,000억대로 쪼그라들었다. 하지만 청와대 비서관과 산업부 고위 관료들은 그 정도 수준으로 만족할 수 없었다. 용역사를 계속 쥐어짜서 원전을 계속 돌릴 때에는 224억 원의 편익이 발생한다는 결과를 도출했다. 이 경우 원전을 계속 돌리면 매년 적자 91억 원, 완전히 그만둘 경우 적자 315억 원 정도라는 계산이 나왔다. 일반인의 시선에서 보면 어느 쪽으로든 마이너스다. 언젠가 사고가 날 법한 원자력발전소를 돌리느니 몇백억 적자를 보더라도 없애 버리는 게 낫다고 여길 수 있다. 용역사인 삼덕회계법인은 나중에 무슨 일이 벌어질 것을 대비해 모든 증거를 남겨두었다고 한다. 막상 그들 덕분에 사건의 진상이 알려졌으니 고맙다는 말이라도 해야 하나 싶다.

백운규는 산업통상자원부 장관의 자격으로 부하들에게 막말을 했다. 청와대에서 지시가 내려온 대로 얼른 과업을 이행하라는 명령을 공무원들이 머뭇대자 '죽을래'라는 말을 했다. 일본의 관료들은 '손타쿠'라는 말을 종종 한다. 윗사람이 직접 지시하지 않아도 알아서 기는 차원에서 무엇인가를 해내는 행위다. 하지만 한국의 산업부 관료들은 백운규의 드러나지 않은 의중을 살피기보다 그의 지시가 불법일 가능성을 염두에 두었다. 그리고 일련의 전말을 하나도 잊어버리지 않고 수사 당국과 언론에 털어놓았다. 참 대단한 사람들이라는 생각이 든다.

그 와중에 한국수력원자력 사장의 임기가 1년 연장되었다. 보통 이 정도로 골치 아픈 일이 생기면 도망치듯 그만두거나 자기가 빠져나갈 구멍을 만드는 게 상식이다. 그런데 정재훈 한국수력원자력 사장은 오히려 자리에 남는 길을 선택했다. 우리가 모르는 어떤 일이 뒤에서 벌어지고 있는 것일까. '죽을래 장관'의 영장은 2021년 2월 9일자로 기각되었다.

검찰수사는 전광석화로 진행되었다. 감사원이 원전 경제성 평가 조작과 관련된 감사를 벌이면서 산업부 공무원이 530여 개 파일을 삭제했다는 사실도 찾아냈다. 검찰의 공소장에는 삭제된 자료 중에 청와대 보고 문건이 다수 있을 것이라는 내용이 들어갔다.

청와대와 여당 의원들은 거세게 반발했다. 원전 경제성 평가 이슈는 대통령의 정책과 결부된 사안이지, 사법적으로 논할 수 있는 대상이 아니라는 주장이 나왔다. 청와대 일자리수석비서관을 지낸 정태호 의원은 "검찰이 과잉 수사, 정치수사를 전개한다"고 힘주어 말했다. 또 그는 "장관이 불구속 처리되었으니 수사의 명분도 사라진 것 아니냐"는 아주 독자적인 법 해석을 내놓았다. 신동근 더불어민주당 최고위원은 새벽 시간에 언론들이 기사를 쏟아 낸 것을 문제 삼았다.

"백운규 장관의 영장 기각 여부를 언론에서 어떻게 금방 알고서 공표하기 시작했는가."

마치 검찰에서 정보를 흘렸다는 투다. 안타깝지만, 법원 공보판사들이 법조 출입 기자에게 귀띔해주는 경우도 꽤 많다. 공교롭게도 여당 의원들은 원전 경제성 평가 자료 조작이 없다고 강변하지는 못했다. 보통 가짜 뉴스라거나, 허위 사실 유포라고 맹공격을 할 수 있는데 산업부 안에서 일어난 일 자체에 대해서는 일체의 정당화를 하지 않는 상황이다.

■ 형식적 비합리성을 파고드는
검찰수사

청와대와 여당은 '불법 출금 수사'와 '원전 경제성 평가 조작 수사'에 몹시 당황한 듯했다. 대통령 차원에서 강조된 일을 하는데, 과정상 문제가 있다고 해서 흔들면 되겠느냐는 식이었다. 진중권 전 동양대 교수는 '윤석열 징계'의 가장 큰 원인이 원전 수사라고 했다. 추정의 근거는 윤건영 더불어민주당 의원이 감사원과 검찰을 향해 "분명히 경고한다. 선 넘지 마라"고 엄포를 놓은 것이었다. 그의 입장은 월성 1호기 폐쇄가 대통령의 선거 공약이었고, 당선을 통해 지지를 받았기 때문에 검찰이 건드려서는 안 된다는 것이었다. 하지만 윤석열은 단 한 번도 원전 폐쇄 정책이 부당하다고 한 적이 없다. 의사결정을 내리는 과정에서 자료 조작과 은폐가 이루어진 행위 자체를 문제 삼았을 뿐이다. 그러나 친문 정치인들과 네티즌들은 내용과 형식을 구분해서 보지 않았다. 검찰의 수사는 "절차 좀 어겼다는 사실을 빌미로 정책의 틀을 흔드는 하극상"이라는 식이었다. 이때 가능한 프레임이 "선거로 집권한 정부를 관료 조직인 검찰이 뒤엎으려는 쿠데타가 자행되고 있다"는 논리다.

불법 출금 수사도 마찬가지다. 여당은 개인정보의 무단 열람, 출국 금지 행위, 내사번호 조작 등 모두 범법이라는 사실에 매달리지 않았다. 오히려 김학의 수사 건을 피상적으로 언급하며 검찰개혁을 위한 정치적 명분으로 제시했다. 김용민 더불어민주당 의원은 2021년 1월 19일 공수처장 청문회에서 이렇게 말했다.

"김학의 성로비 사건 수사검사가 라임 사태 주범 김봉현에게 술 접대를 받았다. 그 유명한 '99만 원 불기소 세트'의 주인공이다. 검찰의 잘못이 무한 반복되며 영원한 회귀를 하고 있는데 공수처가 끊어내야 한다."

김용민은 '영원한 회귀'라는 니체의 철학적 개념까지 거론해가며 진영 내 결집을 유도했다. 박상기 전 장관, 이용구 법무차관(당시 법무실장) 등이 저지른 위법은 축소시키거나 언급하지 않음으로써 무관심을 유도하고, 사건 자체는 정치 논쟁으로 가져가는 전술이다. 김용민은 애초에 출금의 필요성을 이규원에게 제기한 사람이다. 이용구와는 출금 요청의 형식과 방법론까지 논의한 것으로 전해졌다.

윤석열을 성 접대 사건의 당사자들과 엮는 방식의 '칵테일 전술'도 있었다. 이규원은 김학의에게 로비를 했던 업자인 윤중천을 조사하다가 기록을 조작했다는 의혹이 있다. 그는 윤중천에게 "윤석열 총장이 여기 온 것 같다"는 진술을 들었다고 기록에 남겼다. 하지만 나중에 알려진 사실은 면담보고서가 이규원에 의해 왜곡된 것이었다. 수사 자료 위조는 검찰의 신뢰를 땅에 떨어뜨리는 행위였다. 물론 당사자는 억울하다고 주장하고 있다.[12]

윤석열은 김학의를 감싸지도 않았다. 성 접대 문제의 경우 공소시효 때문에 면소 처분을 받은 것 이외에는 대부분의 죄목을 재판에 회부했다. 검찰은 '김학의 구속'으로 이어진 항소심에서 징역 12년, 벌금 7억 원과 추징금 3억 3,000만 원을 구형했다. 공소장에는 유명한 '스폰서'라는 말이 들어갔다.

6

검수완박은
부패완판이다

징계 정국의 와중에서 윤석열에게 가장 큰 압박은 무엇이었을까. 문재인 대통령과 추미애 장관은 상수로 여겼을 것이기에 큰 부담이 아니었으리라 본다. 친문 정치인들의 극언도 어느 시점부터는 웃어넘기는 수준이 되었을 것이다. 그들은 정연한 논리로 윤석열을 공격하기보다는, 상황에 의한 공격을 선호했다. 대통령과 조국, 추미애 등을 옹호하기 위해 여러 근거와 사례를 동원해 검찰을 몰아붙이는 것이 친문 진영의 경향이었다. 일본의 정치학자 마루야마 마사오는 파시즘의 원리를 분석하며 '이론신앙'과 '실감신앙' 개념을 이야기했다. 이론신앙은 성리학이나 마르크시즘처럼 개념과 이론의 정연함을 중시하는 행태다. 윤석열의 헌법주의도 일종의 이론신앙으로 볼 수 있다. 반면에 실감신앙은 기성이론의 힘을 믿지 않는 행태다. 직접 경험하고 느낀 것, 사람들이 그럴 듯하다고 합의한 것만이 진실이라는 입장이다. 마루야마는 일본 제국주의 시대의 실감신앙이 천황과 지도부들의 결단을 중시하는 파시즘을 낳았다고 주장한다. 최소한의 원리원칙보다는 영도자의 능력과 카리스마를 믿는 행태이기에 나중에는 인간 숭배로 흐른다는 것이다. 학생 운동 시절부터 이론과 원리를 중시하던 친문은 징계 정국을 지나며 실감신앙을 지향하는 집단으로 변질되어 있었다. 그런데 소용돌이처럼 몰아치는 윤석열 타도 바람 속에서 의외의 세력이 등장했다. 전 세계적으로 가장 강한 이론신앙을 가지고 있는 천주교가 검찰개혁 촉구에 나선 것이다. 제주 해군기지 반대, 국정교과서 반대, 박근혜 대통령 사퇴 요구 등에 앞장선 정의구현사제단이 '윤석열 타도'를 선언했다. 일반 신자들의 사고와 행동을 지배할 수 있는 신부들의 검찰개혁 촉구는 한때 가톨릭 세례를 받았던 윤석열에게도 꽤 부담이었을 것이다.

■ 정의구현사제단과
　거짓 종교인 규탄 선언

　　제복을 입는 사람들은 특유의 위압감과 무게감이 있다. 성직자들의
제복은 대중의 관심과 존경을 아우르는 상징이다. 정의구현사제단은 민주
화 시대를 지나오면서 성직자들의 거룩한 모습에 정치성과 공격성을 더했
다. 그리고 문재인 정부가 출범하면서 중요한 정치 원로 집단으로 역할을
하게 되었다. 대통령 본인을 비롯해 정권 수뇌들이 천주교인인 점도 한몫
했다.

　　윤석열 규탄 선언을 이끌어낸 정제천 신부는 광주일고와 서울대 법대를
나와서 성직의 길을 지향한 독특한 사람이다. 그는 고검장 출신인 소병철
더불어민주당 의원의 친구이기도 하다. 정 신부가 징계 정국 와중에 밀접
하게 접촉한 것으로 보이는 인물은 감찰부장인 한동수였다.

　　감찰부장과 정의구현사제단 신부의 만남이 이루어진 후에는 모종의 '협
조'도 뒷받침된 것으로 보인다. 오랫동안 서강대와 법정 소송 중이던 기술
지주회사 대표 출신 A 신부를 비롯한 6명이 재항고 기각 처분을 받았다. 서
강대의 박종구 총장은 6명을 배임 혐의로 수사 의뢰, 정식 고발, 항고, 재항
고까지 했지만 대검 감찰부의 조치로 무산되었다. A 신부는 정제천 신부의
측근으로 드러났다. 윤석열 규탄을 목적으로 한 12월 7일의 시국선언에는
3,900여 명의 신부, 수녀가 참여했다.

　　"남의 허물에 대해선 티끌 같은 일도 사납게 따지면서 자신에게는 한없
이 관대해지는 검찰총장의 이중적 태도는 검찰의 고질적 악습을 고스란히

보였다. 국민이 선출한 최고 권력이라도 거침없이 올가미를 들고 달려드는 통제 불능의 폭력성을 언제까지나 참아줄 수 없다."

정진석 추기경, 염수정 추기경과 같은 지도자들은 선언문에 참여하지 않았다. 〈주간조선〉은 발표 4일 전에 수원교구를 중심으로 1,500여 명의 연판장이 작성되었다고 보도했다.13) 정의구현사제단과 밀접한 이용훈 주교회의 의장이 선언 참여를 요구하고, 교구 소속 성직자들이 이름을 쓰는 방식이었다. 하지만 군대식 서열이 엄격한 천주교의 특성상 젊은 신부들이 신자들에게 고민을 털어놓는 방식으로 의혹이 알려졌다.

대검 감찰부장과 정의구현사제단 소속 고위 신부가 교감한 이후 선언문이 나왔다는 사실이 알려지자 분개한 개신교와 천주교의 평신도들이 일주일 후 '거짓 종교인 규탄 선언'을 냈다. 1,500명의 '기도하는 사람들'이라는 단체였다. 이들은 검찰개혁 촉구 선언을 나치 독일과 비시 프랑스 치하의 가톨릭 사제들이 저지른 만행에 비유했다. 성직자들이 유대인 탄압에 적극 협조하는 한편, 파시스트와 교황청을 잇는 가교 역할을 한 것을 비판한 것이다.

종교인들의 집단 행동은 윤석열을 얽어매기 위해서 또 다른 형태의 문화적 전술이 시도될 수 있음을 뜻하는 사건이기도 했다. 그를 물러나게 하는 일은 꼭 직접적인 압박을 통해서만 이룰 수 있는 것은 아니었다. 오히려 대중의 생각 속에서 투쟁 자체를 무의미하게 만들어 버리는 방법도 있었다. 사람들이 적절한 회의감을 품도록 유도하는 것이다.

"도대체 윤석열이 이렇게까지 해야 하는 이유는 무엇인가?"

■ 문화 통치와
공소청 강행

　추미애 이후 법무장관에 취임한 박범계 의원은 이른바 '문화 통치'
를 지향했다. 청문회 준비 단계에서부터 검찰과의 협조를 강조했다. 불필
요한 분쟁은 피하면서, 법무장관으로서의 위엄은 보여주겠다는 일환이었
다. 민정수석에는 신현수 변호사가 취임했다. 그는 윤석열과 인간적인 교
감이 있는 관계였다. 문재인 정부 초기에는 국가정보원 기획조정실장을
맡았다. 2021년 초가 되면서 문재인 대통령과 윤석열이 직접적으로 충돌
할 만한 여지는 점점 줄어드는 것처럼 보였다. 그러면서 그의 정치적 비중
도 점차 줄어드는 듯한 분위기가 연출되었다.

　연두 기자회견에서 문 대통령은 "윤석열 총장은 문재인 정부의 총장"이
라고 말했다. 스스로 징계를 재가했음에도 불구하고, 윤석열이라는 인물
에 대한 신임은 잃지 않았다는 모순적 언사였다. 하지만 이 발언은 보수 야
권에서 정체성 논란을 불러일으켰다. 그동안 윤석열의 수사는 오로지 문
재인 정권을 지키기 위한 충심(忠心)에서 비롯되었다거나, 박근혜 전 대통
령 탄핵 주범으로서의 면모가 사라지지 않았다는 식의 극언이 나왔다. 하
지만 검찰총장으로서 법치주의 정신에 입각해 일하겠다며 조국 수사와 원
전 수사 등을 진행한 윤석열에게는 발목이 잡히는 순간들이었다. 만일 그
가 정치를 그다음 행보로 생각하고 있었다면, 문재인 대통령은 앞으로 나
아갈 가능성을 차단하고 있는 셈이었다.

　그런데 친문 세력을 중심으로 검찰수사권의 완전 박탈을 입법으로 실현

하는 '공소청법'이 나왔다. 해당 법안의 대표 발의자는 김학의 사건 당시 과 거사위원을 지낸 김용민이었다. 그는 금태섭 전 의원과의 토론에서 검찰총 장을 공소청장으로 바꾸고, 기존 검찰청은 수사 전문 기관과 공소 전문 기 관을 분할하도록 하는 법안 내용에 대해 설명했다. 하지만 2019년 패스트트 랙의 결과로 국회에서 통과된 고위공직자비리수사처의 법적 지위에 대해 서는 명쾌한 입장을 내놓지 않았다. 검찰의 수사권을 박탈하더라도, 기소권 과 수사권을 함께 가지고 있는 공수처가 어떻게 할지에 대해서는 내용이 불 명확했기 때문이다. 그래서 검경수사권 조정 이후 신설된 국가수사본부에 이어, 검찰의 수사검사들이 이동할 '중대범죄수사청'에 대한 논의가 시작되 었다. 미연방수사국FBI과 영국의 중대수사청을 본뜬 것이라는 해설도 나왔 다. 하지만 이미 공수처가 중대수사청으로서의 기능을 하고 있고, 국가수사 본부 역시 미연방수사국의 기능을 하고 있는 셈이기에 여당은 아무리 제대 로 된 설명을 하려고 해도 순환 논리에 빠지는 상황이 되었다.

■ 검수완박은
  부패완판이다

  검찰의 수사권 박탈과 기소권의 분리 원칙은 윤석열에게 또 다른 행동의 명분을 제공했다. 징계 정국의 와중에도 아무런 입장을 내놓지 않 았던 그였다. 하지만 마지막 검찰총장이 될지도 모른다는 자각은 또 다른

'루비콘'을 건너게 만들었다. 그는 2021년 3월 3일 대구고검과 지검을 방문한 자리에서 "검수완박은 부패가 완전히 판치게 하는 부패완판"이라는 신조어로 입장을 밝혔다. 여당과 진보 언론에서는 검찰총장의 여론 선동이라고 했다.

같은 날 윤석열과 〈중앙일보〉가 통화한 내용이 흘러나왔다. 전날 〈국민일보〉 인터뷰를 통해 "검찰수사권 박탈은 법치주의 말살"이라는 강경 발언이 노출된 상태에서 여론은 뜨거워져 있었다. 윤석열은 "검찰 기능을 분할해 반부패 전문 검찰청, 금융수사 전문 검찰청 등으로 구분하는 것에는 반대하지 않으나, 수사와 기소를 기계적으로 분리하는 것은 권력형 범죄나 중범죄의 처벌을 막는 효과가 있다"고 주장했다. 특히 중대범죄수사청이 도입될 경우 검찰은 정부법무공단과 같은 기구로 전락할 것이라고 예견했다.

검찰수사의 '배틀필드(싸움터)'는 법정이라는 것이 윤석열의 주된 소신이었다. 죄질이 악한 사건일수록 재판 기간도 오래 걸리고, 검토해야 할 자료나 이슈도 많아진다. 또 피고인 측이 언론을 통해 여론 조성을 할 경우 법원은 선명한 판결을 내리기 어려워지기 쉽다. 제대로 공소 유지를 하기 위해서는 수사를 통해 사건에 대한 선명한 밑그림이 있어야 한다. 하지만 수사 따로, 기소 따로 하게 되면 유죄율은 현저히 낮아질 수밖에 없다. 윤석열은 이런 복잡한 상황을 어느 정도 예견하고 "직을 100번이라도 걸겠다"고 배수진을 쳤다.[14]

물론 그에 대해서 까칠하게 보는 사람들은, 모든 행보가 정치 도전을 위한 명분 쌓기라고 비판할 것이다. 3일 뒤인 6일에 윤석열은 대검찰청 현관 앞에서 "자유민주주의와 국민을 지키겠다"고 사퇴 선언을 했다. 최강욱 열린민주당 대표가 발의한 검찰청법 개정안을 의식한 선택이라는 지적도 있었다. 원래는 검사가 그만둔 지 90일이 지나면 선거 출마 자격을 가지고 있었다. 하지만 개정법 내용에 따르면 최소 1년을 보내야 한다. 까다로운 사람들은 법망을 피하기 위한 꼼수라고 지적할 수도 있을 것이다.

공정과 상식을 무기로 험난한 길을 헤쳐 나갔던 윤석열은 그렇게 바람과도 같이 검찰을 떠났다. 어찌 보면 그는 관료보다 혁명가에 더 가까웠는지도 모른다. 늘 원칙과 합리를 강조했지만, 그 이면에는 기성 체제의 통념을 전복하는 요소가 숨어 있었다. 2003년 광주지검 근무 당시에는 영장 청구를 위해 판사에게 의견서를 제출해 선배들에게 핀잔을 받기도 했다. 국정원 여론조작 수사는 반골 검사로 낙인찍히는 계기였다. 윤석열은 서울중앙지검장에 임명되기 직전까지도 법정을 주전장으로 삼으며 재판에 일일이 출석했다. 어찌 보면 괴짜검사, 달리 보면 상식검사였던 그는 자신의 길을 만들며 앞으로 나아가야 하는 입장이 되었다.

—— 5장 ——

윤석열이 꿈꾸는 나라

1

상식의 공화국

윤석열은 제왕적 대통령제의 피해자다. 박근혜 정부 시절에는 대통령의 측근 노릇을 하는 법무-검찰 수뇌부로부터 핍박을 받았다. 문재인 정부 때에는 대통령 본인과 불편한 관계에 있었다. 만약 일본이나 미국처럼 검찰총장의 지위가 독립적으로 보장되었더라면 윤석열이 정권과 대립각을 세울 일도 없었을 것이다. 어떤 종류의 수사를 하든 간에 그저 '일'일 뿐이기 때문이다. 하지만 정치권은 검찰을 일하는 조직으로 보지 않았다. 보수 정권은 권력 보위의 수단으로 활용하려 했고, 진보 정권은 법기술자로 다루려고 했다. 윤석열의 튀는 행보는 이런 기성 세력의 정치적 검찰 이용에 대한 반감에서 시작된다고 볼 수 있다.

2020년 11월 3일, 그는 검찰 진천연수원 강의에서 뼈 있는 말을 던졌다. 언론에서 프레임화한 '추-윤 갈등'이 본격화하는 시점에 나온 발언이었다.

"국민이 원하는 진짜 검찰개혁은 살아 있는 권력의 비리를 눈치 보지 않고 공정하게 수사하는 검찰이다. 검찰 제도는 프랑스 혁명 이후 공화국 검찰에서 시작되었다. 검찰은 국민이 나라의 주인이라는 공화국 정신에서 탄생한 것인 만큼 국민의 검찰이 되어야 한다."

이에 더불어민주당 의원들과 추미애는 바로 불편한 기색을 내비쳤다. 윤석열의 '공화국 검찰' 발언을 입체적으로 곱씹어보면, 문재인 정부가 이끄는 대한민국이 진정한 공화국이 아니라는 말로 읽힐 수 있었다. 박근혜 정부 시절에는 '여왕과 공화국의 불화'라는 말이 있었다. 겉으로는 헌법으로 규정된 민주공화국이지만, 실질은 초법적으로 권력을 누리는 대통령이 5년간 왕으로 통치하는 나라라는 것이다. 관저 밖으로 잘 나오지 않았던 박 전 대통령은 끊임없이 세상과 불화한 끝에 불행한 탄핵을 당했다. 문재인 대통령도 구중궁궐에 몸을 숨기는 모습은 매한가지다. 공화국 대통령으로서 성실히 국정에 임하려고 해도 '왕처럼 느껴진다'는 언론의 비판을 받고 야당에 흔들린다. 180석의 거대 여당을 가졌어도 늘 불안하다. 그래서 간접적으로 친문이라는 친위 세력을 통해 현실정치에 개입한다. 하지만 그런 통치 방식도 유통기한이 있다. 결국 정치인 출신 어공은 주변에서 떠나가고 하산(下山)을 기술적으로 도와줄 늘공들만 남게 된다.

2021년 4월 재보선 국면에 출전한 여당 후보들은 문 대통령에 대해 언급하지 않았다. '공화국의 국왕'이 서산에 지는 해처럼 스러져가는 모습이다. 하지만 2020년 11월까지만 하더라도 문 대통령의 권력은 서슬이 퍼랬다. 윤석열과 갈등 관계에 놓여 있었던 추미애는 11월 5일 법제사법위원회 국감에서 반대 입장을 내놓았다.

"프랑스 혁명의 정신을 망각한 채로 (단어를) 차용했다는 것이 상당히 유감스럽다. 검사의 정치적 중립을 지키기 위해 노력해야 하는 검찰총장이 정치적 중립을 훼손하는 행보와 언행을 하는 것은 상당히 심각하다. 이는 민주주의에 대한 도전이다."

추미애는 윤석열을 '정치검사'라는 단어로 정의했다. 군사독재 시절, 정치군인을 떠올리게 하는 표현이다. 법과 사정 권력을 쥐고 흔드는 검사들. 정치적으로 중립인 척하다가 정권 말기에는 영락없이 정권을 향해 칼끝을 들이미는 검사들. 이제는 사법행정 관료로서가 아니라 사실상 야당과 같은 입장에서 대통령을 흔들고 새 권력을 직접 만들려는 검사들. 추미애가 검사에 대해 생각하고 분류하는 관점이다. 그녀는 검찰에 지휘권을 행사하고 감독하는 입장이면서도 시종일관 그들을 적대시했다. 게다가 문재인 정부야말로 촛불집회를 통해 탄생한 혁명 정부가 아니던가. 박근혜 권력을 광화문광장의 열기로 심판한 것은 무한한 자부심의 원천이다. 문재인 대통령은 영원한 혁명의 지도자이자 민족의 지도자다. 김구의 정치적 법통을 계승하는 대한민국 행정 수반이다. 그런데 법기술자 출신인 검찰총장이 프랑스 대혁명을 운운하며 공화국 정신을 주장하는 것은 민주 진보 진영과 촛불 국민에 대한 반역이 아닌가? 이 대목에서 추미애를 비롯한 민주당 정치인들은 검찰을 다시 독재 세력의 부역자로 묶게 된다. 더불어민주당 신동근 의원의 발언을 살펴보자.

"프랑스 혁명은 앙시앵 레짐을 시민 세력이 전복한 것이다. 우리나라에선 촛불혁명에 의해 검찰개혁이 진행되고 있다. 공수처 설치, 검경수사권 조정, 검찰에 대한 민주적 통제, 검찰 특권 분산, 인권수호 기관으로 재정립하는 등의 방향이다. 검찰개혁 대상의 총수인 총장이 프랑스 혁명을 거론했다니 아이러니하다."

다시 말해 검찰은 앙시앵 레짐이자 혁명의 대상이라는 것이다. 촛불혁명과 박근혜 대통령의 탄핵에 가장 큰 역할을 했던 것이 특검이었다. 하지만 그 특검의 구성원들이 법기술자의 지위에 머무르지 않고 자기 목소리를 내는 순간, 혁명화가 절실해진다. 추미애는 말했다.

"백척간두에서 살 떨리는 무서움과 공포를 느낀다. 이를 혁파하지 못하면 검찰개혁은 공염불이 되고 만다. 저의 소임을 접을 수 없다."[1]

■ 민주주의와
   공화주의의 대결

　　일련의 갈등 상황에서 유추해볼 수 있는 사실이 있다. 공화정은 제
왕적 대통령제라는 유사군주정과 대립하는 관계지만, 민주정과도 대립할
수 있다는 점이다. 민주주의는 다수에 의한 문제해결 방식을 선호한다. 민
주당 정부는 출범 때부터 '공론화', '시민참여'와 같은 개념을 들고 나오며
광장에서의 직접 의견 수렴을 지향해왔다. 광장의 열기는 의회 세력을 제
약하는 수단이 되어 왔다. 여당 의원이 자기 생각을 말하면 대통령과 지
도부를 옹위하는 '문파'들이 앞장서서 양념을 쳤다. 당원 게시판, 커뮤니
티 게시판, 뉴스 댓글, 심지어는 의원 개인의 휴대전화 문자로까지 파고들
었다. 대중의 참여는 민주주의를 성숙하게 하는 원천이지만, 동시에 표현
의 자유를 제약하는 수단이 될 수 있다. 대표적인 사례가 고대 그리스 아테
네의 민주정이다. 아크로폴리스에 등청한 유권자들은 거리낌 없이 토론하
고 무엇인가를 드러내는 것을 즐겼다. 하지만 그들은 서로를 헐뜯고 끌어
내리는 데에도 주저함이 없었다. 아무리 성공한 지도자라 하더라도 대중
의 취향에 거슬리면 도편 추방으로 찍어냈다. 그리고 300명에서 500명 사
이의 배심원이 참여하는 인민재판을 통해 제대로 변론할 기회도 없이 사
형을 선고하기도 했다. 대표적인 사례가 '테스 형' 소크라테스의 죽음이다.
민주주의는 테스 형을 열사로 만들었고, 그가 죽은 뒤에는 그 주범들을 색
출하는 데 온 힘을 기울였다. 아테네는 그렇게 망해갔다.

　　이런 전례가 있기에 근대 민주주의 체제에서는 공화주의로 집중된 권력

을 견제하고 합리적으로 관리하려고 한다. 혁명 직후 프랑스도 3년간 고대 아테네처럼 광풍의 세월을 보냈다. 로베스피에르라는 독재자는 끊임없이 혁명파와 반혁명파를 나누며 말 안 듣는 자들을 반역자로 찍어냈다. 국가는 경제 운영에 실패했고, 민심 수습에도 젬병이었다. 혁명으로 왕을 끌어내린 국민은 다시 쿠데타로 혁명지도자를 끌어내리고 처형했다. 교훈을 얻은 프랑스 국민은 합리적 조정 방식을 고민하게 되었다. 그래서 법에 의해 다수의 지배력을 제한하고 정부가 행사하는 폭력을 제재하려고 한 것이다. 공화주의는 법에 의한 예측 가능한 통치를 지향한다. 이 방향을 최대로 구현한 산물이 '나폴레옹 헌법'이다.

윤석열이 말한 프랑스 혁명 직후 공화국 검찰은 수사권과 기소권이 분리된 모델이다. 수사는 사법경찰관이 전담하고 검찰은 철저히 감독하는 입장이다. 하지만 검사가 개별 사건에 대한 지휘권을 가지고 있다. 완전히 수사에서 손을 놓아버리는 체제가 아니다. 경찰관은 일상에서 치안 정책으로 국민을 통제할 수 있는 존재다. 따라서 경찰 권력도 적절히 견제되지 않으면 나름대로 지역 독재로 변질될 위험이 있다. 대표적인 사례가 30년대 일본 군국주의 체제에서 가동되었던 특별고등경찰 제도다. 따라서 전문 법조인이 경찰의 수사를 훤히 들여다보고 국민의 합리적 시선을 기준으로 통제할 수 있어야 한다. 그런 점에서 공화국 검찰은 인권 검찰이기도 하다. 필자가 취재한 바에 따르면 윤석열은 국가 권력의 본질을 '할 수 있는 것'과 '할 수 없는 것'을 나누는 지배력으로 본다. 또 국가의 수준은 최악의 상황을 관리하는 방식에서 결정된다고 본다. 개인의 자유와 권리가 침탈당할 때, 법 제도가 어떻게 문제를 해결하느냐가 통치의 질로 이어진다.

따라서 사법행정은 단순한 법 기술이 아니라 상식에 의한 공화정치가 가능하게 하는 원동력인 것이다.

■ 대통령은 공화국의 최고위 공무원일 뿐이다

최초의 대통령 탄핵 사건은 대한민국 국민들이 공화국 지도자의 한계를 체감하게 한 계기였다. 혹자는 "임기 1년밖에 남지 않은 대통령을 탄핵하는 것이 맞았느냐"고 비판한다. "박근혜 전 대통령이 한 푼도 직접 챙기지 않았는데 어떻게 뇌물죄가 성립하느냐"고 윤석열을 부정적으로 보는 시선도 있다. 하지만 박근혜 전 대통령은 법 위반 여부와 별개로 정치적으로 탄핵된 지도자다. 그녀가 파면당한 원인은 '공화국의 여왕'을 지향하면서 헌법의 한계를 뛰어넘었기 때문이다. 참주를 끌어내린 아테네와 로마의 시민들처럼, 한국의 국민들도 민주주의를 바탕으로 현직 대통령을 몰아냈다. 이를 두고 반역, 국가 전복이라고 주장하는 것은 그 나름대로 왕당파적인 프레임이다. 국민투표에 의해 헌법을 바꿔서 왕정을 복원하지 않는 한, 국회와 헌법재판소의 탄핵 절차는 반역이라는 이름으로 규정할 수 없다.

대통령은 공화국의 최고위 공무원일 뿐이다. 그 역시도 직권 남용을 저지르면 처벌을 받고, 퇴임 후 수감도 될 수 있다. 전직 대통령을 716, 503과 같은 단어로 표현하게 된 것은 21세기 미디어 시대에나 볼 수 있는 성역 파괴이자 또 하나의 법 관념이다. 변호사 출신인 문재인 대통령이 가장 강조하는 부분이 "법은 지켰다"는 것이다. 국가원수가 합법적인 절차를 지키지 않아서 쫓겨나는 과정을 고스란히 관찰했기 때문이다. 또 민주당 정부는 의회 권력을 동원해 법을 고치거나 새로 만드는 방식을 쓰기도 한다. 9년간의 보수 정권은 그런 통치 기술이 부족했다. 하지만 이 기술 역시 정도를 넘으면 '민주 독재'라는 프레임을 뒤집어쓸 수 있다.

그래서 윤석열은 '상식과 정의'를 이야기한다. 인격화된 정치가 아니라 도리에 입각한 비인격성을 지향하는 정치다. 보수 진영은 힘센 한 명에게 끊임없이 줄 서는 정치를 해왔고, 진보 진영은 집단에 복무하는 정치를 계속해왔다. 어쩌면 상식과 정의 프레임은 노무현 전 대통령의 지역주의 극복 과제만큼이나 어렵고 고통스러운 과제가 될 수도 있다. 하지만 한국 사회가 중세를 넘어 근대로 패러다임을 전환하기 위해서는 꼭 필요한 것이다. 중소기업 고용주, 유치원 원장의 갑질뿐만 아니라 대통령 갑질도 엄벌할 수 있는 상식의 공화국 정신이 어떻게 에너지화할지 두고 볼 일이다.

2

문재인 정부 출신의
자유민주주의

"제가 어떤 위치에 있든지 자유민주주의와 국민을 보호하는 데 온 힘을 다하겠습니다."[2]

"개인의 자유와 권리를 함부로 희생해서는 안 된다는 것이 자유민주주의 헌법의 핵심 가치."[3]

"자유민주주의는 민주주의라는 허울을 쓰고 있는 독재와 전체주의를 배격하는 진짜 민주주의."[4]

문재인 정부 공직자들 중 '자유민주주의'를 말하는 사람은 거의 없다. 2018년 1월, 대통령이 내놓은 개헌안 초안(10차 개헌안)에는 '자유민주적 기본 질서'라는 단어에서 '자유'라는 말이 빠졌다. 2018년 6월에 발표된 교육부의 중·고교 역사 교과서 집필 기준에서도 대한민국의 국체를 '민주주의'로만 표현했다. 꽤 많은 사람들이 충격을 받은 사건이었다. 헌법상 자유민주주의는 곧 대한민국의 공식 정치 체제를 뜻하기 때문이다. 그냥 민주주의가 되면 인민민주주의, 대중민주주의도 헌법 안에서 껴안게 될지 모른다. 이 대목에서 국회 인사 청문회 때 조국 전 장관이 했던 말을 되새길 필요가 있다.

"나는 자유주의자이자 사회주의자다."

스스로 사회주의 신념을 표방하는 법무장관은 아마도 조국이 최초였을 것이다.

반면에 윤석열은 자유민주주의를 강조한다. 임명직 출신으로서는 드물게 국체에 대한 신념이 강하고 그것을 자주 외면적으로 표현한다. 총장 임명 전부터 "윤석열은 보수(우파)"라는 말이 법조 기자들 사이에서 자주 떠돌았다. 2016년에는 국민의당 공천제의설이 있었지만 그전에는 한나라당 영입제의설도 있었다. 쉽게 말해서 진보·운동권 성향의 더불어민주당과는 사상적으로 거리가 먼 셈이다. 윤석열은 2019년 7월 국회 인사 청문회에서 "양정철 전 청와대 비서관으로부터 민주당 입당과 총선 출마를 권유받았지만 거절했다"고 밝히기도 했다.

민주당 정치인들은 검찰총장 당시 윤석열의 자유민주주의 발언에 대해 경기를 일으켰다. 신동근 의원은 전체주의를 반대하며 자유민주주의를 주장하는 윤석열의 말은 '반정부 투쟁 선언'이라고 했다. 그의 말을 불편해함과 동시에 화자도 몹시 불순하다고 느낀 것이다.

〈한겨레〉가 발행하는 〈르몽드 디플로마티크 코리아〉의 성일권 발행인은 윤석열의 자유민주주의 수호 운운은 사실상 독재 세력이 전유해왔던 것이라고 주장한다.[5] 대한민국 헌법에는 양심과 종교의 자유는 있지만 사상의 자유는 언급되지 않았다. 정치적으로 다양한 신념을 가질 수 있음에도 불구하고 사상의 자유가 짓밟혀왔다는 것이 '그들'의 주장이다. 그렇다면 어떻게 해야 한다는 것일까. 공산주의, 국가사회주의, 배타적 민족주의 같은 이념을 외치는 정당들을 광범위하게 허용해야 하고 선거를 통해 의회에 진입하도록 해야 하는 것일까. 대한민국 대통령도 굳이 미국, 일본과 함께 범(凡)자유 진영임을 강조할 필요가 없는 것일까. 성일권은 "한국의 자칭 자유민주주의자들은 사회주의, 사민주의와 같은 좌파 이데올로기를 악마화하고 그 종말을 주장해왔다"고 강조했다. 그리고 윤석열의 긴 고시 생활을 비아냥거리듯 비판했다. "장기간 고시낭인으로 지내며 검사라는 상징자본을 거머쥘 수 있었던 데에는 대학교수이던 부친의 든든한 경제력이 자리한다"면서. 윤석열이 좋은 집안에서 태어난 사실 자체가 어디 안 가겠지만, 그의 자유민주주의 신념을 공박(攻駁)하는데 출신 성분을 운운하는 것은 '좀스럽다'.

진중권 전 동양대 교수는 '진보'라고 하는 사람들이 윤석열의 자유민주주의론을 비판하는 이유를 이렇게 설명했다.

"자유민주주의를 돈 내고 돈 먹는 자유지상주의libertarian와 동일시한다. 도대체 언제적 이야기를 하는지."

"민주주의를 윤 전 총장은 자유민주주의로 이해한다면, 그들은 그것을 인민민주주의로 이해한다."[6]

다시 말해서 범(凡)진보 세력과 운동권이 지향하는 민주주의는 대중에 의한 지배를 뜻하는 인민민주주의라는 것이다. 소크라테스를 인민재판에 넘기고 사형에 처한 것이 인민민주주의였다. 6·25전쟁 패전 이후 남한 출신 인사들을 이적죄로 처형한 것이 또한 북한의 인민민주주의였다. 그것은 21세기의 베네수엘라를 도탄지경에 빠트린 정치 이념이기도 하다. 어떤 채찍질도 당하지 않는 대중의 지배. 그리고 그들의 뜻을 참칭하는 참주들의 통치가 인민민주주의의 실제다.

■ 자유민주주의를 떠받치는 시장경제

자유민주주의의 또 다른 축은 시장 참여자의 자율성과 창의성, 다양성을 촉진하는 시장경제 시스템이다. 윤석열이 대검총장 취임사를 발표했을 때 배포된 설명자료 내용이 꽤 인상적이다.

"윤 총장은 특히 시카고학파인 밀턴 프리드먼과 오스트리아학파인 루트비히 폰 미제스의 사상에 깊이 공감하고 있다."

윤기중 교수가 프리드먼의 '선택할 자유'를 아들에게 선물했다는 이야기는 유명하다. 프리드먼은 자신을 고전적 자유주의자로 정의할 정도로 투철한 시장경제론자였다. 그는 정부의 실패를 경계하는 지식인이었다. 오스트리아 출신의 이민자 유태인으로 미국에서 성공한 사람이었기에, 개개인의 노력에 의한 성장의 가치를 매우 중시했다. 또 프리드먼은 통화주의자다. 시중에 유통되는 화폐의 수량이 경제의 호황과 불황에 영향을 미치는 핵심 요인이라고 보았다. 지난날 '뉴딜'에 영향을 주었던 영국의 경제학자 케인즈는 투자 부진이 경제 불황의 이유라고 여겼다. 그래서 정부가 돈을 많이 써서라도 정체된 경제 상태를 극복해야 한다고 강조했다. 하지만 프리드먼은 과도한 재정 지출로 통화량이 시중에 급증하게 될 경우 인플레이션이 발생하거나, 역으로 대공황이 올 수 있다고 반박했다. 따라서 정부가 시중에 유통되는 적정 수준의 통화량을 제때 공시하고 돈이 도는 흐름을 투명하게 밝혀야 한다고 주장했다. 하지만 프리드먼은 시장이 꼭 만능이라고 보지는 않았다. 사회적으로 곤경을 겪는 사람들, 빈곤층에 대해서 효율적 복지가 이루어져야만 한다고 보았다. 그래서 '음의 소득세negative income tax'를 제안했다. 전 국민에게 적정소득세율, 면제기준, 정부보조금 비율을 책정하고 거기 못 미치는 사람들에게 기본 소득을 보장하는 방식이다.

윤석열이 또 다른 관심사로 밝힌 미제스의 사상도 큰 골격에서는 프리드먼과 비슷하다. 그 역시도 오스트리아에서 미국으로 이주한 경제학자다. 미제스는 "자유를 위한 계획이란 없다"며 정부의 개입과 간섭은 전체주의와 사회주의로 가는 지름길이라고까지 극언한다. 대부분의 정책은 선한 의도로 만들어지지만 실제로 시장에 나타나는 효과는 의도와 다른 방향으로 가기 쉽다는 것이다. 그러면서도 개인의 역할을 강조한다. 전통 경제학에서 개인은 이익을 최대한으로 추구하는 합리적 존재 정도로 간주되었다. 하지만 미제스는 각각 특별한 개성과 관심사를 가지고 있는 개인의 실체를 주장한다. 그리고 그들이 저마다 다른 욕구를 가지고 주어진 한도 내에서 합리적으로 행동하려고 노력하는 사람들이라고 본다. 프리드먼을 비롯한 대부분의 미국 경제학자들이 수학을 학문 언어로 활용했다면, 미제스는 인간 심리에 대한 치밀한 관찰과 인문학적 기술을 통해 경제 현상을 분석한다. 그는 막스 베버가 연구했던 관료제 이론에 대해서도 관심을 가졌다. 도저히 근절되지 않는 관료주의, 정부의 간섭주의는 혁명에 의해서가 아니라 그것을 방임하는 의회, 그리고 유권자들에 의해 만들어졌다고 주장한다. 관료들은 특정 분야의 기술적인 전문가다. 나름대로의 지식과 경험, 자격(고시 등)을 진입장벽으로 삼는 사람들이다. 하지만 국민에 의해 감시받지 않는 관료는 부패와 무능의 길로 갈 수밖에 없다. 그런 점에서 1차 대전 시대의 베버와 20세기 중후반의 미제스가 비슷한 문제의식을 가지고 있다.

■ 의회민주주의와
언론의 역할 중시

그래서 윤석열은 '의회민주주의'와 '언론'을 자유민주주의의 최후
보루 개념으로 본다. 노무현 전 대통령은 '깨어 있는 시민의 조직된 힘'을
말했다. 노무현 본인은 눈 밝고 귀 열린 국민의 역할을 이야기한 것이지만,
그의 후예들은 인민민주주의나 대중민주주의를 정당화하는 구절처럼 착
각하곤 했다. 또 다르게 해석하면, 인류가 오랜 시간 누적해온 대의민주주
의가 아니라 고대 아테네처럼 직접민주주의를 옹호하는 주장으로 읽힐 수
도 있다. 반면에 윤석열은 원숙한 의회민주주의 기능을 중시한다. 그 자신
이 자극적인 국회 정치의 피해자지만, 그 국회로 말미암아 진정한 시민의
자유가 지켜질 수 있음을 믿는다. 한국 사회에서 제왕적 대통령의 존재를
억제할 수 있는 기관이 거의 없다. 대법원이나 헌법재판소조차도 살아 있
는 권력의 눈치를 보는 판이다. 검찰이나 경찰은 말할 것도 없다. 오직 국
회만이 독선적으로 흐르기 쉬운 행정부 권력에 목소리를 높이고 반성과
개심을 촉구할 수 있다.

또 윤석열은 언론의 역할을 매우 중시한다. 그는 고교 동창생인 이경욱
전 〈연합뉴스〉 기자와 3시간 면담하는 자리에서 "언론은 그대로 두어야
한다"고 강조했다. 검사 시절 비도(非道)로 치닫는 조직의 만행을 고발하
기 위해 택했던 채널이 언론이었다. 몇몇 선배들은 미디어를 활용해 자신
의 입지를 점하는 윤석열의 존재를 눈엣가시처럼 보았다. 실제로 탄핵 정
국에서도 박근혜 정부 인사들이 윤석열을 미워하는 이유 중 하나가 '언론

을 이용한다'는 것이었다. 또 문재인 정부 치하에서도 윤석열은 재벌 언론과 유착해 자기 이익을 실현하는 반정부 인사처럼 규정되었다. 우연히 수사 관련 내용이 언론보도를 통해 나오면, 검찰에서 흘린 것처럼 비판하며 언론개혁을 촉구하기도 했다. 2021년 4월 7일 재보선 이후 진보 진영 일각에서 포탈개혁, 언론개혁을 주장하는 강경파들이 있었던 것도 전혀 어색한 일은 아니다. 하지만 윤석열 자신도 언론의 힘이 작동해 오피니언 리더로 살아왔음을 완전히 부인하지 않는다. 오히려 내부 고발과 사실에 의한 문제제기, 국민의 자유를 보장하는 채널로서 언론이 더욱 앞장서야 한다는 입장이다. 윤석열이 검찰 현직 시절이나 은퇴 이후나 계속해서 미디어에 직접 메시지를 보내는 이유도 같은 맥락이다.

윤석열의 자유민주주의론과 전통 586(이제는 686이 되어 가는) 세대가 신봉하는 대중민주주의 사이에 벌어진 갈등은 체제 대결처럼 될 수밖에 없을 것이다. 그리고 국민은 두 시스템 사이에 어떤 것이 훨씬 오늘의 한국에 적합한지 선거로 정하게 될 것이다.

3

지원보다
공정한 룰이 중요하다

"강남에서는 표창장 40만 원이면 만들어낸다"는 어느 법무부 관료의 말속에는 꽤 '심오한' 의미가 담겨 있다. 상류 사회에서는 대학 진학을 위한 비교과활동 조작이 아무렇지도 않다는 그의 인식이다. 그리고 돈으로 자격증, 상장 등을 매매하는 것도 금기시하지 않는다는 맥락이다. 여기서 우리는 거대한 계층의 벽을 느낀다. 누군가는 배경 없이 재능과 노력만으로 세상으로 나아가려고 한다. 반면에 또 다른 누군가는 진입장벽과 공고한 카르텔을 통해 불법적, 특혜적 이익을 누리려고 한다. 강남 출신들끼리 공유하는 네트워크의 힘, 대학교 입시 담당자와 사적 인연을 맺은 사람에게서 얻어낸 고급 정보 같은 것들을 이용하는 것이다. 경제학에서는 이것을 가리켜 '지대'라고 이야기한다. 제도나 사회구조에 의해 만들어진 인위적 초과이익이다.

■ 망국의 지대 추구 행위

LH 사태는 한국 사회 내 이익 집단의 지대 추구 행위가 끝자락까지 치달았음을 보여주는 사례다. 윤석열은 〈세계일보〉와의 인터뷰를 통해 LH 직원들의 공적 정보를 이용한 투기를 '도둑질'이자 '망국의 범죄'라고 이야기했다. "배경 없이 성실함만으로 나은 삶을 살아보려는 청년에게는 LH 사태 같은 일이 없어도 우리 사회는 이미 살기 힘든 곳"이라고 이야기했다. 그의 머릿속에는 불평등과 불공정에 대한 개념과 함께 지대의 벽에 대한 이해도 확실히 자리 잡혀 있음을 추정하게 되는 맥락이다. 광명 신도시 예정지에 투기를 했던 LH 직원들은 내부 정보를 빼낸 뒤 능수능란하게 집단 투자를 했다. 선·후배가 함께 조합식으로 돈을 붓는 행태, 보상 금액을 늘리기 위해 특이 수종(樹種)인 용버들을 촘촘하게 심는 행태, 차명 투기 등이 성행했다. 4.7 재보선을 앞두고 악재가 터지자 문재인 정부와 여당은 '엄벌'을 촉구하며 경찰 내 국가수사본부와 국토부가 중심이 되는 '합동조사단'을 돌리겠다고 했다. 하지만 윤석열이 바라보는 LH 사태에 대한 처방은 달랐다.

"국토부 조사로 시간을 끌고 증거를 인멸하게 할 것이 아니라 즉각적이고 대대적인 (검찰)수사를 해야 한다."

검수완박을 운운하던 정부 여당의 입장에서는 몹시 불편한 발언이었다. 애써 검찰을 배제했는데, 또다시 전직 검찰총수가 시급한 수사를 촉구하며 검찰의 존재를 부각시키는 꼴이었기 때문이다. 하지만 부패 카르텔에 대한 넓고 깊은 수사는 검찰 조직이 오랫동안 노하우를 축적해온 분야다. 다시 말해 다른 수사 기구에는 없는 상황 포착 능력과 문제해결력이 있다는 뜻이다. 공적 정보를 활용해 투기를 저지른 당사자들은 매우 다양한 방식으로 지대 추구 행위를 은폐할 수 있다. 경험이 많은 선배들은 아무리 수사선상이 좁혀지더라도 걸리지 않을 만큼 제대로 된 차명 투기를 할 수 있다. 반면에 '초짜'인 후배들은 자기 명의로 땅을 샀다가 호되게 걸리기도 하는 법이다. 그래서 윤석열은 LH 직원들을 전수 조사하는 방식의 비효율적 수사가 아니라 돈 되는 땅을 찍은 다음, 매입자금의 흐름을 따라가야 한다고 했다. 돈이 도는 파이프라인이 결국 지대 추구 행위의 파이프라인이기 때문이다. 광명 지역의 부동산업계, 묘목업자들을 샅샅이 뒤지는 한편 LH 내의 결재라인에 있던 사람들을 샅샅이 수사하는 작업이 절실했다. 하지만 국가수사본부를 중심으로 한 수사 당국은 거악을 신속하게 처리하는 데 미진했다. 비밀리에 해먹는 데 능수능란한 자들이 증거를 인멸하고 죄의 본질을 흐릴 빌미를 남긴 것이다. 불공정과 부패를 강하게 엄단할 수 있는 방법은, 법과 규칙이 엄하게 살아 있음을 보여주는 것이다. 법의 칼이 무디면 그 사회는 '부패완판'이 될 수밖에 없다.

■ 이윤 추구와 지대 추구를 헷갈리는 사람들

왜 이토록 우리 사회에서는 '지대' 문제가 심각한가. 지대는 경제적 이윤 추구와 다르다. 시장의 흐름에 의해 자연히 만들어진 이익이 아니라 제도와 사회연결망, 문화 등에 의해 만들어진 인위적 진입 장벽이 만들어 낸 초과이윤이다. 지대는 그 자체로 팽창을 지향하는 속성이 있다. 그래서 건강한 선진 사회는 지대 추구 행위를 감시하는 국민의 눈이 살아 있다.

한국 사회의 지대 추구 행위는 고도 성장과 산업화의 그림자로 말미암아 시작된 것이다. 5.16 쿠데타 직후 들어선 집권층은 처음에는 개혁과 재건을 추구했지만, 나중에는 정치적 특권층이 되면서 갖가지 이익과 부동산 개발 정보를 독점했다. 재벌에게는 '통치 자금'이라는 명목으로 비자금을 상납

받았고, 신규 사업에 진출할 때마다 리베이트를 요구하거나 자기 부하를 임직원으로 뽑으라는 식으로 특권적 지대를 추구했다. 롯데가 처음 한국에서 제철사업을 검토할 당시 박정희 대통령이 신격호 회장에게 100억 엔을 요구했다는 이야기가 있다. 을지로 롯데호텔의 공사비용이 점점 늘어나 나중에는 경부고속도로 건설비(1억 달러)를 초과했던 역사도 있다. 힘 있는 사람은 나름의 수완을 바탕으로 해 먹는 것이 당연시되던 시절이 있었다.

하지만 새 정권들이 지난 정권의 유산을 척결하기 위해 부패를 엄단하면서, 공무원이 재벌이나 특정 산업을 이익 추구 대상으로 삼는 대형 지대 추구 행위는 조금씩 줄어들었다. 검찰이 앞장서서 해왔던 일들이기도 하다. 김영삼 정부에 들어 금융실명제가 도입되고, 정부기구 곳곳에 반부패 기능이 도입되면서 '대형 갑질러'들의 자취는 모습을 감추게 되었다. 전두환, 노태우 전 대통령의 '통치 자금'을 비리 척결의 명목으로 엄단한 것이 대표적인 사례다.

하지만 다른 변질된 방식으로 지대를 추구하는 행위가 생겨나기 시작했다. 정부의 용역이나 예산 지원을 도와주고, 부인이나 친척을 업체의 임직원으로 등록시켜 월급으로 리베이트를 받게 하는 식이다. 국회의원이 자신이 소속된 상임위를 이용해 특정 부처나 공공기관으로 하여금 '할 도리를 다하게 하는' 이해 충돌 상황도 곳곳에서 벌어졌다. 하지만 이런 종류의 대담한 행위뿐만 아니라 소소한 방식의 지대 추구 행위도 만연했다. 가령 지연이나 학연을 바탕으로 취업을 알선해준다거나, 특정한 종목의 주식이나 부동산에 투자하도록 정보를 주거나 하는 식이다. 부산 지역의 어느 국회의원이 아버지의 건설업체를 편법으로 승계받고, 내부 일감을 거저먹다시피 하고, 시의원으로 있으면서도 임직원 자리를 유지한 사건이 있었다. 의원의 아버지는 사건을 무마하기 위해 방송 기자에게 "3,000만 원 줄게. 내하고 평생 가자"고 유혹했다. 이런 일들이 아무런 죄책감 없이 벌어지면, 부패를 알아서 걸러내지 못하는 병든 사회가 되어버린다.

　문재인 정부는 출범 초기부터 '적폐 청산'을 이야기하며 소수 특권층들의 독점적 지대를 철폐하겠다고 선언했다. 하지만 정부 여당이 실제로 했던 것은 이윤 추구 행위 자체를 금하는 것이었다. 부동산 대출 규제를 신설하고, 다주택자를 이단시하고, 보유세와 거래세를 올리고, 재개발, 재건축 초과수익을 환수하는 방식으로 시장을 향한 칼날을 휘몰아쳤다. 하지만 광명 신도시 인근에 자당(自黨) 의원이 토지 투자를 하는 것은 살펴보지 못했다. 지대 추구 행위를 방치한 셈이다. 사건 당사자는 "어머님의 마음이 적적하실까 봐" 그랬다고 했다.[7] 민주당은 뒤늦게 감찰에 나섰지만 결과가 어떻게 되었는지는 아직 모른다. 어쩌면 정부 여당 관계자들은 이윤 추구 자체와 지대 추구를 헷갈린 것은 아닐까.

■　지원보다 공정한 룰 운영이
　　더 중요하다

　윤석열은 지원보다 공정한 게임의 룰 자체가 더 중요하다고 강조했다. 신자유주의의 시조(始祖)로 꼽히는 아담 스미스가《국부론》과《도덕감

정론》을 집필한 이유도 사실은 특권 계급의 지대를 타파하기 위해서였다. 18세기 당시 영국은 귀족들이나 대부호들이 진입장벽을 이용해 이윤을 추구하는 '보이는 손visible hand'이 넘쳐 나는 사회였다. 스미스는 거기에 반대되는 개념으로 '보이지 않는 손invisible hand' 개념을 이야기했다. 시장의 수요와 공급이 만나 개개인들이 건강하게 자기이익을 추구하는 질서를 말한 것이다. 많은 자유시장론자들은 자기이익과 이기심을 혼동한다. 그러다 보면 전 국민이 팥쥐 엄마처럼 될 수 있다. 공정한 경쟁의 룰, 양심에 입각한 경제 행위가 뒷받침되어야만 보다 성숙한 자본주의가 가능하다.

공정과 투명성에 목마른 MZ 세대의 정치적 의지가 4.7 재보선 이후 정국을 만들었다. 그것을 두고 민주당의 실권자들은 역사적 경험치가 없어서라거나 이명박근혜 시대 동안 교육을 잘못 받아 보수화되었기 때문이라고 규정했다. 하지만 90년대~2000년대생들이 LH 사태를 통해 절절하게 느끼게 되는 현실은 누군가는 불법 행위까지 저질러 가며 집과 땅을 마음대로 사들인다는 것이었다. 통장잔고에 1만 원도 없어 극단적 선택을 하는 가난한 공시생들의 슬픈 흔적과 대비되는 장면이다. 정부 예산과 용역, 각종 일자리를 통해 보상받는 '민주화 귀족'들은 자신들이 역사적 책임을 감당한 만큼 성과로 돌려받는 것이라고 주장한다. 하지만 MZ 세대가 보기에는 기회의 독점이고 불합리한 갑질이다. 일반인들에게는 10~20만 원 안팎의 푼돈을 전국적으로 뿌리면서, 자기들끼리는 특권적 지대를 즐기는 이중 잣대인 것이다.

어쩌면 관료 출신 윤석열이 과감하게 공공개혁을 정치적 아젠다로 들고 나오는 날이 올지도 모른다. 왜냐하면 한국 사회의 특권적 지대를 점유하는 대표 집단이 공무원들이기 때문이다. 박근혜 정부는 공무원 연금개혁을 해보려다가 실패했고, 오히려 국정농단 스캔들로 정권을 빼앗겼다. 문재인 정부는 아예 노동시장을 활성화하기 위해 공공 일자리를 늘리겠다고 약속했다. 하지만 공무원이나 공공기관 직원은 아무나 될 수 없다. 서울교통공사 노조 소속자들이 편법, 탈법 채용을 일삼았다는 사실만 놓고 보더라도 공공 귀족들의 난행이 얼마나 심각한지 알 수 있다. 일반 국민연금보다 수령액이 높은 공무원 연금의 현실도 일종의 지대로 볼 수 있다. LH 사태의 책임을 지고 그만두게 된 국토부 장관은 정작 LH 사장 시절 편법 채용과 특정 성향 연구단체에 용역을 준 것으로 논란이 되었다. 그는 '강남 과자'와 '특정 브랜드 커피'가 아니면 안 된다고 직원들에게 신경질을 냈다고도 한다.8) 하루 끼니를 걱정하는 고학생들에게는 분노가 치미는 이야기다. 윤석열이 본격적으로 정치 무대를 휘젓게 된다면 공공 귀족들이 시장의 룰을 어지럽히는 것을 엄단하는 것이 최우선 과제가 될 것이다.

과거에는 재벌이, 독재세력이 지대를 추구하며 갑질하는 것으로 여겨졌다. 하지만 지금은 일상생활에서 무수한 소(小) 갑질러들을 접할 수 있다. 이들을 향한 집단 분노와 경제 침체에 대한 위기의식, 박근혜 정부에 대한 정치적 불만이 결합되어 2016년 촛불집회와 탄핵 사태가 벌어졌다. 문재인 정부가 레임덕을 맞이하는 국면에서도 비슷한 양상이 생겨나고 있다. 윤석열을 비롯한 대안 세력들이 염두에 두어야 할 것이다.

4

약자 보호와
돌봄의 정치

2020년 말 한국 사회를 충격으로 몰고 간 사건이 있다. 어린 정인이의 억울한 죽음 이야기다. 부모로부터 버림받은 것도 모자라 양부모에게 폭력을 당해 1년 6개월 만에 세상을 떠나야 했던 정인이는 온 국민을 침통하게 했다. 이 사건을 정치권으로 끌고 온 인물은 안철수 국민의당 대표다. 그는 "16개월 정인이의 죽음은 서울시 행정이 악을 방치하고 키운 결과"라고 규정했다. 김종인 전 국민의힘 비대위원장도 같은 날 '정인아 미안해'라는 친필 메모를 내걸고 국민적 관심을 환기했다. 사태가 진전되는 과정에서 필자는 윤석열 총장이 과연 어떤 역할을 할지 주목했다. 문재인 정부, 추미애 법무장관과 대결하는 과정에서 이런저런 메시지를 냈던 그다. 국민적 슬픔과 분노의 원인이 되고 있던 정인이 사건에 대해서도 뭐라 할 말이 있지 않았을까. 2021년 1월 〈조선일보〉 보도를 통해 뒤늦게 윤석열의 '행동'이 알려졌다. 서울남부지검으로부터 정인이 사건에 대해 보고를 받은 다음 살인죄 적용을 검토하라고 지시한 것이다.

"어린아이가 저렇게 죽었는데 설령 판례상 논란의 여지가 있다 하더라도 (살인죄로) 기소해 법원의 판단을 받아야 한다. 기소하지 않으면 법원이 선례를 만들 기회조차 없는 것이다."[9]

정인이 양모 장 씨의 살인죄 적용 여부는 법조인들 사이에서도 논란거리였다. 형량이 무거운 죄를 적용하는 만큼, 증거 입증 방식이 까다로워지기 때문이다. 복부를 발로 가격당해 사망했다고 알려진 정인이의 경우에도 부검 결과 외에는 다른 물증이 없다고 한다. 따라서 김예원 변호사나 김웅 국민의힘 의원 같은 경우에는 전문가적 소견으로 "아동학대치사죄만으로도 충분하다"는 입장이었다. 처벌의 하한이 높아질수록, 오히려 가해자들이 죄를 면하기 위해 더욱 애쓰게 될 것이라는 관점에 바탕을 둔 것이었다.

하지만 대중의 의견은 사법행정 현장의 이해와 거리가 있었다. 억울하게 죽은 정인이의 넋을 위로하고, 아동학대자들을 일벌백계하는 차원에서라도 살인죄 적용이 필요하다는 여론이 지배적이었다. 윤석열은 검찰총수로서 국민들의 일반적인 법 감정에 응답하는 차원에서 "법원이 선례를 만들 기회까지는 만들어야 한다"는 입장을 낸 것이다.

■ 약자 보호를 강조한 윤석열

학대 아동과 같은 약자 관련 메시지는 이외에도 꽤 있었다. 2020년 11월 3일 법무연수원에서 열린 강연에서는 "검찰개혁은 살아 있는 권력의 비리를 눈치 보지 않고 공정하게 수사하도록 해 사회적 약자를 보호하는 것"이라고 했다. 당시 추미애는 검찰총장의 행보가 정치적 중립을 훼손한다고 주장했다. 전국 순회강연을 하면서 검찰 조직의 단합을 촉구하고, 자기 위주의 세 과시를 한다는 것이다. 같은 달 29일 대검에서 열린 '사회적 약자 보호를 위한 일선 검사 오찬 간담회'에서도 비슷한 멘트가 나왔다. "사회적 약자를 보호함으로써 공정하게 형사법을 집행하는 것이 검찰에 맡겨진 가장 기본적인 책무"라는 지적이었다.

검사가 보건복지부 소속 관료가 아닐 텐데 왜 이토록 약자와 관련된 정책을 자주 강조한 것일까. 모든 인간이 설복해야 하는 법 앞에서 약자는 특례 조치라도 받는다는 주장일까. 심지어 윤석열은 23일 '공판중심형 수사구조' 오찬 간담회에서 '적극적 우대 조치affirmative action' 관련 메시지를 내놓았다. 원래 이 정책은 미국에서 인종이나 계층에 의한 차별을 해소하기 위해 가산점을 주는 제도에서 시작되었다. 하지만 윤석열은 "아동, 노인, 장애인, 경제적 약자 등 사회적 약자를 위한 검찰권 행사의 새로운 모델"을 강조하는 차원에서 적극적 우대 조치를 거론했다. 가령 약자에 대해 적극적인 재판진술권을 보장하는 한편, 아동학대 사건으로 피해를 입은 아동에게 '필요적 국선변호인'을 선정하도록 지침화하는 것이다. 이 내용은 2021년 1월부터 의무화되었다.

많은 아동학대 사건의 경우 가해자는 자신을 보호하기 위해 수단과 방법을 가리지 않는다. 피해자를 향해 비난이나 도덕적 규정도 서슴지 않는다. 법정 투쟁을 위한 사리 판단이 어려운 아동들에게는 자신의 신체적, 심리적 상태를 적극적으로 대변하면서 법률적 도움을 줄 사람이 필요하다. 2차 가해를 막기 위해서도 꼭 필요한 일이다. 장애인 학대 문제도 마찬가지다. 다양한 능력의 제약으로 인해 진술이 어려운 사람들을 위해 법적 조력이 절실하다. 법정 증언이 어려운 장애인의 경우에는 수사검사가 증인 신문과 증거 보전을 우선적으로 청구하는 방식도 중요하다.[10] 집권 여당은 권력 구조 개편에 준하는 관점으로 검찰개혁에 접근했지만, 윤석열은 국민의 법적 권리 보장 차원에서 미시적인 검찰개혁 정책을 고민했다. 2008년부터 검사 임용 시 낭독하도록 되어 있는 '검사선서'에는 "힘없고 소외된 사람들을 돌보는 따뜻한 검사"라는 구절이 나온다. 검찰은 범죄자를 징벌하기 위해 수사와 기소를 하는 기관일 뿐만 아니라, 사회적 약자가 피해를 당했을 때 돕는 기관이라는 것이다. 윤석열 본인은 서울대 석사과정 시절부터 집단 소송을 주제로 학위논문을 준비하며 사법적 약자 구제에 관심을 가졌다고 한다.

▨ 복지에 관심 갖는 보수

검찰은 군대 못지않게 중요한 사회 안전보장 인프라다. 나쁜 사람들로부터 국민을 지키는 것 못지않게, 국민이 악조건에 처하지 않게 하기 위한 노력도 필요하다. 그래서 복지 정책이 중요하다. 단순히 누구를 도와준다는 관점이 아니라, 공동체가 무너지지 않고 현상 유지를 하기 위해서라도 복지 프로그램이 필요하다.

박근혜-최순실 게이트의 핵심 주역으로 처벌받은 안종범의 이야기를 들어보자. 비록 그는 국정농단의 피의자일지언정 복지와 재정 전문가로서는 탁월한 사람이다. 안종범은 "복지 정책이 늘어났음에도 오히려 빈곤탈출률은 10% 감소했다"는 사실에 주목한다. 외환 위기 이후 불평등도를 측정하기 위한 지니계수는 급속하게 나빠지고 있고, 중산층 비중도 급격히 떨어지고 있다. 그래서 정부는 계속해서 복지비용을 늘렸는데, 상대적으로 빈곤이나 1인 가구의 소득 불평등 문제는 점점 심해지고 있다. 특히 독거

노인들의 최저생계 문제가 심각하다.[11]

따라서 복지 지출보다 더 중요한 것은 전달 체계의 효율성을 도모하는 것이다. 국민에게 세금을 왕창 물려서 복지를 강화하는 것은 이미 미국이나 스웨덴에서 부실한 모델로 판명 났다. 미국에서는 부유세를 강화하기 위해 요트세를 도입했으나 정작 부자들이 요트를 대여하기 시작하면서 세원 발굴 정책으로써의 의미를 잃었다. 스웨덴에서는 높은 세율 때문에 가수 아바ABBA가 국적을 포기하기까지 했다. 이런 종류의 정책은 사실상 가렴주구다. 2021년 4.7 재보선을 통해 세금 부과와 재정 확대를 함께 추구하는 문재인 정부의 접근 방식은 이미 국민의 심판을 받았다. 따라서 앞으로 한국을 이끌어갈 지도자는 제대로 된 '제3의 길'을 모색할 필요가 있다.

윤석열이 직접 사회복지 정책에 대해 의견을 밝힌 적은 없다. 하지만 검찰총장에 재직할 당시 의무화한 사회적 약자의 필요적 변호인 배정 제도는 '서비스형 복지'의 일환으로도 해석할 수 있다. 법무·검찰 차원에서 이루어지는 국민배려 정책인 것이다. 장애인, 학대 피해 아동 등이 법원에 갈 때 교통비를 지원하거나 동행인 등을 지원하는 것도 복지 프로그램이다. 예산 배정을 통해 지출을 늘리는 것보다, 사각지대를 없애고 필요한 곳에 맞춤화된 지원을 하는 것이 더 중요하다. 그런 점에서 대검이 2021년 1월부터 실시한 '적극적 우대 조치'는 꽤 살뜰한 복지 프로그램이다. 그런데 윤석열은 자신이 보수주의자라고 누차 강조해왔다. 그런 점에서 그는 복지 정책에 열정을 가진 몇 안 되는 보수 정치인으로 성장할 가능성이 충분히 있다.

■ 복지 정책은
전문가를 써야 한다

윤석열은 "잘 모르면 전문가에게 맡겨야 한다"고 말했다. 이는 중요한 마음가짐이다. 그동안 정치인들이 전문가를 무시한 결과 생겨난 부작용이 곳곳에서 있었다. 정책 전문성을 강조한답시고 특정 학맥과 인맥 위주로 인사를 배치한 적도 있었다. 편파적인 성향의 학회, 대학원 연구실 선·후배끼리 행정기관과 연구기관의 보직을 나누어 갖는 기이한 풍경도 있었다. 이런 문제로부터 탈피하기 위해서는 매우 엄정한 전문가 우선주의가 필요하다. 특히 정치의 입김이 강한 약자배려 정책 분야에서 적극 고려되어야 할 일이다.

재난지원금 사례만 보더라도 복지의 정치화가 낳는 부작용이 얼마나 큰지 알 수 있다. 수혜자들의 삶을 근본적으로 낫게 할 수 없음에도 불구하고 선거나 정치적 목적으로 대규모 예산을 살포하는 식이다. 그래 놓고 어떤 방송인은 '정치적 효용감'을 운운했다. 근본적으로 국민의 삶과 관련된 복지 프로그램을 당리당략 기준으로 이용하는 것에 전혀 죄책감을 느끼지 않는 모습이다. 우리 국민의 수준이 그리 낮지 않음에도 불구하고, 오피니언 리더들은 갖가지 수사를 동원해가며 혹세무민을 한다.

4차 산업혁명 때문에 일자리 붕괴가 본격화되면서 약자배려 정책은 국가의 핵심 업무가 될 것이다. 장기적으로 세금을 내고 기업의 상품을 구매할 소비자층이 무너지는 형국이다. 하지만 그들을 도와주는 방식이 무작정 정부 재정을 동원하는 방식이어서는 곤란하다. 공공보다는 민간에서 '실질적 사회 안전망'을 만듦으로써 살뜰하게 국민의 삶을 살펴야 한다. 그런 점에서 보수주의자 윤석열의 대안 복지 모델을 기대한다. 재원을 쓰는 것 못지않게 재원을 마련하는 방법에 대해서도 깊게 고민했으면 한다. 모든 일의 투입과 결과는 결국 국민에게 돌아간다는 사실도 명심해야 할 것이다.

5

일자리 공정성을
고민하는 윤석열

전통 보수 세력들은 미래 세대에 별로 관심이 없다. 정확히는 미래 세대에 대한 공감 능력이 없다고 해야 맞을 것이다. 그들의 청년기는 한국의 고도 성장기였다. 열심히 노력하고 재주껏 눈치를 부리면 성공할 수 있는 시대였다. 게다가 보수 정당 의원 중에는 젊어서 엘리트 관료가 되었거나 사업가 집안에서 자산을 물려받은 경우가 많다. 따라서 청년 문제뿐만 아니라 계층 문제에도 별로 관심이 없는 편이다. 그토록 청년 지원에 무감하던 우파 세력은 2021년 4.7 재보선을 통해 2030의 힘을 확인하고는 뒤늦게 새로운 정치 지형에 적응하려고 애쓰고 있다.

반면에 전통 진보 세력들은 미래 세대를 이용하고, 나중에는 유린하기까지 한다. 더불어민주당은 지난 2020년 총선 때 청년 의원들의 비중을 많이 늘렸다. 청와대 비서관들 중에도 30대 후반~40대 초반이 있었다. 사실 민주당은 2000년대부터 청년 정당이었다. 386 세대를 전략적으로 활용하고자 했던 김대중 전 대통령의 정치관 덕분에 학생운동권 출신들이 대거 공천을 받았다. 하지만 민주당 386의 가장 큰 문제는 자신들이 여전히 청년인 줄 안다는 것이다. 그들 대부분은 어렵게 젊은 날을 헤쳐왔기 때문에, 후배 세대가 민주화 역사에 대한 경의(敬意)는 없이 희생하지 않으려고 한다고 여긴다. 종종 터지는 정치인들의 '미투' 사건은 일종의 청년 세대에 대한 성적 착취이자 유린이다.

혹자는 젊은 세대에게 어떻게 지원을 해주어야 하느냐고 묻는다. 하지만 LH 사태 당시 윤석열이 언급했던 것처럼 지원보다 중요한 것은 공정한 게임의 룰이다. 특히 일자리 현장에서 투명하고 정당한 원칙이 작동되지 못하면, 한국의 2030은 영원히 취업 못 하고, 연애와 결혼도 못 하게 될 것이다.

■ 비정규직 전문가를 만난
윤석열

야인이 된 이후 윤석열이 만난 사람 중에 정승국 중앙승가대 교수가 있다. 그는 성균관대에서 사회학과 사회복지학을 전공한 노동전문가다. 정규직과 비정규직이 장벽으로 나뉘어 영영 서로 전환될 기미를 보이지 않는 '노동 시장 이중 구조'를 연구한다. 정승국은 청년 세대가 실업난이라는 질곡에서 헤어나지 못하는 근원적 이유 중 하나가 엘리트화된 한국의 대기업 정규직 노조라고 주장한다.

사시 9수를 하긴 했지만 윤석열도 엘리트 검사 출신이다. 금수저였기에 30대 초반까지 시험 준비만 할 수 있었다는 지적도 있다. 하지만 이런저런 이유로 오랫동안 1인 가구로 살았던 그에게 미래 세대 문제는 영 남의 일은 아니었다. 일은 많이 했지만 돈을 많이 모아놓지 않았고, 결혼도 50대 초반에 운 좋게 했던 윤석열로서는 리더십 수업을 하는 과정에서 청년과 일자리 문제를 염려할 수밖에 없었다. 그를 만난 정승국은 한국의 고질적인 연공급 문제를 이야기했다. 직장에서 오래 있다 보면 자연스럽게 연봉이 오르는 제도로 인해 기업은 금방 채용의 한계에 직면하고, 청년 세대는 취직하기가 힘들다는 것이다. 버티는 사람이 많으면 당연히 인건비를 늘리기 힘들게 되어 있다.

그런데 대기업 정규직의 연공급 이슈는 고질적인 학벌 문제와도 연관성이 높다. 아직까지 이름 좀 들어본 대학을 졸업해야 좋은 직장을 잡는 것이 상식처럼 되어 있다. 그리고 좋은 대학에 갈만큼 공부를 잘 하기 위해서는 훌륭한 부모를 만나야 한다는 전제조건이 작동한다. 과거에는 교육 불평등이 사회적으로 부각되는 화두가 아니었지만, 전체적인 불평등 지표가 올라가면서 교육 불평등도 큰 숙제가 되고 있다. 이미 윤기중 교수가 논문을 통해 밝힌 바다. 대물림되는 불평등은 '능력 세습' 또는 '세습 중산층 사회'라는 말을 낳기도 한다. 대기업, 정규직, 연공급 위주 노동 체제는 대입 시험이라는 단 한 번의 선택과 좋은 가정환경이라는 선천적인 바탕을 공고하게 만들어주는 원인이다.

한편 연공급 문제는 공정성 이슈와도 관련이 있다. 모든 직장에는 일이 몰리는 사람이 있고, 일이 별로 없는 사람이 있다. 그래서 사내 눈치와 사내 정치가 생긴다. 최근 2030을 중심으로 한 현대차 사무직 노조가 생겨 화제가 된 것처럼, 일터에서의 공정성을 고민하는 과정에서 연공급은 주된 비판 대상이다. 능력껏 일하는 사람을 만족시킬 수 있는 보상 체계가 아니기 때문이다. 아무리 역량이 좋아 빨리 승진을 하고 월급이 오른다고 하더라도 연공급 체계가 그의 발목을 잡는다. 주변의 질시에 시달릴 수밖에 없기 때문이다.

정승국은 윤석열에게 효과적인 일자리 공정성 대책으로 직무급 제도를 제시했다. 국제노동기구ILO가 중시하는 '동일노동, 동일임금'의 원칙을 달성하기 위해서라도 직무급 제도는 중요하다. 하지만 정치화된 대기업 노조가 저항 세력이다. 그들은 직무급이 오랫동안 직장에서 만들어 온 기득권을 앗아갈 수 있다고 본다. 노조와 공무원들을 중요한 지지층으로 삼고 있는 더불어민주당의 경우에는 직무급 장려 정책을 공약화하기 어렵다. 선거에 악영향을 미칠 수 있기 때문이다. 한국노총의 정책·연구 담당자로 근무했던 정승국은 일찍이 '전투적 노조'를 비판했다. 저임금·장시간 노동이 자본과 정권의 탄압을 부르고, 전투적 노조가 만들어지고, 자본은 다시 어용 노조원을 양성해 노동 환경의 개선을 막는 악순환 과정을 지적한 것이다. 이 연쇄 역시도 연공급 체제를 바탕으로 한 것이다.

■ 비정규직의 급격한 정규직 전환도 답은 아니다

문재인 정부도 일자리 공정성 문제를 중요한 아젠다로 제시했다. 그래서 인천국제공항공사와 서울교통공사의 비정규직 노동자들을 대거 정규직으로 전환했다. 코레일의 비정규직 노조는 원래 코레일네트웍스라는 자회사 정규직으로 전환할 수 있는 타협안이 있었으나, 그마저도 차별 요소가 될 수 있다고 했다. 그래서 2018년에는 6,769명의 대상자 중 1,513명은 본사 정규직으로 바꾸고, 나머지는 계열사가 채용하는 방식으로 전환했다.

하지만 부작용이 있었다. 서울교통공사는 2018년에 1,285명을 정규직으로 전환한 기관이다. 그런데 정확히 3년 뒤 빚더미 위에 올라서 각종 재정 혁신 방안을 짜내게 되었다. 결국 서울교통공사는 신규 채용을 10% 삭감했다. 정규직으로 전환된 선배 세대로 인해 후배 세대가 취직의 기회를 박탈당한 셈이다.

윤석열이 관심을 가진 것으로 알려진 노민선 중소기업연구원 연구위원의 보고서는 대·중소기업 간 격차에도 비정규직 문제가 작동하고 있다고 평가했다. 해당 보고서에 따르면, 500인 이상의 대기업 임금(구매력 평가 기준)은 한국이 미국, 프랑스보다 높다고 한다. 노민선은 "양극화를 개선하기 위해서는 재벌의 나홀로 성장 전략과 대기업 노조의 임금 극대화 전략을 함께 포기해야 한다"고 주장했다.[12] 비정규직의 정규직화는 임금 극대화의 효과를 강화한다. 가뜩이나 계급화된 정규직의 장벽을 공고히 하는 것이다.

비정규직 문제는 이데올로기적으로 접근해서는 안 된다. 하지만 문재인 정부에 들어 '사람이 먼저'라는 의식이 정치와 행정 전반에 널리 퍼지면서 산업계가 위험을 무릅쓰고서라도 '정의로운 전환'을 이루어내야 한다는 말까지 나오고 있다. 모든 정책이 애초의 선(善)한 의도대로 가면 다행이지만, 대부분 의도하지 않은 부작용이 있다.

이런 요소들을 보완하기 위해 필요한 것이 유연안정성 모델이다. 윤석열이 정승국에게 "더 공부해보고 싶다"고 이야기한 주제다. 네덜란드, 덴마크, 스웨덴 등에서는 이미 '플렉시큐리티Flexicurity, Flexibility+Security'라는 개념으로 시행하고 있는 고용 정책이다. 기업의 해고를 쉽게 하면서 실업급여나 재교육의 기회는 폭넓게 제공하는 방식이다. 비정규직 비중이 높아질수록 중요한 접근법이 될 것이다.

정승국은 "완만하고 점진적인 해결Smoothed dualization"을 제안했다. 직무급 제도와 연공급 제도 완화를 병행하며 노동 정책을 펴는 것이다. 일단 모든 산업에 일괄적으로 직무급제를 실시하기란 쉽지 않다. 인력마다 숙련도에 차이가 있기 때문이다. 가령 노동자의 오래된 경험과 노하우가 필요하고, 여러 부품을 조립해서 완성품을 만드는 플랫폼 산업에서는 가장 유능한 사람이 근무연수도 오래된 경우가 많다. 따라서 직무급은 일방적으로 강요되기는 어렵고, 노동 현장과 산업의 성격에 따라 각각 다른 방식으로 적용될 필요가 있을 것이다.

■ 새로운 노동에 대한 고민

직무급 제도와 유연안정성 모델은 모든 사람들이 일자리에 접근할 가능성을 늘여주는 정책이다. 이미 가진 사람들보다는 소외된 사람들에게 더 어필할 수 있는 시스템이기도 하다. 그래서 잠재적인 수혜자가 될 계층을 상대로 전략적인 메시지를 지속적으로 개발해야 한다.

대기업 노조와 공무원들은 상당한 반발을 할 것이다. 프랑스의 마크롱 대통령은 집권 후 혹독한 공공 노조의 파업과 시위에 시달려야 했다. 정면 돌파를 중시하는 그이지만, 철밥통 직장들이 정규직 비중을 줄이기 위한 인센티브를 제공하는 데 서툴렀다는 지적도 나온다. 박근혜 정부 말기부터 도입된 '임금피크제'가 그나마도 연공급제의 부작용을 해소하기 위한 인센티브가 아니었느냐는 말도 있다. 임금피크를 도입한 비율과 공공기관 경영 평가의 비율을 연동시켰기 때문이다. 하지만 직장 안에서 선배 세대와 후배 세대가 분쟁을 하게 만드는 단초를 제공했다는 비판도 있어 좋은 사례였다고 보기는 힘들다.

윤석열이 자기류의 노동개혁을 이야기하려면 기존의 정치인들보다는 한

발짝 더 나아갈 필요가 있다. 잠재 경쟁자로 분류되는 이재명 경기도지사는 기본소득을 이야기한다. 코로나19와 4차 산업혁명으로 일자리, 일거리를 잃은 사람들에게 보편적 지원을 하겠다는 것이다. 기본소득 정책은 재정 여력에 대한 걱정 때문에 정치인이나 경제인들에게는 욕을 먹을지 몰라도, 일반 국민들의 조직화된 분노를 자아낼 요소는 없다. 반면에 노동개혁은 희생이 뒤따른다. 제도 변화를 수반하기 때문이다. 그리고 이익을 보고 있던 사람들이 선 땅을 흔들어야 한다. 아마도 집권하고 나서도 큰 소득 없이 욕만 먹을 위험이 클 것이다. 집권 전에는 쉽게 공약화하기 힘들 테고 말이다.

그나마 현실적인 방법은 요즘 사람들의 새로운 노동 방식에 대한 검토를 하는 것이다. 비정규직 문제는 이미 상수고 4차 산업혁명으로 다양한 형태의 아웃소싱과 조달 방식이 온라인 공간에서 성행하고 있다. 특히 자신의 이력이나 역량에 대한 정보를 올리고, 자유롭게 시간제 노동을 하는 '긱이코노미gig economy'가 넓게 퍼지고 있다. 정해진 일자리 없이 아르바이트만 하는 사람만 있다고 여기기 쉽지만, 그렇지 않다. 본업을 통한 수입이 모자라다 싶은 직장인들이 의외로 긱이코노미에 많이 가담한다. 특히 비정규직 노동자들에게는 중요한 소득원이 될 수 있다. 그래서 집중 연구가 필요하다.

정부의 용역 사업이나 공공 사업을 긱이코노미 형태로 개방하는 것도 괜찮은 아이디어가 될 것으로 보인다. 사실 기본소득을 일일이 현금으로 보장하자면 끝이 없고, 재정 발굴도 어렵다. 하지만 정부가 이미 예산으로 지출하는 다양한 용역 사업들을 통해 일시적으로나마 고용 창출이 가능하다면 꽤 성과가 있을 것이다. 어떤 연구는 '플랫폼 정부'라는 개념을 들고 나오며 아예 정부가 일거리를 개개인에게 과감하게 내놓으라고 제안하기도 했다.13)

그다음으로는 고소득 유튜버, 큰 온라인 쇼핑몰을 하는 사람들이 어떻게 양성화되고 더 나아가서 정당하게 세금을 내고 고용까지 창출할 수 있을지도 검토해야 한다. 기성 직장에서 만들어낼 수 있는 직장이 많지 않다. 오히려 온라인 콘텐츠로 인한 일거리가 늘어가는 시대에 젊은이들을 어떻게 취업 형태로 유도할지 정권 차원의 고민이 필요한 날도 올 것이다. 특히 프리랜서 노동의 경우에는 안정성이라고는 눈 씻고 보려야 볼 수 없다. 이들이 갑(甲)들에게 당하는 꼰대질도 이루 말할 수 없는 지경이다. 문재인 정부는 전국민고용보험으로 가는 전 단계에서 사업장과 밀착된 특수고용직, 플랫폼 노동자(특히 배달), 프리랜서 등의 고용보험을 2022년까지 도입하겠다고 했다. 이 경우 엄밀한 자격조건 구분 여부와 재정 여력 논란이 예상된다. 누구는 보장해주고 누구는 소외시키면 당연히 공정성 논란이 생길 수밖에 없다.

일자리, 일거리 현장에서의 공정성 논란은 이제 국가적 고민이 필요한 사안이다. 기성 정치인들은 그저 립서비스처럼 이야기해왔던 정책에 대해 윤석열이 구체적으로 어떤 대안을 내놓을지 주목해볼 일이다.

6

안보와 경제는
하나다

경제적 풍요 못지않게 정치도 중요하다. 국가의 입장에서는 정치가 외교다. 한 시대의 역사를 만들어 나가기 위해서는 다른 나라가 하는 일을 기민하게 읽고 전략적으로 대처해야 한다. 그런데 외교는 상황에 반응하는 것만으로 해결되는 영역이 아니다. 닥쳐올 일을 적절하게 예견하고, 의사결정자 스스로 전략적 질문을 던지고 답하는 과정이 필요하다.

윤석열은 법률가다. 법은 정해진 상황을 잘 해석하고 답을 내놓는 분야지, 상황을 만드는 분야는 아니다. 물론 법경제학처럼 제도나 규제의 비용을 계산해 합리적인 미래의 방향을 제시하는 분과학문도 있다지만, 대체로 법은 과거와 현재의 문제를 다룬다. 오랫동안 나쁜 사람만 잡아 버릇했던 윤석열이 미래형 업무인 외교를 맡으면 잘 할 수 있을까. 요즘에야 많이 나아졌다고 하지만, 20년 전까지만 해도 영어를 잘하는 한국 법률가가 드물었다. 과연 윤석열은 외교전의 기본 도구인 영어를 구사할 수 있을까. 가령 이명박과 박근혜 전 대통령은 아주 능숙하진 못해도 기본이 갖추어진 영어 실력을 보여줄 정도는 되었다. 김대중 전 대통령은 영어 연설의 뉘앙스까지 구별할 정도로 탁월한 문해력을 가지고 있었다.

■ 외국 사정에 관심이 많은
윤석열

윤석열의 측근들에게 수소문을 해보았다. 몇몇 검사들처럼 해외 공관 근무 경험이 있거나, 유학을 다녀오지 않았으니 '전형적 국내파' 아니냐고. 대답은 "의외로 외국어에 관심이 많고, 해외 뉴스를 재미로라도 챙겨보는 편"이라는 것이었다. 우선 영어는 '중급 이상'이었다. 대학시절 팝송을 외워서 부르고, 어떤 상황에 특정 영어 노래 가사가 떠오를 정도니 지도자가 영·미권 국가에 가서 면구스러워지는 일은 별로 없겠다 싶다. 특히 일본의 정치, 경제에 대해서는 관심이 많은 편이었다. 검사들에게 일본은 도쿄지검 특수부라는 모범 사례로 기억되는 나라다. 자민당 최대 파벌 수장이자 전직 총리였던 다나카 가쿠에이를 수뢰 혐의로 구속한 사람들이 일본 특수검사들이다. 검찰총수였던 후세 다케시(布施健)는 "책임은 모두 내가 진다. 마음껏 수사하라"고 했다. 일본 검찰의 2인자 격인 카미야 히사오(神谷尙男) 도쿄고검장은 "수사가 난관에 부닥칠 가능성이 있다는 이유만으로 망설인다면 검찰은 아마도 앞으로 20년간 국민의 신뢰를 받지 못할 것"이라고 극언을 했다. 당시 일본 정부의 수장은 미키 다케오 총리였다. 그는 다나카 내각의 부총리를 지낸 사람이었지만, 직전 총리의 사법 처리를 막지 않았다.

지도자가 굳이 외국어를 유창하게 할 필요는 없다. 하지만 외부를 향한 시선은 중요하다. 국제적인 이해관계의 틈바구니 속에서 한 나라가 어떻게 번영할지 고민하는 것이 정치 리더기 때문이다. 한때 음모론처럼 돌았지만 윤석열은 2019년 9월 FBI 국장을 만났다가 'FBI의 하수인'이라는 재미 친북 매체의 비판을 받기도 했다.

"윤 총장이 지난해 9월 24일에 FBI의 크리스토퍼 레이 국장을 비밀리에 만난 뒤 문재인 대통령과 껄끄러운 사이가 되었다."

지금에 와서 보면, 만남 자체는 매우 유익한 경험인 듯하다. 적어도 윤석열이 외국의 수사기관장과 우호적으로 소통할 수 있는 사람이라는 증거가 되기 때문이다.

외교는 상대를 알아야 할 수 있는 업무다. 타자에 대해 관심이 없는데 억지로 공부하듯 관계를 만들 수 없다. 영원한 친구도, 적도 없는 것이 외교이기에 일단 주변국에 대한 깊은 관심이 있어야 한다. 친구를 가까이 하되, 적은 더욱 가까이 하는 노련함도 있어야 한다.

■ 안보와 경제는 하나다

윤석열이 대광초등학교 동창인 김성한 고려대 교수(전 외교부 차관)와 나눈 비대면 대화에서 가장 인상 깊은 대목은 "안보와 경제가 하나다"라는 인식이다. 미국의 경우, 트럼프 정부 이전에는 안보와 경제를 별개로 다룰 수 있었다. 미국은 한국에서의 사드 배치나 대만 문제 등으로 정치적으로는 중국과 갈등 관계였지만, 경제적으로는 깊은 동반자 관계를 유지해 왔다. 하지만 트럼프를 비롯해 전 세계 지도자들이 자국 우선주의 바람에 가담하면서, 안보와 경제는 점점 한 방향으로 수렴하게 되었다. 군사적으로 갈등하는 나라끼리는 경제적으로도 찬바람이 부는 것이다.

대표적인 사례가 미·중 반도체 전쟁이다. 첫발은 통신기업인 화웨이 테크놀로지에 대한 트럼프 행정부의 제재다. 인터넷 회선이나 각종 통신 설비를 통해 미국 시장에 진출한 화웨이가 주요 산업의 핵심 정보를 빼간다는 것이 미국 측 입장이다. 시스코나 모토로라, 아칸반도체 등의 기업은 기술을 도난당해 소송을 걸기도 했다.

화웨이는 형태상 런정페이라는 개별 기업인이 지배하는 회사지만, 정치적으로는 중국 공산당 본류와 연결된 준 국유 기업이라는 시각이 많다. 트럼프 정부는 2018년 국방수권법을 내놓으며 화웨이 제품을 미국 본토에서 몰아내는 작업을 했다.

문제는 미국 정부가 동맹국들에게 "진실과 거짓 중 한 편에 서라"고 요구하면서부터 본격화되었다. 캐나다, 호주와 같은 국가들은 물론이고 인도, 일본과 같은 아시아 국가들까지 화웨이를 공공 소프트웨어 사업에서 배제하게 되었다. 그런데 한국은 이미 통신 3사 중에 중국산 설비를 쓰는 회사가 있고, 포털 기업인 네이버도 화웨이 제품을 이용한다. 미국 고객이 끊기자 한국의 삼성, LG 등이 중국의 영업 공세에 시달리는 상황이다.

코로나 백신의 정치화도 안보와 경제를 하나로 만드는 사건으로 볼 수 있다. 미국은 자국이 보유한 화이자, 아스트라제네카 백신을 외교적 무기로 이용하고 있다. 중국을 대상으로 한 인도태평양동맹인 '쿼드$_{Quad}$'에 참가하는 국가인 인도, 일본, 호주는 미국의 남는 백신을 지원받을 수 있다. 바이든 행정부는 코로나19로 위기에 빠진 인도에 2,000만 개의 아스트라제네카 백신을 공여하기로 했다. 한국은 아직 쿼드 참여에 대해 구체적인 답변을 내놓지 못하는 상태다. 그럼에도 불구하고 외교부는 '한미 백신 스와프'라는 것을 제안했다. 한국이 모자랄 때는 미국이 백신을 공여해주고, 역으로 미국이 모자랄 때는 한국이 도와주는 방식이다. 결국 보기 좋게 거절당했다. 문재인 대통령은 그 와중에도 〈뉴욕타임스〉와 인터뷰를 하며 미국 행정부가 중국, 북한과 대화해야 한다고 각성을 촉구했다. 그러면서 트럼프 행정부는 동북아의 긴장을 해소하는 과정에서 "변죽만 울렸다"고 주장했다. 이를 두고 윤석열은 김성한과의 전화를 통해 "정상회담에서는 조심해야 하지 않겠느냐"고 지적하기도 했다.

■ 확고한 한미동맹 신념

소국의 외교는 기회주의적으로 흐르기 쉽다. 르네상스시대 이탈리아의 피렌체가 대표적이다. 프랑스와 스페인 세력이 각각 기세 좋게 이탈리아로 진주(進駐)해올 때마다 번갈아가며 편을 들었다. 마키아벨리가 모시던 피렌체의 대통령 피에로 소데리니(1451~1522)는 여러 국가들 사이에 중립 노선을 추구하는 것이 전쟁을 피하는 지름길이라고 믿었다. 하지만 강대국들의 입장에서는 원칙 없는 외교에 불과했다. 결국 쫓겨나 있던 메디치 가문 출신인 조반니 데 메디치 추기경이 교황령의 군대를 이끌고 쳐들어 와 소데리니를 축출했다. 실체 없는 균형자론은 지도자를 몰락시킬 수 있다.

한국은 건국 초기부터 미국에 빚을 지고 있는 나라다. 일종의 양부(養父)라고 할 수 있다. 진보 진영에서는 시시때때로 중국이나 북한과 잘 지내기 위해서 양부를 삼촌이나 형제쯤으로 낮추어봐야 한다고 주장한다. 하지만 대륙 세력들은 철학이 없는 '새 친구' 또는 '새 형제'를 별로 신뢰하지 않는다. 한 번 배신하는 것이 어려울 뿐이지, 두 번은 쉽다고 보기 때문이다. 동북아 균형자론 내지는 조정자론이 성립하지 않는 이유다. 조선 말기에도 고종(高宗)이 청나라, 러시아와 일본 사이에 전략적 중립 노선을 추구하다 실패한 경험이 있다. 줄타기 외교의 결과는 모두에게 외면당하는 것이었다. 오늘날에도 마찬가지다. 중국, 러시아 등과의 선린 관계를 위해 미국과의 관계에 소홀하다거나 중립 노선을 추구한다거나 하는 일이 벌어지면, 큰 위기 때에 양쪽으로부터 문전박대를 당할 수 있다. 당장 백신 스와프를 거절당한 것부터가 좋은 사례다.

미국은 확장 억제extended deterrence 노선을 가지고 있는 나라다. 과거 로마가 여러 동맹국에게 안보 우산을 제공했던 것과 동일한 정책이다. 적국이 동맹 국가를 침범하거나 군사적으로 위협할 경우에는 자국령(自國領)에 버금가는 수준으로 개입해 흠씬 짓밟아준다. 대국이 소국을 위해 복수를 해주는 일은 그만큼 강한 부채 의식을 남긴다. 남을 위해 흘린 피는 돈으로도 갚을 수 없는 가치가 있기 때문이다. 대신에 미국은 동맹국이 신의 있는 행동으로 보답하기를 원한다. 지난날의 로마도 큰 전쟁을 앞두고 동맹국의 참전을 요구했다.

일본은 1945년 이후부터 미국을 양부로 섬기고 있다는 사실을 최근 들어 강조하고 있다. 바이든 행정부가 들어선 뒤 열린 미·일 외교국방장관 회담에서는 '자유롭고 열린 태평양' 원칙을 외쳤고 중국을 향한 규탄성명도 냈다. 금세 중국 측의 반격이 이어졌다. 일본은 미국의 속국에 지나지 않는다는 것이다. 하지만 화웨이 제품 규제를 비롯해 다양한 분야에서 미국과 협조하며 실익을 취한 나라가 일본이다. 스가 총리가 화이자 백신을 대량으로 구할 수 있었던 배경에도 바이든 행정부의 협조가 있었다. 중국이 욕을 해줄수록, 일본 입장에서는 미국과의 밀착도를 자랑할 수 있는 실적이 쌓인다. 한미동맹에 대한 강한 신념을 가지고 있는 윤석열이 보기에는 매우 중요한 맥락이었다. 북한의 비핵화 원칙 확인도, 중국에 대한 견제도 없었던 한미공동성명은 미일공동성명에 비해 내용이 두루뭉술했고 서로 교환할 수 있는 실익도 엿보이지 않았다. 친구인 김성한은 "미일동맹과 한미동맹의 차이가 있기 때문에 중국 비판이 빠진 것은 이상하지 않다"고 설명했다고 한다.

■ 권한을 가진 전문가가 필요하다

균형자론을 중시한 문재인 정부는 외교 사절을 선별할 때에도 비슷한 철학을 가진 사람들을 임명했다. 직업 외교관보다는 주로 정무직에 가까운 사람들을 선호한 것이다. 그들은 정권과 직접 소통이 가능하다는 장점은 있었지만, 파견국의 정치적 분위기나 네트워크에 대해서는 어둡다는 비판을 받는다. 또 외교적 실리가 요구되는 상황에서도 명분을 내세우는 경향도 있다. 창과 방패를 든 병사들이 난투를 벌이는 외교전에서는 결격사유다.

영국이나 미국에서는 정권과 가까운 대사를 외국에 파견하더라도 외교 업무에 대한 이해도가 있는 사람을 내세우는 경향이 있다. 아마추어리즘을 피하는 것이다. 정치가 오랜 세월 경험을 쌓아야 하는 비즈니스인 만큼 외교도 시간과 경로의존성의 힘을 무시할 수 없는 분야다. 평소에 인간성이 좋다거나 외국어를 잘하는 편이라고 해서 현지 조야(朝野)의 사람들과 교섭하고 담판을 짓는 일까지 할 수 있을 것이라고 기대하긴 어렵다. 공자는 외교관의 덕목으로 '전대(專對)'를 꼽았다. 지도자와 충분히 공감대를 형성할 수 있으면서도 그에게 권한을 충분히 위임받고 상대국에 파견되었느냐 여부를 따지는 것이다. 기본적으로 능력이 갖추어져 있어야 함은 더 강조할 필요도 없다. '지도자 윤석열'은 하루 빨리 믿을 수 있는 직업 외교관 출신들을 가까이에 두어야 한다. 그들은 전 세계의 정치, 경제적 사정과 민낯을 생생하게 목격하고 보고할 수 있는 사람이어야 한다.

7

중도 실용주의의 길

보수와 진보 논쟁은 이제 식상한 주제가 되어버렸다. 대부분의 국가정책은 특정 진영에서만 소비되지 않는다. 오히려 어떤 사람이 정책을 만들고 실행하느냐에 따라 과정과 결과가 달라지는 경우가 더 많다. 가령 예산 문제만 봐도 알 수 있다. 좌파나 우파나 정부의 역할은 필요한 곳에 돈을 쓰는 것이라고 본다. 하지만 좌파는 정치적으로 필요한 현안별로 예산을 집행하는 반면에, 우파는 재정을 풀어 시장을 살리고 집권 기반을 안정화하는 데 관심을 갖는 편이다. 물론 지도자가 어떤 관심사를 가지고 있느냐에 따라서 좌파의 접근과 우파의 접근이 혼용되어 쓰이는 경우도 많다. 그래서 21세기에 이념 논쟁은 별로 의미가 없다.

"그렇다면 윤석열은 어떻게 할 것인가?"

윤석열은 헌법주의자이면서 자유주의자다. 그렇지만 진영에 복무하는 사람은 아니다. 일의 성격과 상황에 따라 알맞은 대답을 내놓으려는 실용주의 성향을 가지고 있다. 하지만 이랬다저랬다 하는 미꾸라지나 뱀장어형도 아니다. 특별한 철학이나 가치 지향 없이 상황을 봐서 대처하려는 정치인들은 언젠가는 유권자들을 실망시킨다. 그래서 윤석열이 어떤 비전을 선명하게 주장하는가는 그의 정치적 운명과 직결되어 있다.

■ 윤석열은 마크롱을 벤치마킹할 수 있을까

'정치인 윤석열'의 길을 예측할 때 가장 많이 빗대는 인물이 프랑스의 대통령 마크롱Emmanuel Macron이다. 그는 보수와 진보 구도에 얽매이지 않는 제3지대 출신 지도자로 각광받는다. 사회당 정부의 각료였음에도 불구하고 과감한 친(親)시장 정책을 삭감하고, 프랑스의 고질병인 복지재정의 과소비를 줄인 장본인이기도 하다. 마크롱은 자신이 졸업한 엘리트 관료 양성소인 국립행정학교ENA를 폐지해 버리고, 노동조합과의 정치적인 갈등도 회피하지 않았다. 무엇보다 자기류가 강하다는 점에서는 마크롱은 윤석열에게 꽤 매력적인 벤치마킹 대상이 될 수 있다.

그런데 권력이 운영되는 것 못지않게 탄생하는 과정도 면밀하게 들여다봐야 한다. 마크롱이 신생 대권주자로 시작해서 운명의 순간들을 딛고 권좌에 오르는 프로세스를 구체적으로 분석한 사람이 그다지 많지 않다. 그는 통념적인 중도(中道) 정치인과 많이 다른 사람이다. 좌우 양극단 사이에서 기계적 균형을 잡으려고 애쓰는 사람이 아니라는 뜻이다. 오히려 유권자들의 심리와 고정관념을 전략적으로 이용하며 기세 좋게 권력을 잡은 케이스다. 그리고 그 과정을 효과적으로 조언한 자크 아탈리라는 경험 많은 컨설턴트가 있었다. 그는 미테랑 전 대통령을 10년 넘게 보좌한 참모이기도 했다.

2016년 9월에 마크롱이 사회당을 탈당해 새 길을 걸을 때에는 신참자에 불과했다. 당시 프랑스 사회당은 재선을 포기한 올랑드 대통령의 무기

력함, 유망 주자 부재로 골머리를 썩고 있었다. 아탈리를 비롯해 꽤 노련한 사회당 정치인들은 지난날의 껍데기로는 집권이 어렵다는 사실을 알고 있었다. 그래서 마크롱을 탈당시켜 제3의 젊은 정치 노선을 표방하며 같은 해 '전진En Marche'이라는 명칭의 신당을 만들었다. 하지만 이때까지만 해도 지지율 10%대의 군소 정당에 지나지 않았다.

2016년 말까지 프랑스의 정치 구도는 지지율 30%대의 공화당, 20% 후반대의 극우파 국민전선이 각축장을 벌이는 형태였다. 전통 우파인 공화당의 주자들 중에는 알랭 쥐페, 프랑수아 피용 등의 기라성 같은 인물들이 있었다. 하지만 그들은 몹시 식상한 기성 보수 정치인이었다. 피용이 연말의 공화당 경선을 통해 정식 후보가 되고, 장 마리 르펜의 딸인 마린 르펜이 국민 전선의 정식 후보가 되면서 선거는 두 주자의 양강 구도로 굳혀 가는 듯했다.

그런데 2017년 초엽에 엽기적인 스캔들 하나가 터진다. 프랑수아 피용의 아내가 1986년부터 2013년까지 국회의원 사무실에 출근하지도 않고 의원 보좌관 자격으로 68만 유로(당시 돈으로 9억 2,000만 원)를 수령해간 사실이 적발된 것이다. 엄밀히 말하면 국고 횡령이었다. 피용은 총리로 입각한 이후에도 후배 의원에게 아내의 보좌진 급여를 인계해서 지불하게 했다. 사실상 뇌물을 받은 셈이나 다름없었다. 그동안 정치인들의 갖가지 뇌물과 착복 수법이 언론을 통해 폭로되어 왔지만, 피용처럼 무분별한 경우는 드물었다. 분노한 프랑스 유권자들은 2017년 대선 1차 투표에서 피용을 과감하게 탈락시켰다. 이때 마크롱이 24.01%, 르펜이 21.3%, 피용이 20%를 얻어 새로운 구도가 만들어졌다. 물론 마크롱이 아무것도 모른 채 운에 맡기며 맨땅에 헤딩하는 방식으로 대선에 나섰다고 볼 수는 없을 것이다. 피용의 착복 사실을 진작에 알고서 사회당의 옷을 벗고 젊은 중도 세력으로 옷을 갈아입었을 수도 있다.

마크롱은 "나는 좌파도, 우파도 아니다. 다만 자유주의자다"라고 말했다. 기성 정치의 보수·진보 대립 구도는 지양하되 자기 색깔의 친시장주의는 확실히 한 것이다. 2차 투표에서 극우파가 집권하는 것을 방치할 수 없었던 정치 세력들과 프랑스의 대중들은 마크롱에게 몰표를 주었다. 대통령 올랑드와 공화당의 지지에 힘입어 마크롱은 결선투표에서 66.1%의 득표율을 올리며 당선되었다. 한마디로 그는 기계적 중도 주자가 아니었다. 오히려 기성 정당의 청산과 신선한 세력 출현을 원하는 민심을 잡은 자유주의자였다. 따라서 마크롱과 대비되는 윤석열 또한 막연하게 민주당도, 국민의힘도 아닌 노선을 걸어서는 안 된다. 오히려 자신의 둥지가 될 수 있는 반문 보수 진영의 문을 두드리면서, 개성 있는 홍보 전략으로 국민의 마음을 사로잡아야 한다.

■ 전진당의 도약 기회가 된 그랑 마르슈

마크롱은 밑바닥을 다지기 위한 전술에도 치밀했다. 프랑스에서는 유권자의 개인정보를 수집하는 일이 금지되어 있기 때문에 여론조사에 직접면담법을 활용한다. 마크롱 선거 캠프는 5,000명의 자원봉사자를 모집해 전국 각지로 파견했다. 그들은 10만 명의 유권자들에게 접촉을 시도했고, 그중 2만 5,000명에게 심층 면담 결과를 이끌어냈다. 프랑스어로 위대한 전진이라는 뜻의 '그랑 마르슈Grand Marche'라는 캠페인 과정에서 조사원들이 물어본 내용은 다음과 같다.

첫째, 프랑스 국민이 정치에 바라는 점은 무엇인가.
둘째, 프랑스 사회에서 잘 되지 않는 일은 무엇인가.
셋째, 프랑스 정치권이 해결해야 할 문제는 무엇인가.
넷째, 2015년에 당신이 경험한 것 중 최고의 순간과 최악의 순간은 무엇인가.
다섯째, 당신 주변에서 가장 관심을 가지고 있는 주제는 무엇인가.

이 질문에 답한 사람들 중 88%는 테러, 실업으로 삶의 활기를 잃어가고 있다고 증언했다. 최소한의 안전, 예측 가능한 삶 같은 가치들이 더 이상 프랑스에서 작동하지 않는다는 것이다. 마크롱은 나폴레옹이나 드골과 같은 리더상이 필요함을 읽어냈다. 나라에 대한 국민적 신뢰와 자부심을 이끌어낼 수 있는 지도자가 절실함을 알아차린 것이다. 그 밖에도 프랑스 국민들은 가족, 사회보장, 연대와 도덕성과 같은 가치를 중시한다는 점을 파악했다. 늘 부족한 교육과 정치는 마크롱에게 매우 중요한 숙제였다.

이렇게 정밀하게 민심을 측정하면, 뚱딴지같은 이론이나 황당한 정책을 주장하는 일도 없다. 전진당의 중도 노선은 철저히 도리에 적중하는 실용주의적 자세에서 비롯된 것이었다. 교육 현장의 인력 수준 개선, 학교 선택의 자율성 보장, 깨끗한 정당 등이 공약화되었고, 내 삶의 문제를 성의 있게 건드려주길 바라는 유권자들의 마음을 사로잡았다.

전략과 전술 가운데는 대중이 기대하지 않았던 내용도 포함되어야만 한다. 마크롱은 공무원 17만 명 감축 공약을 통해 확실한 공공개혁을 약속했다. 안정적인 직무 환경을 영위하는 수준을 넘어서 태만하기까지 한 프랑스 정부 부문이 지독하게 살을 빼도록 유도하는 것이다. 직전 대통령인 올랑드는 부유세를 부과해 공공 예산의 파이를 키워 놓았다. 국가가 돈을 쓰면, 지원을 받는 국민들의 삶이 조금이라도 나아질 거라는 장밋빛 기대를 했다. 하지만 마크롱은 아무리 세금을 걷어도 개선되지 않는 프랑스의 재정 적자 문제는 고강도의 구조조정을 통해서만 달라질 수 있다고 보았다. 가령 철도 분야의 경우 국영인 데다 종신고용이 유지되고 있었다. 공공 개혁안이 통과되면 신입사원부터 고용유연화를 적용받게 되고, 프랑스 국철은 합자회사로 전환될 것이었다. 집권 후 마크롱은 지독한 파업과 시위에 시달렸다. 하지만 2019년 한 해 동안 일자리가 15% 늘었고, 실업률도 2008년 서브프라임 모기지 사태 이후 최저 수준이었다. 프랑스 경제의 매력도를 키우기 위한 노력도 있었다. 마크롱은 이케아, 페이스북, 맥킨지 등에 꾸준히 구애하며 프랑스로 본사를 옮겨가거나 자회사를 유치하는 기업에 혜택을 제공하겠다고 약속했다. 물론 인기 대신 개혁을 택한 마크롱의 노선에 험로가 없다고 할 수는 없을 것이다. 당장 재선도 불투명하다. 하지만 그는 정치적 영향력 대신에 신념 있는 국가지도자라는 명성을 얻었다. 그래서 그와 전혀 상관없는 아시아 국가들도 마크롱 리더십을 이야기하는 것이다.

◼ 윤석열은 한국을 어떻게 개혁할 것인가

　윤석열이 마크롱 못지않은 리더가 되려면 매우 확고한 국가개혁의 비전이 있어야 한다. 2022년 3월 대선을 준비하는 입장이기 때문에 시간이 많지는 않다. 하지만 내용에 빈틈이 있어서는 안 된다. 국민들이 쉽게 방향과 효용을 인식할 수 있는 개혁 슬로건이 필요하다. 얼렁뚱땅 정권 심판의 분위기에 기승해서 집권하려다가는 지혜로운 유권자들에게 금방 욕을 먹기 쉽다. 윤석열은 엄연히 정치권에서 새 인물이기에 가치 지향을 매우 간결한 언어로 표현할 수 있어야 하고, 구전으로 반복되는 과정에서 홍보가 자연히 되는 개념을 만들어야 한다.

　그다음으로는 약 두세 달의 시간 동안 정밀한 민심 조사를 하는 것이다. 최근 유행하고 있는 빅데이터 기법을 통한 분석도 좋고, 그랑 마르슈처럼 광범위한 설문과 면담을 진행하는 것도 유용할 것으로 본다. 중도 노선은 보수와 진보의 두 꼭지점을 놓고 가운데 포인트를 찾는 게 아니다. 사람들이 원하는 바를 정확히 읽어내고 구체적인 대안을 제시해주는 정치가 중도 노선이다. 그리고 전달 방식은 보편적 시선과 너무 동떨어져서도 안 된다. 다소 구시대적이라 하더라도 방향성이 확실한 것이 좋다. 마크롱도 나폴레옹, 드골, 미테랑, 시라크 등 전통 리더들이 지향했던 가치와 노선을 분석하며 확고한 자기 스타일을 찾아 갔다.

　마지막으로 상징적인 개혁 리더라 할 만한 인물을 러닝메이트나 강력한 서포터로 두는 것이다. 1980년대 일본의 나카소네 야스히로 전 총리는 도코 도시오라는 게이단렌 회장을 개혁전도사로 활용했다. 도코가 임시행정조사회장으로 일하며 수술한 분야가 꽤 많다. 철도 민영화, 추곡수매가 현실화 같은 것들이 그의 손을 통해 이루어졌다. 하토야마 유키오 전 총리는 이나모리 가즈오라는 전설적 경영인을 일본항공JAL의 사령탑으로 모셨다. '소선(小善)은 대악(大惡)을 닮았다'는 그의 신념은 강력한 구조조정과 경영 정상화 성과로 이어졌다. 윤석열은 수사 분야에서는 전문가일지 모르지만, 나머지 국정에 있어서는 아무리 노력해도 딜레탕트일 수밖에 없다. 전문가를 적재적소에 잘 발탁하면 된다는 신념을 이때 발휘해야 한다. 그래야 비로소 윤석열표 대한민국 개혁을 국민들이 인정해줄 것이다.

9,865일의 싸움과 숙제

윤석열이 1994년 검사 생활을 시작해 2021년 총장으로 그만두기까지의 날 수를 계산해보았다. 9,865일이었다. 그 시간 동안 며칠이나 '공정과 상식'을 고민했을까 계량하기는 어려운 일이지만, 나름대로 가치를 지키고 사느라 쉽지 않은 길을 걸어온 것임에는 분명해보였다. 굳이 비유하자면, 사서 고생하는 사람처럼 보였다고 해야 할까. "편하게 살걸, 참 부질없다"고 소감을 밝히는 그의 모습에서 묘한 쓴맛이 느껴졌다.

　지금도 윤석열 현상의 반대편에는 조국 현상이라는 어마어마한 제사 공동체의 결집이 존재한다. 정권 재창출의 기로에 서 있는 여당 입장에서는 조국 현상을 전략적으로 이용할 것이냐, 아니면 그 흐름의 동력을 무시하고 국민의 마음을 끌 만한 새로운 기류를 만들 것이냐 고민할 수밖에 없다. 어떤 쪽을 택하든 윤석열을 누르지 않으면 민주당은 길을 낼 수가 없다. 유력 야권 주자로서 자리매김하고 있는 그는 이제 전술적으로 싸움을 걸어오는 여당을 향해 정치적으로 응해야 하는 숙제를 안고 있다. 이전까지 전혀 해보지 않았던 일이다.

　"과연 잘할 수 있을까."

　정치는 법처럼 정해진 질문에 답하는 게임이 아니다. 스스로 질문을 만들고 제대로 답을 할 줄 알아야 한다. 그런데 한국 정치사상 주체적으로 사고하고 문제를 해결할 줄 아는 리더가 많지 않았다. 대부분은 아이디어를 참모나 보좌진에게 외주화하거나 남의 생각을 베끼는 경우가 많았다. 어쩌면 윤석열이 의회 정치인으로서 훈련받은 경험이 없다는 것이 오히려 큰 장점이 될지도 모른다. 눈치껏 말하고 쓰고 행동하는 집단 심리에 오염이 덜 되었다는 뜻이기도 하니까. 게다가 그는 스스로를 벼랑 끝에 세움으로써 더 큰 기회를 얻어왔던 사람이다. 찰나의 이익에 매우 예민한 전형적인 정치인들과는 차별화되는 모습이다.

나는 윤석열이 처가 이슈 같은 것으로 낙마할 것으로 보지는 않는다. 그는 예리하게 칼을 벼려왔던 칼잡이인 만큼, 방패도 매우 튼튼하게 다듬어 둔 것으로 보인다. 오히려 윤석열에게 가장 큰 맹점은, 자신의 '성공 경험'이라는 덫에 걸려 넘어질 수 있다는 것이다. 이제까지 정의의 사도로서 미디어와 국민의 남다른 스포트라이트를 받아왔던 그는, 이제 치사하고 지저분한 일까지 도맡아야 하는 입장이다. 그렇다고 정치인으로서 작은 부도덕쯤은 눈감으라는 이야기가 절대 아니다. 여러 사람과 세력 간에 발생하는 치열한 이해관계의 복잡성, 아침에는 협력자였다가 밤에는 배신자가 되기도 하는 진흙탕으로 저벅저벅 걸어 들어가서 자기만의 진주를 찾아내라는 것이다. 그 길을 회피하고 마냥 레드카펫을 걷기를 지향한다면, 지금껏 실패했던 여느 관료 출신 대선주자들과 비슷한 입장이 될 수밖에 없다.

그래서 윤석열은 다른 정치인들보다 더욱 정열적으로 현장을 찾아가고, 낮은 자세로 국민을 만날 준비가 되어 있어야 한다. 코로나19로 인해 조직 정치의 부담을 던 대신에, 미디어를 통해 생중계되는 대중 정치의 문법에

빨리 적응해야 하는 입장인 것이다. 대중민주주의는 언제나 올바른 방향으로만 흐르지 않는다. 소크라테스가 당했던 것처럼 자신의 의견이 악의적으로 편집당하고 네거티브 소재로 쓰이는 것도 감수해야 할 때가 있다. 대중은 법적으로 문제가 되지 않는 사안도 언제든지 신성모독죄로 회부하고 사회적 사망선고를 내릴 수 있는 존재다. 그나마 윤석열에게 남다른 장점이 있다면, 검찰개혁 군중과 180석의 여당이 자아내는 혹독한 공격을 받으면서 길러진 면역력이 있다는 것이다. 이제는 그 면역력이라는 토대 위에 민심 경청이라는 또 다른 능력을 자산화해야 하는 상황이다.

윤석열이 정말로 대통령에 당선될 수 있는지 아닌지는 이 책의 핵심 주제가 아니다. 그는 법치와 공정을 위한 투쟁을 벌이다가 더 이상 검찰 안에서는 답을 찾을 수 없어서 "새롭게 사회를 위한 봉사"를 시도하는 인물이다. 이제는 옳은 일을 지향하는 법조인이 아니라 지도자이자 혁명가로서 일할 준비가 되어 있어야 한다. 대한민국이 현재 직면한 과제들을 슬기롭게 풀어가는 문제해결자로서의 면모가 요구되는 것이다. 그동안 우리는 건국과 산업화를 통해 형식적인 근대화를 이루어왔지만, 지성의 성숙에 의한 정신적 근대화를 이루지는 못했다. 그래서 여전히 힘을 가진 자가 지배력을 발휘하는 '중세적 꼰대 사회'를 살고 있다. 어느 평론가의 말을 빌자면, 군사독재가 끝난 이후에도 우리 정치는 여전히 봉건적 한계를 안고 있다. '양김(兩金) 설욕의 10년(김영삼·김대중)', '자본주의 10년(노무현·이명박)', '시대착오의 10년(박근혜·문재인)'이 고스란히 이어졌다. 지도자가 스스로 무엇을 욕망하는지도 알아차리지 못한 채 어지러운 진흙탕에 몸을 담그는 사이 국민은 다양한 방식으로 불행을 반복해왔다. 실험은 많았지만, 성과는 미약했다. 박근혜 탄핵 사태는 단순히 정권 전복 운동이 아니었다. 한국 사회의 불평등·불공정·봉건정치에 대한 깊은 분노가 응축되어 헌정 중단으로까지 이어진 사태였다. 하지만 그 뒤에 정권을 잡은 문재인 정부는 시대적 사명에 집중하기보다 철 지난 친노 진영의 과거 영광 회복에 주력하며 중세 국가로서의 면모를 다시 확인시켰다. 윤석열은 그 과정에서 새롭게 잉태된 기대주다. 그는 중세적인 꼰대가 아닌 진정한 근대인을 바라는 시대의 요구에 명쾌하게 응해야만 하는 입장이다.

이런 배경으로 인해 이 책은 평전(評傳)의 형식을 띠게 되었다. 누군가의 미래를 전망하기 위해서는 과거와 현재를 함께 포착해야 되기 때문이다. 글을 쓰는 과정에서 가장 많이 의식했던 것은 "보이는 대로 쓰는 것"이었다. 그러자면 세상의 흐름 속에서 대상이 복잡하고 얽히고설키는 과정을 그대로 받아들여야 한다. 분석의 대상에 대해 거리를 좁히는 것 못지않게 낯선 시선을 적용하는 것도 중요하다. 물론 그 과정은 매우 외롭고 피곤한 것이다. 수준 낮은 결과를 내서는 안 된다는 책임감이 어깨를 짓누를 때마다 위안이 된 구절이 있다.

"12세기의 근대인"으로 불리는 프리드리히 2세(1194~1250)의 말이었다.

"모든 것은 있는 그대로, 그리고 본 그대로 쓸 것. 왜냐하면 이 방침으로 일관할 때에만, 책에서 얻은 지식과 경험해보고 처음 얻은 지식의 통합이라는, 지금껏 누구도 시도하지 않은 과학의 길을 열 수 있을 것이라 믿기 때문이다."

물론 내가 본 것, 내가 추구했던 지식에 대해 날카로운 비판을 하실 분들이 많을 것이다. '무플'보다 '악플'이 훨씬 복되다고 여기는 필자인지라, 그

분들께도 감사드린다.

《별의 순간은 오는가》가 나오기까지 많은 관심을 베풀어주신 분들에게 고마운 마음을 전한다. 이름을 밝힐 수 없는 많은 취재원들에게 빚진 마음을 고백한다. 특별히 정권현 님께서 많은 조언과 자문에 응해주셨다. 마지막으로 깊은 격려자인 아내와 상식의 공화국에서 더 밝은 내일을 살아갔으면 하는 아들에게 두렵게 이 책을 바친다.

2021년 6월, 서울에서

천근

참고문헌

1장 · 믿음이 있어 다툼을 벌인다

1) 〈동아일보〉, "대통령이 고른 후보 최순실이 최종 낙점", 장관석, 허동준, 2016년 12월 24일 기사.
2) 뉴스1, "崔, 이임순 통해 '테스타로사' 서울대병원 입점 청탁했다", 2017년 4월 24일 기사(〈머니투데이〉 제공). https://news.mt.co.kr/mtview.php?no=2017042412268217732
3) 〈연합뉴스〉, "검사 '면면'으로 살펴본 특검팀 예상 조직도", 2016년 12월 17일 기사.
4) TV조선, "윤석열, 정두언에게 '최태민-박 대통령 관계' 물었다", 2016년 12월 21일 기사.
5) 〈시사저널〉, "[시사저널 단독입수] 박근혜-최순실-정호성 60분 녹음파일", 2019년 5월 17일 기사. https://www.sisajournal.com/news/articleView.html?idxno=185713
6) 〈연합뉴스〉, "김용철 전 삼성 법무팀장, 1999년 황교안에게 상품권 줬다", 2019년 7월 8일 기사.
7) https://www.sisain.co.kr/news/articleView.html?idxno=28151
8) http://m.khan.co.kr/view.html?art_id=201611170600055#c2b
9) http://daily.hankooki.com/lpage/society/201707/dh20170707070032137780.htm
10) 〈중앙일보〉, "최순실 역정에 '원하시는 대로 지원' (……) 이 말에 이재용 파기환송", 2019년 8월 29일 기사. https://news.joins.com/article/23565787
11) 〈경향신문〉, 2017, "최순실, 홍라희가 이재용 탐탁잖다며 삼성 실권 쥐려 해 언급", 2017년 2월 6일 기사.
12) 〈주간조선〉, "김상조 공정위원장 (……) 최순실 청문회, 박영수 특검에 참고인으로 등장", 2017년 5월 기사. http://pub.chosun.com/client/news/viw.asp?cate=&nNewsNumb=20170524791&nidx=24792
13) 〈한겨레〉, "정권 교체돼 삼바 판단 바뀌었다고? 감리위원 조목조목 반박" 2018년 11월 18일 기사. http://www.hani.co.kr/arti/economy/finance/870701.html
14) https://newstapa.org/article/WILmO
15) 〈한겨레〉, "'양승태 행정처, 영장 없는 체포 활성화'까지 검토했다", 2018년 6월 5일 기사. http://www.hani.co.kr/arti/society/society_general/847844.html
16) 〈연합뉴스〉, "서영교, 전병헌, 이군현, 노철래, 법원행정처에 '재판 민원'", 2019년 1월 15일 기사. https://news.naver.com/main/hotissue/read.nhn?mid=hot&sid1=102&cid=1080997&iid=49641116&oid=001&aid=0010582104&ptype=021
17) 〈한겨레〉, "이명박 특검, 검찰 결론 판박이 '검은 머리 외국인에 우롱당해'", 2008년 2월 21일 기사. https://www.hani.co.kr/arti/politics/politics_general/271206.html
18) 〈한겨레〉, "자유한국당, 박근혜 제명..홍준표 '오늘로 당적 정리'", 2017년 11월 3일 기사. https://www.hani.co.kr/arti/politics/politics_general/817394.html
19) 〈고발뉴스〉, "전병헌 소환에도 조용한 자유한국당 왜? (……) 최민희 '미방위원 전수조사해야'", 2017년 11월 15일 기사. http://www.gobalnews.com/news/articleView.html?idxno=23746
20) 앞의 기사.
21) 〈노컷뉴스〉, "홍준표, 임관빈 석방 전병헌 기각에 검찰 망나니 칼춤 끝나가", 2017년 11월 25일 기사. https://www.nocutnews.co.kr/news/4882895

2장 · 은밀한 기다림의 시간

1) 〈시사저널〉, "낙방생 윤석열, 김선수와 사시 합격을 위해 이종찬을 만나다", 2021년 4월 2일.
2) 앞의 기사.
3) 윤기중, 2015, 한국의 빈곤과 불평등, 한국경제학회보 8(3).
4) 안종범, 2003, 한국경제 발전모형의 정립을 위한 쿠즈네츠 가설의 재검토, 경제학연구, 51(3).
5) 윤기중, 2002, "가계소비의 불평등", 한국경제학보 9(1), pp.2705
6) 〈서울신문〉, "윤석열 검찰총장과 '악연'있었다. (……) 문재인 정부 긴장해야", 2019년 7월 16일 기사. https://www.seoul.co.kr/news/newsView.php?id=20190716500143
7) 〈오마이뉴스〉, "불법자금 일부 아파트 구입 (……) 안희정의 평생 안고 갈 약점", 2017년 3월 7일 기사. http://www.ohmynews.com/NWS_Web/View/at_pg_w.aspx?CNTN_CD=A0002303872
8) 〈국민일보〉, "검(檢) 수사권 완전 박탈은 법치 말살, 민주주의 퇴보", 2021년 3월 2일 기사. http://news.kmib.co.kr/article/view.asp?arcid=0015586400&code=61121111
9) 〈문화일보〉, "홍덕사 편법 지원 3각 커넥션", 2007년 9월 20일 기사. http://www.munhwa.com/news/view.html?no=2007092001030427 1820020
10) 〈조선일보〉, "강훈의 와일드 터치 신정아", 2011년 1월 15일 기사.
11) 〈중앙일보〉, "尹 내가 믿다고 국민 이익 인질 삼나, 중수청은 역사 후퇴", 2021년 3월 3일 기사.
12) 〈오마이뉴스〉, "윤석열 장모는 유독 '부동산'에 집착했다", 2021년 3월 26일 기사.
13) 〈뉴스타파〉, "윤석열 장모 사건 (……) 김건희 씨도 깊숙이 개입", 2020년 3월 13일 기사.
14) 〈조선일보〉, "[정권현의 법과 사회] '국정원 댓글 사건'에서 얻어야 할 교훈", 2013년 5월 30일 기사. https://www.chosun.com/site/data/html_dir/2013/05/29/2013052903897.html
15) 〈서울경제〉, "유승민, 윤석열 향해 박근혜 30년 구형은 과하지 않았나", 2021년 4월 9일 기사. https://www.sedaily.com/NewsVIew/22L0M5KA3F
16) 〈조선일보〉, "文 폭주 막으려 마지막으로 한 일 (……) 대권도전? 내 나이가 몇인데", 2021년 4월 10일 기사. https://www.chosun.com/national/weekend/2021/04/10/BQO3VE26BVAWRP Z7LHVDCMEWZE/

3장 · 과감한 결단과 행동

1) 〈동아일보〉, "코링크, 1500억대 공공 와이파이 눈독 (……) '서울시 잘 안다' 발언도", 2019년 8월 31일 기사. https://www.donga.com/news/Economy/article/all/20190831/97200986/1
2) 〈중앙일보〉, "조국펀드 투자 약정업체, 와이파이 사업 면허 없이 땄다", 2019년 9월 5일 기사. https://news.naver.com/main/ranking/read.nhn?mid=etc&sid1=111&rankingType=popular_day &oid=025&aid=0002935044&date=20190905&type=1&rankingSeq=7&rankingSectionId=100
3) 〈중앙일보〉, "서울시, 별 이유 없이 계약 체결 한 달 늦춰 조국펀드 투자사와 체결 의혹", 2019년 8월 26일 기사. https://news.joins.com/article/23561966
4) 〈서울경제〉, "정경심 아이폰엔 사모펀드 '최고' 54억 원 수익 메모", 2020년 12월 30일 기사. https://www.sedaily.com/NewsView/1ZBVW8U9VS
5) YTN, "윤석열, 조국 수사 관련 질문에 '저도 인간이기 때문에'", 2020년 10월 22일 기사. https://www.ytn.co.kr/_ln/0101_202010221602218295
6) 〈뷰스앤뉴스〉, "아버지 YS가 현철이 때리는 게 낫겠죠", 2006년 4월 19일 기사.

https://www.viewsnnews.com/article?q=1450

7) 〈동아일보〉, "검찰게이트 수사 급물살, 신승남 씨 수사엔 개입 안 했나", 2002년 7월 3일 기사.

8) 〈경향신문〉, "대담집 진보 집권 플랜 펴낸 조국 서울대 교수", 2010년 12월 6일 기사. http://news.khan.co.kr/kh_news/khan_art_view.html?art_id=201012062115382#csidxd11d 0aa8412d366ac5b5b97d0bad234

9) 〈세계일보〉, "조국 딸, 母 정경심이 재직 중인 동양대 표창장 받아 (……) 총장 '준 적 없다'", 2019년 9월 4일 기사. https://www.segye.com/newsView/20190904504033

10) 〈조선일보〉, "이용구, 윤석열에 '형 아니었음 국이 형 그렇게 안 됐어, 수사 왜 해'", 2020년 12월 20일 기사. https://www.chosun.com/national/2020/12/20/SCAZLMF2DVAIHPMIL6MJC DOPRA/

11) 〈시사저널〉, "정경심 1심서 조국 '공범' 지목 (……) 먹구름 낀 '조국 재판'", 2020년 12월 24일 기사.

12) YTN, "검찰의 '조국 수사'.. 정당 52.4 vs 부당 39.5", 2019년 9월 9일 기사. https://news.naver. com/main/read.nhn?mode=LSD&mid=sec&sid1=102&oid=052&aid=0001340643

13) KBS, "조국 법무장관 임명, 반대 49% vs 찬성 37%", 2019년 9월 8일 기사. https://news.naver.com/main/read.nhn?mode=LSD??=sec&sid1=100&oid=056&aid=001074078

14) 〈한겨레〉, "천경득 행정관이 유재수 감찰 중단 요구", 2019년 11월 29일 기사. http://www.hani.co.kr/arti/society/society_general/919063.html

15) 〈한겨레〉, "조국 구속영장 기각 (……) 법원 '혐의 소명됐지만 증거인멸, 도망 염려 없어'", 2019년 12월 27일 기사. http://www.hani.co.kr/arti/society/society_general/922276.html

16) 〈경향신문〉, "김기현 비위 최초 제보자는 송병기 울산 부시장", 2019년 12월 4일. http://news.khan.co.kr/kh_news/khan_art_view.html?artid=201912041958001

17) 〈동아일보〉, "박형철, 김기현 첩보보고서 백원우가 줬다", 2019년 11월 28일 기사. https://www.donga.com/news/article/all/20191128/98568917/1

18) 〈동아일보〉, "내가 아끼던 수사관 눈물 흘린 윤석열", 2019년 12월 3일 기사. https://www.donga.com/news/Politics/article/all/20191203/98632110/1

4장 · 목적은 수단을 정당화하지 못한다

1) 〈국민일보〉, "회의 30분 전 호출, 추미애 윤석열 정면충돌", 2020년 1월 8일 기사. http://news.kmib.co.kr/article/view.asp?arcid=0014108705&code=61121111

2) 〈중앙일보〉, "인권법 소속 김동진 판사, 추미애 인사는 헌법 정신에 배치", 2020년 1월 13일 기사. https://news.joins.com/article/23680306

3) 〈중앙일보〉, "결국 秋가 틀렸다, 증권합수단 없애자 58건 중 기소 3건", 2020년 1월 11일 기사. https://n.news.naver.com/article/025/0003068545

4) 〈중앙일보〉, "추(秋) 아들 애초 용산 보내줬어야지 (……) 평창은 내가 갔어야", 2020년 9월 11일 기사. https://news.naver.com/main/ranking/read.nhn?mid=etc&sid1=111&rankingType=pop ular_day&oid=025&aid=0003034304&date=20200911&type=1&rankingSeq=5&rankingS ectionId=102

5) KBS, "추석민심 2, 공무원 피살 사건 정부 대응 잘못 68.6%", 2020년 9월 30일 기사. https://news.kbs.co.kr/news/view.do?ncd=5016066

6) 〈조선일보〉, "채널A 사건 재판, 제보자 X 증인신문 한 번 못하고 끝낸다", 2020년 4월 16일 기사.

https://www.chosun.com/national/court_law/2021/04/16/4LBB3DEFIZCYTA5B4G5DR3LS2A/

7) 〈한국일보〉, "옵티머스 김재현, 고객 돈 빼돌려 아파트, 리조트, 객실까지 샀다", 2020년 10월 27일 기사. https://www.hankookilbo.com/News/Read/A2020102606550002763

8) 〈한겨레〉, "윤갑근 연루, 5월 총장 직보 (……) 라임 수사 전말", 2020년 10월 20일 기사. http://www.hani.co.kr/arti/society/society_general/966403.html

9) 〈한겨레〉, "온종일 작심 발언, 윤석열의 국감 정치", 2020년 10월 22일 기사. http://www.hani.co.kr/arti/society/society_general/966911.html

10) 〈중앙일보〉, "윤(尹) 측 대통령에 대한 소송 맞다 (……) 청(青) 이런 게 바로 정치 행위", 2020년 12월 18일 기사. https://news.joins.com/article/23949359

11) 〈한겨레〉, "정한중 징계위원장, 윤석열 정직 2개월, 증거 입각해 결정", 2020년 12월 16일 기사. http://www.hani.co.kr/arti/society/society_general/974422.html

12) 〈국민일보〉, "위법 인식 없었고 윤석열 음해 이유도 없어, 방어 나선 이규원", 2021년 4월 23일 기사. http://news.kmib.co.kr/article/view.asp?arcid=0924188705&code=11131900&cp=nv

5장 · 윤석열이 꿈꾸는 나라

1) 〈한국일보〉, "추미애, '백척간두서 살떨리는 공포 느껴 (……) 흔들림없이 전진'", 2020년 12월 4일 기사, https://www.hankookilbo.com/News/Read/A2020120308380003443

2) 2021년 3월 4일, 사퇴의 변.

3) 2020년 12월 신년사.

4) 2020년 8월 신임 검사 임관식 발언.

5) 〈르몽드 디플로마티크 코리아〉, 윤석열의 자유민주주의 수호가 의미하는 것, 성일권 편집장 칼럼, 2021년 3월 31일. https://www.ilemonde.com/news/articleView.html?idxno=14388

6) 〈중앙일보〉, "진중권 윤'(尹) 자유민주주의에 발끈, 그러니 쌍팔년도 운동권", 2021년 3월 10일 기사. https://news.joins.com/article/24008388

7) 〈한국경제〉, "LH 무관용 방침, 민주당 양이원영 윤리감찰단 회부", 2021년 3월 10일 기사. https://www.hankyung.com/politics/article/2021031042307

8) 〈동아일보〉, "변창흠, 3만 원짜리 도시락 형편없다 해 (……) 유명 커피-강남 과자 아니라며 짜증도", 2020년 12월 23일 기사.

9) 〈조선일보〉, "'정인이 사건' 살펴본 윤석열, 살인죄 변경 특별 지시", 2021년 1월 15일 기사. https://www.chosun.com/national/court_law/2021/01/15/Q6HKILEHXRDJ7L5HHEOAQDMAX4

10) 〈국민일보〉, "변론권 보호 못 받는 학대 아동, 국선변호인 조력 의무화한다", 2021년 1월 26일 기사. http://news.kmib.co.kr/article/view.asp?arcid=0924175548&code=11131900

11) 안종범, 2012, "복지국가 건설의 바른 길", 한국선진화포럼 2012년 제6차 선진화대화시리즈 (홈페이지), http://www.kfprogress.org/client/news/viw.asp?sidx=2291

12) 〈경향신문〉, "윤석열이 노동복지전문가 정승국을 찾아간 이유", 2021년 4월 14일 기사.

13) 이삼열, 하윤상, 2016, "정부 기능 해체를 통한 행정 혁신의 틀 모색", 한국혁신학회지, 107-129

별의 순간은 오는가

초판1쇄 발행 2021년 6월 18일
초판2쇄 발행 2021년 6월 21일

지은이 천 준

발행인 조인원
발행처 (주)서울문화사
등록일 1988년 12월 16일 | 등록번호 제2-484호
주소 서울시 용산구 한강대로43길 5 (우)04376
구입문의 02-791-0762
팩시밀리 02-749-4079
이메일 book@seoulmedia.co.kr

ISBN 979-11-6438-969-8 (03340)